인생의 새로운 변화를 꿈꾸는

_____ 님께

이 책을 전합니다.

내 최고의 하루는 오늘부터 시작된다

101 Essays That Will Change The Way You Think
by Brianna Wiest
Originally published by Thought Catalog Books,
a division of The Thought & Expression Company, New York.

내 최고의 하루는
오늘부터 시작된다

브리애나 위스트 지음 · 김영애 옮김

어떻게 살아야 할지
막막할 때 읽는 77가지 이야기

비즈니스북스

옮긴이 **김영애**

한양대학교 학사를 거쳐 미국 뉴욕주립대학교에서 석사학위를 받았다. 현재 출판과 영상 분야에서 전문 번역가로 활동하고 있다. 주요 역서로는 《변화에 대하여》, 《사색에 대하여》, 《인간에 대하여》, 《습관에 대하여》, 《예수의 개》, 《아홉 번의 종소리 1, 2, 3》, 《부자연스러운 죽음》, 《살인은 광고된다》, 《지킬 박사와 하이드》, 《그런 기독교는 없습니다 1, 2》, 《한국 배우 200인》 등이 있으며, 영화와 미국 및 영국 드라마 시리즈 번역가로도 활발하게 활동하고 있다.

내 최고의 하루는 오늘부터 시작된다

1판 1쇄 발행   2022년 10월 14일
1판 5쇄 발행   2023년 1월 11일

지은이 | 브리애나 위스트
옮긴이 | 김영애
발행인 | 홍영태
편집인 | 김미란
발행처 | (주)비즈니스북스
등 록 | 제2000-000225호(2000년 2월 28일)
주 소 | 03991 서울시 마포구 월드컵북로6길 3 이노베이스빌딩 7층
전 화 | (02)338-9449
팩 스 | (02)338-6543
대표메일 | bb@businessbooks.co.kr
홈페이지 | http://www.businessbooks.co.kr
블로그 | http://blog.naver.com/biz_books
페이스북 | thebizbooks
ISBN 979-11-6254-302-3   03190

생각을 바꾸자
인생이 완전히 달라졌다

생각이 실재를 만든다는 것은 정말 놀라운 일이다. 언어와 생각하는 능력 덕분에 우리는 마음속에서 어떤 세상을 창조할 수 있었다. 그리고 그 상상을 바탕으로 지금 우리가 살고 있는 세상으로 진화가 가능했다. 머릿속 생각이 세상을 만들어내고 끊임없이 변화와 혁신을 이루며 진화해 왔다는 게 새삼 '마법'처럼 느껴지기도 한다.

모든 위대한 대가들과 예술가, 혁신가, 발명가 그리고 매일의 삶을 행복하게 사는 사람들을 살펴보면 대체로 공통된 생각을 통해 성공한 것을 알 수 있다. 최고의 경지에 오른 세계의 수많은 사람은 인생을 바꾸기 위해 자신의 '생각'을 바꿔야 한다는 사실을 이미 알고 있었다. 그들은 '내가 믿는 대로 된다', '마음을 다스릴 수 있다', '걸림돌이 길이다' 등 우리가 익숙하게 알고 있는 가장 오래된 통념 중 일부를 전해줬다.

우리는 전혀 생각지도 못한 방식으로 어떤 일을 해야 하거나 새로운 무언가를 필요로 할 때 마음이 극도로 불편해진다. 하지만 이런 불편함은 생존과 진화를 위해 반드시 필요한 것이기도 하다. 현재의 상황이나 환경에 대한 불편함이 없다면 새로운 것을 배우거나 깨달을 기회조차 없을 테니 말이다. 익숙함이 아닌 불편함을 통해 인간은 조금씩 발전하고 성장해간다.

인류가 사회, 농업, 의학을 발전시킨 이유도 살아남기 위해서다. 지금 우리가 살고 있는 세상과 이 세상을 이루고 있는 모든 것은 기존의 방식으로는 생존할 수 없다는 두려움에 맞서기 위한 해결책에서 탄생했다. 인생에서 겪는 모든 문제는 결국 우리에게 더 큰 교훈을 주고 더 나은 삶을 살도록 길잡이 역할을 한다. 이 사실을 깨달으면 고통의 미로를 거친 후 더욱 성장한다는 게 어떤 의미인지 알게 된다.

사람으로 사는 것의 본질은 생각을 통해 배우는 것이다. 인류는 오랜 역사를 놀랍도록 눈부신 기술의 발전을 이뤘고 세상을 변화시켜 왔다. 그런 발전과 변화를 이루게 한 진짜 힘은 바로 인간의 사고력과 상상력이다. 생각하고 상상하는 능력이야말로 인류가 지닌 가장 강력한 힘이다. 세상뿐 아니라 우리 자신을 변화시키는 데 가장 기본이 되는 것은 생각의 변화다. 익숙한 패턴에서 조금만 벗어나 관점을 달리하면 전혀 몰랐던 새로운 것들이 보이고 완전히 새로운 해결책이 나타난다. 사는 대로 사는 것이 아니라 끊임없이 생각을 이어나가며 우리는 서로 사랑하고, 나누고, 공존하고, 이해하고, 베풀고, 창조하는 법을 배운다. 따라서 인생을 변화시키기 위해 우리가 가장 먼저 해야 할 일은 우리 안에 이미 내재된 잠재력을 발견하고 실현하는 것이다. 이는 인생의 가장 중요한 의무, 그 자체이기도 하다.

이 책에는 실제로 내 인생을 바꾼 77가지 생각의 지혜들이 담겨 있다. 성공, 태도, 자아, 감정, 관계까지 인생에서 중요한 5가지 영역에서 당신의 생각과 관점을 바꿔줄 이야기들이다. 생각이 달라지는 순간 인생은 더 이상 어제와 같지 않다. 달라진 오늘 나의 생각과 태도가 내일의 인생을 완전히 바꾼다.

제1장

성공의 마법은 '지금 이 순간'에 시작된다

: 성공에 대하여

제2장

내 인생을 긍정할 때 달라지는 것들

: 태도에 대하여

제3장

살면서 나에게 반드시 물어야 할 15가지

: 자아에 대하여

제4장

감정을 내 편으로 만드는 법

: 감정에 대하여

제5장

나를 중심에 둘 때 사람도, 사랑도 바뀐다

: 관계에 대하여

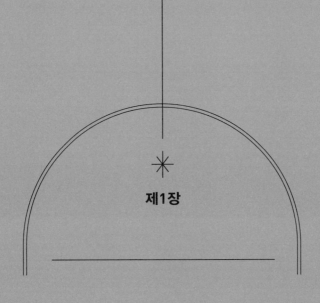

제1장

성공의 마법은
'지금 이 순간'에 시작된다

: 성공에 대하여

○

인생의 변화를 꿈꿀 때
생각해야 할 96가지

흔히 세상의 기준이나 타인의 시선에 얽매여 살아가는 경우가 많다. 가급적 친절하고 교양 있는 사람으로 보이길 원하고, 좋은 집과 번듯한 직장을 원한다. 그리고 남들 앞에 부끄럼 없이 겉으로 보이는 것들을 내세우기를 원한다. 하지만 아파트 대출금을 갚기 위해 바쁘게 일하고, 가족일에 온 신경을 집중하고, 회사에서 승진하려 아등바등하다가 문득 그 모든 것이 버겁게 느껴질 때가 있다. 이때 '내가 잘 살고 있는 것인가' 하는 의문이 찾아온다. 인생의 변화를 꿈꿀 때 생각해야 할 96가지를 살펴보자.

01 원하는 삶을 산다고 느끼는 것. 당신이 살게 될 집과 입을 옷에 관해 생각해보자. 슈퍼마켓에서 뭘 살지, 돈을 얼마나 모을지, 어떤

일을 하면 가장 자부심을 느낄지, 주말에는 무엇을 할지, 침대 시트는 어떤 색으로 할지 등에 관해서 점검해보는 것도 좋다.

02　다른 사람을 신경 쓰는 대신 당신이 사랑하지 않는 자신의 모습을 생각해볼 것.

03　자기애의 좋은 방향은 자신의 마음에 들지 않는 부분을 인정하고 긍정적으로 변화하며 발전할 수 있도록 단계적으로 생각하는 것임을 깨달을 것.

04　당신과 특히 잘 맞는 일들을 떠올리고 각각의 일에서 어떤 비슷한 느낌이 드는지 생각해볼 것.

05　올해 한 일을 숫자로 표현해볼 것. 책을 몇 권이나 읽었는지, 프로젝트를 몇 건이나 완수했는지, 친구나 가족과의 관계를 얼마나 발전시키고 돈독하게 만들었는지, 어떻게 하루를 보냈는지 등을 점검하며 숫자로 표현해보는 것도 좋다.

06　과거에는 절대로 극복할 수 없을 거라 여겼던 일을 떠올리며 지금은 그 일이 얼마나 하찮게 보이는지 생각해볼 것.

07　오늘 무엇을 만들고, 어떤 음식을 먹을지, 누구에게 연락할지 생각해볼 것. 당신 마음속엔 늘 이런 것이 들어 있다.

08　어떻게 하면 더 잘 배울 수 있고, 어떻게 하면 배운 것을 삶에 잘 적용할 수 있을지 생각해볼 것. 시각적인 자료를 공부에 활용하면 들은 내용을 더 쉽게 이해할 수 있다. 또한 배운 것을 더 자주 익히고 연습하려고 노력해야 한다.

09　유난히 아름답거나 재능이 출중하거나 성공한 삶이 아니라도 괜찮다. 그런 것이 없어도 당신은 인생을 완전하게 만드는 경험을

할 수 있다. 사랑과 지식, 인간관계, 당신이 몸담은 공동체 등을 생각해볼 것.

10 우주에서 보면 우리는 하찮은 점에 불과하지만 존재 모두가 인류를 구성하는 필수 불가결한 조각이다. 우리 중 단 한 사람이라도 없다면 지금의 세상은 존재할 수 없음을 생각하라.

11 원만한 대화를 위해 유용한 표현을 어떻게 활용할지 생각해볼 것.

12 오늘 아침 길에서 마주친 당신이 미소를 보낸 사람들과 정기적으로 문자를 주고 받는 사람들 그리고 자주 만나고 싶은 가족들을 생각해볼 것. 당신은 지금까지 그들을 당연하게 여기며 그들과의 진정한 관계를 간과해왔다. 주변 사람들을 먼저 생각해보라.

13 20년 후 지금 이 순간을 어떤 의미로 기억할지 생각해볼 것. 훗날 돌아보면 지금 하고 있는 어떤 일을 계속하거나 그만두기를 바랐을 수도 있다. 중요하지 않다고 여긴 것과 감사해야 함에도 무심코 넘긴 사소한 것들을 생각해보자.

14 살면서 당신이 제대로 기억할 수 있는 날은 얼마 되지 않는다. 20년 뒤에 오늘이 기억에 남을지 아닐지 생각해볼 것.

15 옛 연인의 모습에서 싫어했던 모든 점을 솔직하게 떠올려보자. 이제는 연인의 싫은 점마저 사랑한다는 거짓말을 스스로에게 하지 않아도 된다는 사실을 생각해볼 것.

16 최근에 자신을 위해 한 모든 일을 적어볼 것.

17 일상생활을 풍요롭게 하는 소소한 방법을 시도해볼 것. 빚 갚기, 간단하지만 특별한 요리법 배우기, 옷장 정리하기 등.

18 누군가와의 관계를 망친 이유를 생각해보고 그중 당신의 잘못이

어느 정도나 되는지 생각해볼 것.

19 당신이 극복하려고 애쓰는 '문제들'에 대해 무의식적으로 집착하는 이유를 생각해볼 것. 자신에게 이익이 되거나 도움이 되는 게 아니라면 인간은 그 어떤 것도 결코 붙잡아 두려 하지 않는다. 당신이 유독 매달리거나 신경 쓰는 무언가가 있다면 분명 이유가 있을 것이다.

20 지금 겪는 문제의 해결책을 왜 찾지 못할까? 당신의 인식이 왜곡됐거나 불편한 감정에만 집중해서 해결책을 못 찾는 것은 아닌지 생각해볼 것.

21 지금까지 문제 해결에 실패를 거듭하게 만든 이유들을 생각해보자. 그리고 당신 자신과 당신을 사랑하고 의지하는 사람들을 위해 어떻게 개선할 수 있을지 생각해볼 것.

22 지금 겪고 있는 상황은 당신이 계획한 것도, 원한 것도 아니다. 그러나 당신이 가고자 하는 길로 제대로 안내하고 있음이 분명하다. 지금 어떤 상황에 놓여 있든 상관없이 그 상황이 당신을 위한 좋은 길잡이가 될 수 있다고 생각해볼 것.

23 언젠가는 죽는다는 사실을 생각해볼 것.

24 눈앞에 놓인 것들의 진가를 알아보자. 아직 사용할 수 있다면 더 적극적으로 활용할 방법을 생각해볼 것.

25 당신의 삶이 남들에게 어떻게 보이는지 생각해볼 것. 자신의 감정보다 남들의 시선이 더 중요해서가 아니다. 다른 사람의 관점도 중요하기 때문이다.

26 삶에서 당신이 이미 성취한 일을 생각해볼 것.

27 모든 것을 고려했을 때 당신은 어떤 사람으로 정의되기를 바라는 가? 친절한 사람, 지적인 사람, 잘 베푸는 사람, 현실적인 사람, 아 니면 주변 사람들에게 도움이 되는 사람? 당신이 어떤 사람으로 정의되고 싶은지 생각해볼 것.

28 일관된 행동과 주변 환경과의 상호작용을 바탕으로 지금 이 시점 에서 당신은 어떤 사람으로 정의될 수 있을까? 그리고 그 모습이 당신이 진정으로 원하는 모습인지 생각해볼 것.

29 진실과 사실을 무의식적으로 인식하는 과정이 현실을 보는 방식 에 어떤 영향을 주는지 생각해볼 것.

30 고정관념에 얽매이지 않고 다른 관점으로 해석할 수 있는지 생각 해볼 것.

31 지금 당신이 몰두하고 있는 일이 무엇이든 그것을 자세히 들여다 보고 생각해볼 것.

32 집중을 방해하는 일은 잠시 멀리하자. 당신의 시간과 관심, 에너지 를 투자할 가치가 있는 일에 노력을 기울일 방법을 생각해볼 것.

33 다른 사람을 도울 방법을 생각해볼 것. 오랜 친구와 마주 앉아 이 야기를 나누거나 누군가에게 저녁을 사주거나 당신에게 감동을 준 기사나 글을 공유하는 등의 일을 시도해봐도 좋다.

34 다른 사람은 어떤 것에서 동기를 부여받고 무엇을 갈망하는지 생 각해볼 것.

35 당신의 생각과 다른 사람의 생각이 똑같을 순 없다. 당신과 다른 사람 사이에 어떤 문제가 생겼을 때 어쩌면 그 자체가 문제가 아닐 수도 있다. 당신이 그들을 충분히 이해하지 못했거나 그들이 당신

을 이해하지 못한 것은 아닌지 생각해볼 것.

36 당신이 아는 사람들의 행동 패턴과 그들이 직접 말하는 그들 자신의 모습 사이에 차이점에 대해 생각해볼 것.

37 우리는 우리가 생각하는 대로 어떤 사람을 평가한다. 때론 그들과 함께했던 감정적 경험을 바탕으로 평가하기도 한다. 하지만 그들의 행동양식은 우리가 생각한 것과 반대로 드러나기도 한다는 사실을 알아둘 것. 누군가를 평가하려면 그들이 반복하는 행동을 바탕으로 평가해야 한다는 것을 생각해보자.

38 세상의 모든 사람에게 딱 1가지만 말해줄 수 있다면 어떤 말을 하고 싶은지 생각해볼 것.

39 당신의 어린 자아에게 1가지만 말할 수 있다면 과연 어떤 말을 해주고 싶은지 생각해볼 것.

40 애창곡 하나를 여러 악기로 연주하려면 각 악기의 연주법을 배우고 연습하는 데 몇 년이 걸린다. 단순한 곡조 하나를 떠올리는 데도 힘과 창의력이 필요하다. 그러니 처음부터 감동적인 노래를 만들겠다는 생각을 버리고 천천히 나아갈 것.

41 당신의 먹을거리가 어디에서 오는지 생각해볼 것.

42 당신이 세운 큰 목표가 무엇인지 생각해볼 것. 소중하고 유한한 시간을 보내며 자신이 하고 싶은 일이 무엇인지조차 모른다면 결국 아무것도 이룰 수 없을 것이다.

43 지금 사는 나라 반대편으로 이사해야 한다고 상상해보자. 이삿짐이 오직 한 박스만 허락된다면 무엇을 가져가고 싶은지 생각해볼 것.

44 이메일의 받은 편지함 숫자가 계속 0일 경우를 생각해볼 것.

45 반려동물이 당신을 얼마나 사랑하는지 생각해볼 것.

46 만약 심한 통증을 느낄 때 겁에 질려 통증을 최대한 빨리 없애려고 애쓰지 마라. 그보다는 어떻게 하면 적절하고 건강하게 그 통증을 느끼고 표현할 수 있는지 생각해볼 것.

47 반전을 꾀할 것. 당신이 좋아하는 책 속 등장인물들의 개성과 복잡한 관계, 모순과 갈등 등을 비틀어서 생각해볼 것.

48 자신의 욕망과 이익에만 집착해서 살면 안 된다고 느낄 때가 있을 것이다. 그렇다면 무엇을 위해 살고 싶은지 생각해볼 것.

49 미래의 내가 지금의 내 상황을 본다면 어떨까? 과연 어떻게 생각하고 당신에게 뭐라고 말할지 생각해볼 것.

50 예약을 했든 안 했든 곧 여행을 떠난다고 생각해볼 것. 여행 중에 무엇을 탐험하고 어떤 장면을 사진으로 남길까? 혹은 누구와 함께 여행을 떠날 것이며 여행지에서 어떤 사람을 만나고 싶은가?

51 인생에서 가장 힘들었던 시기를 생각해볼 것. 그때 그 상황을 바꿀 수 있다면 당신은 어떤 선택을 할까? 만약 그때로 돌아가서 과거의 자신에게 조언할 수 있다면 어떤 말을 해주고 싶은가?

52 인생에서 최고였던 순간을 생각해볼 것. 당신이 무엇을 했고 누구와 함께 있었는지 떠올려보자. 나아가 그 당시 무슨 생각을 했고 무엇에 집중했는지 생각해보자.

53 모든 일은 다 힘들다고 생각해볼 것. 연애를 하는 것도 힘들고 안 하는 것도 힘들다. 당신이 사랑하는 일을 하더라도 직장에 모든 감정을 쏟는 것은 힘들다. 나이는 점점 들어가는데 자신의 꿈을 이루지 못하는 것도 힘들다. 사실 살면서 겪는 일은 전부 힘들다.

하지만 노력할 가치가 있다고 생각하는 게 중요하다.

54 열심히 노력할 가치가 있는 것은 무엇인지 생각해볼 것. 당신은 무엇을 위해서 그렇게 죽도록 고생하는가?

55 당신은 아름다운 것을 사랑한다. 당신이 살고 싶고, 일하고 싶고, 편안하게 느끼는 곳이야말로 당신을 당신답게 만들어주는 '아름다운' 공간이다.

56 어떤 행동, 선택, 행위가 당신의 부모를 기쁘게 만들었는지 생각해볼 것.

57 마음속 가장 깊은 곳에 도사린 진짜 두려움이 무엇인지 생각해볼 것. 그리고 그 감정을 구체적으로 적어볼 것.

58 마음 깊은 곳에 도사린 두려움이 당신 안에 가장 깊숙히 자리한 욕망에 대해 뭐라고 할지 생각해볼 것.

59 소소한 경이로움을 생각해볼 것. 한여름 창문을 열었을 때 코끝을 스치는 빗물 냄새나 하늘을 붉게 물들인 노을, 좋아하는 티셔츠를 떠올려보자. 어린 시절 좋아했던 노래나 배고플 때 가장 먹고 싶은 음식 등을 생각해보는 것으로도 마음이 행복해질 것이다.

60 당신의 이야기를 생각해볼 것. 당신이 그동안 경험했던 소박하고 신기하며 아름다운 일들을 떠올려보라. 그리고 당신의 이야기를 어떻게 하면 다른 사람과 더 잘 나눌 수 있을지 그 방법을 생각해보자.

61 두려움에서 해방된다면 무엇이 당신의 의욕을 북돋게 할지 생각해볼 것.

62 이제 두려움이 사라졌다면 당신을 자극하는 것은 무엇인지 생각

해볼 것.

63 '충분하다'는 말이 무슨 뜻인지 생각해볼 것. 충분한 돈과 충분한 사랑, 충분한 생산성은 과연 어느 정도를 말하는 것일까? 성취감은 '충분'의 진짜 의미를 알 때 느낄 수 있다. 그 뜻을 모르면 당신은 끊임없이 더 많은 것을 추구하게 될 것이며 계속해서 채워도 성취감과 충만함을 느끼지 못할 것이다.

64 꿈에 그리던 순간을 생각해볼 것. 사랑하는 사람들이 모두 참석한 가운데 생일 파티를 여는 순간, 태국으로 가는 비행기에 오르는 순간, 평생의 소원이었던 체중 감량에 성공한 순간, 빚을 다 갚거나 집을 멋지게 개조한 순간 등을 떠올려보자.

65 매달 1,000달러를 보너스로 받는다면 그 돈을 어떻게 할지 생각해볼 것.

66 당신이 원하는 삶의 방향으로 나아가기 위해 어떤 행동을 취해야 할지 생각해볼 것. 인맥을 쌓을 수 있는 곳으로 가거나 가까운 도시에 있는 몇 안 되는 친구들을 방문해 그 도시를 탐험하거나 지금보다 더 많은 정보를 얻을 수 있는 방법을 생각해보자.

67 따사로운 햇빛이 피부에 닿을 때의 느낌 혹은 봄의 향기를 생각해볼 것.

68 몇 시간, 며칠, 몇 년이 아니라 몇 분 안에 할 수 있는 일들을 생각해볼 것.

69 당신을 둘러싼 문화나 남들의 기대감이나 의견이 당신의 자아 인식 형성에 얼마나 영향을 미쳤는지 생각해볼 것.

70 문화적인 배경, 또는 남들의 의견이나 기대감이 당신의 자아 인식

유지에 얼마나 영향을 끼치는지 생각해볼 것.

71 아무도 없이 혼자 있을 때 당신은 어떤 사람인지 생각해볼 것.

72 어린 시절의 장래 희망을 떠올려보고 그 꿈이 현재의 삶에 어떤 역할을 했는지 생각해볼 것.

73 이 모든 현실의 시공간이 홀로그램으로 만든 환상의 세계라면 자신의 행동이 어떻게 달라질지 생각해볼 것.

74 인간의 운명이라는 것이 자신의 생각과 그 순간 취하는 행동에 달려 있다면 당신의 행동이 어떻게 달라질지 생각해볼 것.

75 고대 철학의 다양한 기본 명제를 생각해보고 어떤 것이 가장 마음에 와닿는지 생각해볼 것.

76 아직 세상에 없는 만들어지지 않은 노래의 곡조를 상상해볼 것.

77 인생을 바꾸려면 사고방식을 바꾸고, 사고방식을 바꾸려면 읽을거리를 바꾸라는 말의 의미를 생각해볼 것.

78 남들이 말하는 좋은 문학 서적이 아니라 당신이 흥미를 느끼며 읽을 수 있는 책과 기사는 어떤 내용인지 생각해볼 것.

79 남들이 말하는 좋은 음악이 아니라 당신이 즐겁게 들을 수 있는 음악은 어떤 장르인지 생각해볼 것.

80 당신을 신바람 나게 하는 게 무엇인지 생각해볼 것.

81 다른 사람이 지닌 자질 중 당신이 가장 좋아하거나 존경하는 것은 무엇인지 생각해볼 것. 그것은 당신이 갖고 있는 자질 중에서 당신이 가장 좋아하는 것이기도 하다.

82 다른 사람이 지닌 특성 중 당신이 가장 싫어하는 것은 어떤 점인지 생각해볼 것. 이는 스스로 알아차리지 못 하거나 알더라도 거부하

고 싶은 자기 내면에 자리한 '그림자 자아'Shadow self의 일부분이다 (이때 그림자 자아란 칼 융에 따르면 당신이 인정하기 싫은 자신의 어두운 면을 의미한다).

83 사랑에는 무한한 능력이 있다. 사랑이 당신의 삶을 어떻게 구원해 주길 바라는지 생각해볼 것.

84 우주가 얼마나 무한하고 인간은 얼마나 보잘것없는 존재인지 생각해보자. 그리고 이 둘은 서로 어떻게 반응하고 성장하는지 생각해볼 것.

85 무척 복잡한 문제의 해결책이 때로는 매우 단순하기도 하다. 이 사실을 진지하게 생각해볼 것.

86 '맞다'라는 말이 어떤 느낌인지 생각해볼 것. 사람들은 종종 뭔가 잘못됐다(틀렸다)는 경고에는 집중하지만 어떤 것이 옳다는 것을 나타내는 미세한 신호에는 별로 관심을 두지 않는다.

87 얼마나 많은 우연이 모여 당신이 삶에서 중요한 발전을 이루는 계기가 됐는지 생각해볼 것.

88 세상에 알려진 수많은 명언과 확언에 대해 생각해볼 것. 당신에게 필요한 소중한 글귀를 마음에 새긴다는 것은 당신의 미래를 바꿀 수 있다는 확고한 믿음이 있다는 뜻이다. 그리고 언젠가는 그 방법을 찾게 될 것이라는 뜻이다.

89 당신이 선택하고 간직할 가치가 있는 사랑이란 당신을 향해 도는 세상의 축, 즉 당신의 세계관을 살짝 비틀어서 다시는 예전 상태의 당신으로 돌아가지 못하게 만든다. 이러한 사랑의 힘에 대해 생각해볼 것.

90 불필요한 논쟁과 감정 소모 없이 서로의 관계를 발전시킬 수 있는 방법을 생각해볼 것.

91 당신에게 의지하는 사람들을 떠올려보자. 당신이 그들의 삶에 관여하지 않는다면 그들에게 얼마나 큰 충격이 될지 생각해볼 것.

92 현재 모습 그대로 산다면 5년 후에는 누구와 어디에 있을지 생각해볼 것.

93 지금까지 살아오면서 배운 것 중에 가장 중요한 것은 무엇인지 또 어떻게 배울 수 있었는지 생각해볼 것.

94 얼마나 많은 사람이 현재 당신이 가진 것을 부러워하며 울면서 잠자리에 들지 생각해볼 것. 또한 과거에 당신이 지금은 갖고 있는 것들을 꿈꾸며 베개를 적신 밤이 얼마나 되는지 생각해보자. 당신의 교육 수준과 직업, 당신이 살고 있는 집, 당신이 사랑하는 사람과 친구들을 떠올려보자.

95 위에 언급했던 것들을 잊지 않고 기억하려면 어떻게 해야 하는지 생각해볼 것.

96 자신의 본모습을 완전히 깨달은 당신의 자아는 어떤 모습일지 생각해볼 것. 당신이 이룬 최고의 자아는 무슨 생각을 할까? 무엇에 감사하고, 누구를 사랑할까? 당신이 되고자 했던 사람이 되기 위한 가장 중요한 첫 번째 단계는 그 모습을 상상하는 것이다. 일단 자신이 원하는 최고의 모습을 상상하면 나머지는 저절로 이뤄질 것이다.

○

지금 잘 살고 있는지
어떻게 알 수 있을까

'좋은 삶'이란 무엇이며 어떤 기준으로 측정할 수 있을까? 우리는 정해진 삶의 경로를 얼마나 성실하게 따르는지를 바탕으로 좋은 삶을 측정한다. 좋은 삶의 척도는 사회문화적 개념이며 이는 시간이 흐르며 변한다. 역사를 돌아보면 독실한 신앙심이나 다산多産 능력이 좋은 삶의 척도였던 때도 있었다. 하지만 지금은 다르다. 오늘날 우리는 개인의 성취를 기준으로 스스로 가치 있는 존재인지 아닌지 저울질한다.

인간은 이기적인 존재가 아니며 다른 이들과 어울려 살아가야 하는 존재다. 따분한 업무를 비롯해 모든 일은 결국 누군가에게 혹은 무언가에 보탬이 될 때 만족감을 느낄 수 있다. 그럼에도 인간은 이를 거스르고 개인의 즐거움을 극대화하기 시작했다. 공동체를 버리고 각자의 개성과 욕구에만 집착하는 것이다. 그 과정에서 열정은 정신과 영혼을 고갈시키고 있다. 우리의 정신은 극심한 스트레스를 받아 지치고 잔뜩 왜곡되어 있는 상태다. 그러면서 겉모습은 번듯한데 왜 마음은 공허한지 의문을 품는다.

세상의 그 어느 것도 우리가 처음 생각한 것과 똑같아 보이지 않는다. 자신의 삶을 돌아보며 '그래, 이게 바로 내가 생각했던 삶이야!'라고 결론 짓는 사람은 한 명도 없다. 내 말의 요점은 이것이다. 자신이 상상하는 현실을 진짜 현실에 끼워 맞추거나 생각을 조작해서 자신이 통제할 수는 없는 것까지 좌우할 힘을 가지고 있다고 착각하면 안 된다는 말이다.

하지만 좋은 삶을 측정하는 잣대라는 것은 여전히 사회가 돌아가는 기본 방식에 뿌리를 내린 채 우리를 착각하게 만든다. 즉 좋은 삶의 잣대는 여전히 성관계와 육체적 쾌락, 사회적 명성과 능력을 인정받는 것, 자존심을 내세워 관심을 받는 것 등 인간의 생존 본능에 뿌리를 두고 있다. 생존 본능이란 원하는 것을 위해서 치고 빠지고, 얻고 쫓고, 원하고 애쓰고, 무엇이든 무자비하게 훔치는 본능이다. 우리는 본능에서 자유롭지 않다. 그런데도 사무실과 슈퍼마켓, SNS 등에서 활동할 때 이런 본능이 마치 문명화된 것처럼 꾸미곤 한다.

반면 동물은 다르다. 먹이를 얻거나 혹은 얻지 못하더라도 그 상황의 의미를 행복이나 불행의 개념으로 현실화하지 않는다. 사랑하는 짝이 떠나도 마음에 상처를 받을까 봐 전전긍긍하지 않는다. 동물은 그들의 삶을 어떤 의미에 이리저리 끼워 맞추거나 더 많은 것을 얻기 위해 손을 뻗지 않는다. 동물이 여전히 본능에 충실한 존재로 살 수 있는 이유는 선천적인 본능을 초월해서 고결한 존재가 되겠다는 욕망이 아예 없기 때문이다. 동물은 자신의 삶이 좋은 삶인지 아닌지 평가할 필요가 없으니 본능 이상의 것을 추구하지 않아도 된다.

인간은 어떤가? 본능을 뛰어넘으려 노력한다. 그래서 겉모습과 생각, 그럴듯한 이야기 등을 가지고 자신이 얼마나 좋은 삶을 살고 있는지 측정하는 잣대로 삼는다. 그 과정에서 매우 중요한 것들을 놓치기 때문에 항상 결핍을 느낀다.

현자들은 인간이란 단순한 일상을 살기 위해 고안된 존재라고 가르친다. 우리가 외적인 것에 더 집착하는 것은 내면에서 결핍을 느끼기 때문이다. 좋은 삶을 측정하는 방법은 삶을 바꾸고 싶은 의지가 얼마나 강한지에 달려 있다. 그 의지는 삶이 더 나아질 수 있음을 내적으로 얼마나 믿고 있는지에 비례한다.

좋은 삶은 자신이 느끼는 불편함을 바탕으로 측정할 수 있다. 언제까지 이 불편함을 견뎌야 할지 의문을 품을 정도여야 한다. 변화를 갈망하는 마음이 몇 번이나 바뀌었는지도 잣대가 될 수 있다. 한때 믿었다가 버린 신념과 자신이 선택한 가족도 좋은 삶의 잣대다. 웃기고 진지하고 가슴 아프고 아름다운 이야기를 나누며 마셨던 커피잔의 수, 나날이 깊어지는 공감 능력, 혼자 즐겼던 긴 산책의 횟수, 잡념으로 가득 찬 일기장, 자신의 존재를 철학적으로 발전시킨 방법, 다른 사람을 인식하는 방법의 발전… 이 모든 것은 당신이 좋은 삶을 살고 있다는 신호이자 증표다.

열정의 파편이 사라졌음에도 맑은 정신으로 일했던 날들을 떠올려보자. 좋은 삶은 열정이 아니라 목적에서 시작된다. 열정은 불을 피우는 발화 장치고 목적은 그 불을 밤새도록 지키는 불쏘시개다.

용기 있게 마무리한 연애나 인간관계의 횟수를 헤아려보자. 사실 가장 쉬운 선택은 그 관계를 끝내지 않고 그냥 두는 것이다. 하지만 정착이라는 선택은 찰나의 편안함일 뿐이다. 무엇이 될지 상상할 수 없을지라도 편안함에 머무르지 말고 더 많은 자유를 누리기 위해 노력하라. 언젠가 그 모든 순간들이 소중해질 것이다. 말로 표현할 수 없는 그런 감정은 좋은 삶을 살았다는 흔적이다.

침대 위의 이불에 쏟아지는 아침 햇살을 보며 진심으로 경외심을 느꼈던 때를 떠올려보라. 그때를 기준으로 지금의 삶이 좋은 삶인지 아닌지 생각해보는 것이다. 그것이 바로 당신이 전보다 더 나은 사람이 됐는지를 측정하는 방법이다. 그리고 앞으로 더 나은 사람이 되고 싶다는 소망을 갖게 하는 방법이다.

뭔가를 상실한 횟수, 잃어버린 것에 더는 애착을 갖지 않는 방법을 배운 횟수, 능력의 한계를 느끼는 순간 수면 위로 밀려나면 또 다른 과제를 지닌 바다가 당신 앞에 펼쳐진다는 것을 깨달은 횟수⋯ 이 횟수들은 그다지 중요하지 않다. 좋은 인생은 행동이 아니라 본질에 따라 측정되기 때문이다. 얼마나 많은 사람을 사랑했느냐가 아니라 얼마나 진심으로 사랑했느냐가 측정의 기준이다.

일이 얼마나 잘 풀렸고 계획이 얼마나 순조롭게 실행됐는지는 중요치 않다. 중요한 것은 정해진 경로를 벗어나면서 우연히 마주치는 마법 같은 경험들이다. 성공보다는 실패가 중요하다. 실패를 통해 무엇을 배우느냐가 중요하다. 그렇게 모은 경험의 조각과 깨달음의 순간 그리고 조금씩 쌓아 올린 지식을 통해 당신은 더 위대한 것들을 만들고 성취할 수 있다. 좋은 삶은 결과값이 아니라 변화를 추구하는 과정에서 얼마나 많은 경험과 깨달음을 얻었는지를 기준으로 측정된다.

삶은 정답을 찾는
수학 문제가 아니다

자신의 감정을 이해하려고 노력하는 것은 매우 중요하다. 자신의 사고 방식을 되짚어 보고 마음속에 깃든 신념이 어디에서 왔는지, 그리고 그 신념이 정말로 자신의 것인지도 분명히 확인해야 한다. 자신이 가치 있게 여기는 것과 가치를 두지 않는 것에 대한 목록도 만들어라. 또한 자신에게 가장 부족한 것이 무엇인지 스스로에게 물으며 부족한 것을 채우려는 노력이 얼마나 부족한지도 살펴봐야 한다.

하지만 자신의 삶을 이해하려는 노력은 멈추는 게 좋다. 그런 노력이 당신의 삶을 통제할 수 있다고 믿고 싶겠지만 실제로는 그렇지 않다. 삶의 궤적 안에 놓여 있는 우리가 그 궤적을 이해한다는 것은 불가능하다. 자신의 삶을 이해하려는 것은 현재 삶을 과거의 자신에게 꿰어 맞추는 것과 같다. 이 세상에는 답이 없는 질문도 있게 마련이다. 또한 오히려 더 많은 의문을 만들어 내는 답도 있으며 살아보고 꿰뚫어 보고 끝까지 노력해야만 터득할 수 있는 해결책도 있다.

우리 삶에서 가장 좋은 것들은 처음에는 말이 안 되는 것처럼 보인다. 사랑은 논리적이지 않다. 자비, 기쁨 그리고 아름다움은 어떤가? 역시 논리적인 경우가 아주 드물다. 그렇다고 사랑이나 기쁨 등에 논리를 적용할 수 없다는 뜻은 아니다. 논리적으로 설명하기 어려운 감정을 완전히 이해하려면 다른 관점이 필요하다는 뜻이다.

모든 것은 가장 순수한 상태일 때 혼란스럽고 특이하다. 또한 신비로워서 마법처럼 보이기도 한다. 어디서 시작됐는지는 모르지만 그 끝은 분명하며 우리가 할 수 있는 것은 그저 태초의 상태 그 자체를 즐기며 감상하는 것뿐이다. 인생을 낭비하는 사람은 사랑하는 방법보다 사랑해야 할 이유를 찾는다. 그들은 스스로 행복을 느끼는 게 아니라 자신의 행복을 정당화할 수 있는 수단을 만들려고 애쓴다. 그래서 잘못된 논리를 휘두른다. 행복을 독려하기보다 오히려 억제한다.

당신이 당장 깨달아야 하는 것은 어떤 결과든 전적으로 당신에게 책임이 있다는 사실이다. 살다 보면 당신이 선택한 대로 이루어지는 일도 있지만 당신이 원하는 것과 정반대처럼 보이는 일도 일어난다. 당신이 선택하지 않은 것도 선택한 것만큼이나 중요하다. 그것 역시도 당신 책임이다.

어떤 일은 원인과 이유가 즉시 드러나기도 한다. 반면에 절대 이해할 수 없는 일도 있다. 또한 과거를 돌이켜보며 이렇게 말할 일도 있을 것이다. '그때는 왜 그런 일이 일어났는지 그 이유를 정말 몰랐어.' 때로는 잘 몰라서 혼란을 겪는 것 자체가 그 사건이 일어난 목적일 수도 있다. 그리고 잘 모르는 상태에서 발생한 일이 애초에 확신하지 않았던 것보다 더 중요할 때도 있다.

지금 사는 도시에서 평생 사는 게 당신의 '운명'인지 아닌지는 아무도 모른다. 하지만 당신이 그곳에서 살기로 선택했기 때문에 지금 그곳에서 살고 있는 것만은 분명하다. 누군가를 사귀어보기 전에는 그 사람과 계속 함께할 운명인지 아닌지 알 수 없다. 새롭거나 낯선 것들이 가져다주는 불편함을 감당하는 게 싫어서 당신은 익숙한 일에서 계속 위안을 찾는다. 바로 그런 태도 때문에 더 좋은 것이라도 잘 모르거나 이질적이라고 생각되거나 당신의 기대에 맞지 않는다고 여겨지는 것을 앞으로도 계속 회피할 것이다. 그렇다고 뭐가 잘못되거나 더 나빠지는 것은 아니다. 당신이 새로운 것이 가져다주는 것을 예상하지 못한다는 것을 의미할 뿐이다. 단지 잘 몰라서 또는 두려워서 선택을 안 한 것뿐이다.

자신의 삶을 이해하려고 노력하는 것은 어떤 것일까? 그것은 케케묵은 과거를 확인하고 현재의 삶에 과거의 자신을 집어넣어 행복한지 아닌지 확인하려는 것과 같다. 이제 더는 이 세상에 존재하지 않는 사람에게서 답을 찾으려고 애쓰는 것이다. 어떤 일이든 실제로 해보지 않고, 그 일을 하려고 상상하는 것만으로는 명확히 알 수 없다.

행복한 삶은 자신이 가진 것을 이용해 열심히 살기로 선택하는 데서 시작한다. 때론 자신이 선택했음에도 결과가 좋지 않을 수도 있다. 행복은 그것조차 받아들이고 인정하는 데서 시작된다.

성공을 가로막는
17가지 착각

01   **열심히 일하면 성공이 보장된다는 착각.** 처음 시작했던 방식으로 성공하는 사람은 거의 없다. 성공에는 시행착오가 따른다. 최종 목표만을 위해 노력하지 말고 그곳에 도달하는 과정을 즐겨라. 성공이 우연의 결과든 운명의 결과든 간에 당신이 통제할 수 있는 것은 어떤 결과를 맺느냐가 아니다. 성공을 위해 얼마나 많이 노력하느냐다.

02   **무언가를 간절히 원하면 가질 수 있다는 착각.** 무언가를 간절히 원한다고 해서 그것을 저절로 얻는 사람은 아무도 없다. 반드시 얻을 수 있을 정도로 자신을 희생해야만 한다. 열심히 일하고 자격을 갖추고 수많은 거절과 의심 속에서도 자신감을 잃지 않아야 한다. 또 시간이 오래 걸리더라도 원하는 것을 얻을 때까지 이 모든 과정

을 끊임없이 반복해야 한다.

03 **당신은 특별해서 모든 것에서 예외라는 착각.** 혹시 당신이 남들보다 특별해서 자외선 차단제를 바르지 않아도 괜찮고 돈을 아껴 쓰지 않아도 되며 은퇴 계획을 세우지 않아도 걱정없다고 생각하는가? 같은 이유로 다른 사람을 존중할 필요가 없다고 여기는가? 이런 착각이 당신의 인생을 가로막는다는 사실을 명심하라.

04 **자신이 유명인사라는 착각.** 모든 사람이 당신을 지켜보며 당신의 선택을 저울질한다고 생각하는가? 그런 착각이 당신 인생을 가로막는다. 이러한 '집중조명 콤플렉스'Spotlight Complex 는 대체로 소셜 미디어와 연결되어 있다. 하지만 명심하라. 아무도 당신이 생각하는 것만큼 당신에게 관심이 없다는 것을. 목이 늘어진 티셔츠를 입고 길거리를 돌아다녀도 당신에게 신경 쓰는 사람은 아무도 없다. 당신이 인생을 어떻게 살아가는지 아무도 신경 쓰지 않으니 자신이 사람들의 관심 대상이라는 착각을 버려라.

05 **어떤 일을 제대로 한다면 결과가 즉시 나타난다는 착각.** 정말로 어떤 일을 제대로 한다면 당신이 만족할 만한 결과를 만들어 내기까지 아주 오랜 세월이 걸릴 것이다.

06 **바쁜 게 좋은 것이라는 착각.** 늘상 바쁘다는 것은 스트레스를 제대로 관리하지 못한다는 뜻이다. 실제로 해야 할 일이 많은 사람은 그 일을 끝내는 것에만 집중한다. 그래서 바쁘다는 생각을 할 겨를조차 없다.

07 **모든 일에 때가 있다는 착각.** 결혼하고 아이를 갖는 일 등 꿈과 목표를 언제 현실로 옮길지 고민할 때 이런 변명을 한다. '지금은 때가

아니'라는 핑계를 대며 당신이 지금 당장 해야 할 일을 미루지 말아야 한다.

08 **어른답게 사는 건 힘들다는 착각.** 살다 보면 힘들고 가슴 아프고 괴로운 일이 한두 가지가 아니다. 하지만 그런 상황에서도 기본적인 도리와 역할을 수행하는 것은 당연한 일이다. 어느 누구도 내 삶을 대신 책임져주지 않기 때문이다.

09 **당신의 인생 목적이 굉장히 심오하다는 착각.** 당신은 그저 지금의 자리에서 해야 할 일을 하면 된다. 남다른 심오한 인생의 목적이 있는 양 굴며 눈앞의 일들을 소홀히 여겨서는 안 된다.

10 **누구나 열심히 일하면 좋아하는 일을 할 수 있다는 착각.** 모든 직업에는 나름의 어려움이 있지만 누구나 자신의 직업을 감당하는 방법을 찾을 수 있다. 하지만 어느 누구에게도 자신이 좋아하면서 마냥 편한 일만 할 자격이나 권리는 없다.

11 **본의 아니게 저지른 일은 책임을 지지 않아도 된다는 착각.** 의도치 않게 누군가의 감정을 상하게 한 것은 당사자에게 상처가 안 된다는 착각, 시간을 낭비할 의도가 없었다면 그 시간은 낭비한 게 아니라는 착각, 필수품을 산다면 돈을 낭비한 게 아니라는 착각⋯ 이 모든 착각이 당신의 인생을 가로막는다.

12 **당신의 인생 파트너에게 당신이 아주 특별한 사람이라고 느끼게 만들 의무가 있다는 착각.** 이런 착각과 더불어 그 독특한 감정을 바탕으로 그 사람과 당신의 관계가 좋은지 아니면 가치 있는지 판단할 수 있다는 착각이 당신의 인생을 가로막는다. 당신을 특별하게 만드는 것은 상대방이나 그 사람과의 관계가 아니라 바로 당신 자신

이다.

13 **뭔가를 인정하려면 그게 마음에 들거나 적어도 괜찮다고 느껴야 한다는 착각.** 우리는 뭔가를 정말 싫어하면서도 상황에 따라 불가피하게 받아들여야 할 때가 있다. 모든 것을 좋아할 필요는 없다. 하지만 삶에서 피할 수 없는 뭔가를 받아들여야 한다면 내 마음대로 바꾸려 들지 말고 있는 그대로 인정하는 것이 중요하다.

14 **5년 전에 당신이 저질렀던 창피한 일을 사람들이 지금도 기억하며 되새긴다는 착각.** 자세히 살펴보면 그들도 당신처럼 자기 잘못을 되새기느라고 바쁠 것이다. 당신이라면 남들이 몇 년 전에 저질렀던 사소한 실수를 지금까지 곱씹고 있을까? 그럴 가능성은 거의 없다. 그게 누구라도 말이다.

15 **정당하고 지적인 사람이 되려면 당신이 무조건 옳아야 한다는 착각.** 가장 지적인 사람들은 오히려 자신이 틀릴 가능성에 대해 누구보다 더 개방적이다. 가치 있고 사랑스러운 존재가 되기 위해 항상 옳고 똑똑하며 놀라울 정도로 아름다워야 하는 것은 아니다.

16 **당신의 걱정거리가 곧 자기 자신이라는 착각.** 당신은 "가끔 걱정할 때도 있어." 대신 "나는 늘 걱정이 많아."라고 말한다. 이는 걱정과 당신 자신을 동일시하는 데서 비롯된 말버릇이다. 이런 방식으로는 걱정을 떨쳐버릴 수 없다.

17 **상황이 허락할 때만 행복할 수 있다는 착각.** 우리는 스스로 마음먹고 노력하면 어떤 상황에서든 행복할 수 있다. 긍정적인 것에 집중하고, 부정적인 것과 화해하고, 문제를 해결하고, 중요한 관계를 만들어라. 마음가짐과 관점을 바꾸면 당신은 언제나 행복할 수 있다.

자신의 감정을 선택할 순 없지만 무엇에 대해 생각할 것인지는 선택할 수 있다. 그렇게 할 수 있다는 생각을 거부하는 것은 행복할 수 없는 삶에 굴복하며 자신을 파멸시키는 일이다.

아는 것과
행동하는 것은 다르다

고대 그리스인들은 아는 것과 행동하는 것의 차이를 아크라시아_{Akrasia} 라고 불렀고, 선불교도들은 '저항'이라고 말했다. 사람들은 흔히 '꾸물거림'이라고 해석하며 생산성에 초점을 두는 몇몇 사람들은 이것을 '꽉 막힌' 것이라고 이야기한다. 스탠퍼드대학 경영대학원 석좌교수 제프리 페퍼와 동대학 공과 교수 로버트 서튼은 '최선이 무엇인지 알면서도 무시하고 다른 일을 하는 경험'이라고 설명한다.

상식적으로 생각해보자. 우리가 매일 소설 쓰기에 한 시간씩 더 투자하고 더 잘 먹고 더 일찍 일어난다면 어떨까? 또한 매번 긍정적인 생각을 선택하고 솔직하게 말하며 사람들을 더 진실하게 대한다면 어떨까? 분명 지금보다 더 나은 삶을 살 수 있다. 하지만 우리가 진짜로 해결해야 할 문제와 반드시 해야 할 일은 우리에게 무엇이 좋은지를 이해하는 게 아니라 좋은 것을 놔두고 다른 것을 선택하는 이유를 밝혀내는 것이다. 이 문제를 해결할 유일한 방법은 우리가 좋은 삶을 살 수 있는 방법을 왜 받아들이지 않는지 그 이유를 이해하는 것이다.

자기 태만에는 여러 이유가 있다. 하지만 대부분은 '안락'과 관련되어 있다. 혁신과 문화, 부와 성공 등을 추구하는 현대사회는 좋은 삶이란 고생하지 않는 삶, 가장 편안하게 안정적으로 사는 삶이라고 속삭인다. 이는 인간이 편안함을 추구하도록 설계됐다는 사실과 직접적인 관계가 있으며 우리는 이것을 '생존'이라고 해석한다. 인간은 생리적으로 그렇게 설계되어 있다. 이 전제가 성립되려면 우리가 살고 있는 사회, 즉 모든 것이 완벽하게 현실적인 세상에서 지적·감정적 생활을 영위하면서 모두 같은 것을 선택하고 원해야 한다.

하지만 실제 현실은 그렇지 않다. 우리는 안락의 개념을 바꿔야 하고 기존의 생각을 대체할 다른 것을 찾아야 한다. 익숙하고 편한 것이 좋은 것이라는 생각을 버려야 한다. 당신 앞에 놓인 어떤 일을 했을 때 아니면 하지 않았을 때 겪게 될 불편한 마음에 초점을 맞추고 당신의 마음가짐을 바꿔야 한다. 만약 이 상황을 바꾸지 않고 그대로 놔둔다면 아는 것과 행동하는 것 사이의 격차는 점점 커질 것이다. 그러면 당신이 되고자 했던 모습에서 점점 더 멀어져 꿈은 빈 껍데기만 남을 수 있다.

자신에게 이런 질문을 던져보자. 당신은 올해를 숫자로 어떻게 나타낼까? 어떤 일을 하게 될까? 앞으로 몇 시간이나 낭비할 예정인가? 만약 당신이 오늘이나 또 다른 날의 평범한 일상을 평생 반복하며 살아야 한다면 어디쯤에서 그 삶을 마치게 될까? 당신이 성취하고 싶은 것은 무엇인가? 도대체 얼마만큼이나 행복하길 바라는가? 어떤 인간관계를 맺을 것인가? 단지 '준비'가 안 됐다는 이유로 영혼의 짝이 될지도 모르는 사람을 놓쳤다는 것을 알면서도 그저 쓰라린 과거를 돌아보고만 있을 것인가? 악기를 연주하거나 글을 쓰거나 그림을 그리는 등 무슨 일이든 했을 법한 그 시간들은 전부 어쩔 것인가? 그 시간들은 전부 어디로 사라졌을까?

당신은 중요한 일에는 언제나 준비가 되어 있지 않을 것이다. 완벽하게 준비하고 행동에 옮긴다고 생각하는 것은 아는 것과 행동하는 것의 간격을 더 넓히는 행위다. 더 많이 노력하고, 포용의 한계를 늘려라. 당신이 진심으로 사랑하는 사람 앞에서 마음이 약해지는 것은 정말로 힘들고 불편한 일이지만 그렇게 해야만 한다.

불안은 빈둥거리는 시간에 쌓인다. 해야 할 일을 피할 때 두려움과 반항이 기승을 부린다. 우리가 해야 할 일의 대부분은 심각하게 어렵거나 시도하지 못할 정도로 힘들지 않다. 알고 보면 재미있고 보람 있으며 우리의 진짜 모습을 표현하도록 만든다. 바로 그렇기 때문에 우리는 그 일을 해야 한다. 일단 작은 발걸음을 떼고 나면 알게 될 것이다. 그리고 언젠가는 행동으로 옮기겠다고 생각만 하는 것과는 전혀 다른 차원의 보상을 얻게 될 것이다.

오늘부터 하나씩 작은 일을 행동으로 옮겨보자. 그러면 추진력은 저절로 쌓인다. 새로운 행동방식으로 생각하는 것보다 새로운 사고방식으로 행동하는 것이 훨씬 더 쉽다. 그리고 당신이 지닌 내면의 힘에 감사하자. 마음속의 힘은 당신에게 더 큰 능력이 있음을 알려주고 별다른 노력 없이도 당신을 편안하게 해준다.

○

내 안의 너무 많은 생각을
내려놓아라

우리는 자신의 잠재력을 분석하기 위해서가 아니라 그 잠재력을 실현하기 위해 태어났다. 그래서 아무것도 안 할 때 불안감을 느낀다. 빈지씽킹 Binge thinking(짧은 시간 동안 일어나는 뇌의 폭발적인 활동 때문에 쓸데없는 생각으로 가득 차 있는 상태를 말한다―옮긴이 주), 즉 '폭발적 생각'은 자기반성을 문제 회피의 수단으로 사용할 때 일어난다. 즉 문제를 해결하지는 않고 계속 걱정만 하면서 문제를 회피하는 태도가 불안감을 키운다.

자신의 삶을 비판적으로 평가하는 것은 삶을 망치는 것이 아니라 더 나은 삶을 살기 위한 회초리 역할을 한다. 어떤 경우에 회초리를 맞아야 할지 살펴보자. 현실이 아니라 머릿속에 존재하는 삶에만 집중할 때, 즉 자신의 삶을 능동적으로 직접 살아내는 것이 아니라 걱정만 하며 내버려둘 때 발생하는 문제들은 다음과 같다.

01 **당신은 완벽한 행동이 아니라 완벽한 결과를 목표로 삼는다.** 또한 자신의 아이디어를 실현하는 데 필요한 작업과 과정보다 아이디어 자체를 더 사랑한다. 완벽한 삶을 꿈꾸며 당신은 매일 어떤 일을 할 것인가보다 남들에게 자신이 어떤 모습으로 보일지를 더 많이 생각한다.

02 **당신은 적응력이 떨어지는 공상가다.** 사람들은 대부분 음악을 듣거나 걷고 달리고 몸을 움직이며 백일몽을 경험한다. 여기서 백일몽이란 막연하고 허황된 상상에 빠진 채 현실을 외면하는 상태를 말한다. 다시 말해 자신이 당면한 삶의 문제에 대처하지 않고 불편한 감정을 없애기 위해 기분 좋은 상태를 유지하려고만 하는 것이다. 문제 해결을 위한 노력을 하지 않은 채 꿈만 꾼다고 해결되는 것은 없다.

03 **당신 인생의 목적은 추상적이다.** 당신은 사람들을 돕고 누군가를 가르치고 목소리를 낼 수 없는 약자들을 대변하고 싶지만 어떻게 해야 할지 모른다. 또한 매일 마주하는 현실과 상호작용하는 사람들 속에서 해결책을 현실적으로 구체화하는 일에 집중하지 않는다.

04 **당신이 겪는 대부분의 문제는 작은 변화를 통해 해결할 수 있지만 그런 변화를 거부한다.** 생각이 과도하게 한쪽으로 치우치면 편향에 빠지기 쉽다. 편향된 시각은 변화를 방해할 뿐이다.

05 **당신은 항상 바쁘게 일하지만 생산적이지 않다.** 당신이 맡은 업무는 절대 끝나지 않을 것처럼 보인다. 일에 몇 시간을 쏟아붓고도 일이 줄어들지 않는 것 같아 항상 스트레스를 받으며 머리를 쥐어짠다. 당신은 고강도 업무라는 지옥에 영원히 갇힌 것처럼 보인다.

06 **당신은 자신이 가장 원하는 것에 반항하는 경향이 있다.** 자신이 원하는 것에 조금씩 마음을 여는 진정한 노력을 하지 않고 자신은 그걸 가질 만한 가치가 없다고 생각하거나 성취할 수 없다며 핑계대고 둘러댄다. 만약 손에 얻게 되는 경우 자신이 원하는 것을 잃을 수도 있으니 차라리 없는 게 낫다고 스스로를 합리화한다.

07 **당신은 자신이 싫어하는 것에만 집착하는 사람 중 한 명이다.** 다른 말로 이런 뜻이다. 당신은 더 재미있고 흥미로운 것을 이야기할 만큼 충분히 노력을 기울이지 않고 있다. 혹은 다른 사람이 당신과 같은 수준에 올라섰다는 것을 인정할 자신이 없는 것이다. 결국 남을 평가한다는 것은 자신의 우월성을 입증할 필요가 있다는 뜻이고, 그런 입증이 필요한 이유는 열등감을 느끼기 때문이다.

08 **당신이 겪는 문제의 대부분은 평가받는 것에 대한 두려움이나 어떤 무리에서 배제되는 두려움으로 귀결된다.** 당신의 마음에 든다고 생각했던 많은 것이 사실 스스로 내린 판단이 아니라 다른 사람들의 생각을 토대로 구성됐기 때문에 생기는 문제다. 남이 아니라 당신 자신에 대해 곰곰이 생각하라. 타인의 시선을 걷어내고 당신이 진심으로 좋아하는 것을 찾아라. 여전히 두려운 마음은 있겠지만 사람들이 당신의 변화를 싫어해도 꿋꿋이 밀고 나아가라.

09 **하던 일을 잠깐 멈추고 생각해보면 감사해야 할 10가지를 쉽게 생각해낼 수 있다.** 당신의 문제는 가진 게 없어서가 아니라 가진 것의 가치를 잘 모르기 때문에 생긴다. 감사는 더 많은 행동과 더 큰 보답을 가져온다. 긍정적인 감정은 절대로 당신을 한곳에 머물게 하거나 문제에 집착하도록 놔두지 않는다.

10 당신은 자신의 삶을 바꾸고 싶어 하지만 낡은 것을 버리고 새로운 것을 만드는 데 집중하지 않는다. 오히려 낡은 것을 낱낱이 해체하는 데 온 신경을 기울인다. 말하자면 당신은 오래된 것을 지나치게 분석하고 의미를 부여함으로써 위안을 얻으려는 사람 중 하나다. 하지만 현실에서 느끼는 복잡함은 불안감의 산물이다. 그리고 이런 불안감은 자신이 처한 단순한 현실을 받아들일 수 없을 때 생겨난다.

11 질문을 재구성하는 데 초점을 맞추기보다는 빠른 해결책을 찾는 데 초점을 맞춰야 한다. 어떤 일을 시도하고 실패하면 대개 실패의 원인을 찾느라 오랜 시간을 투자한다. 하지만 실패에 머물러 있기보다는 필요한 것을 배우고 새로운 것을 시도하는 게 더 중요하다. 당신은 여전히 잘못된 것이 무엇인지에 집착하는 태도와 옳은 것이 무엇인지에 관심 없는 태도 사이에 갇혀 있다.

12 당신은 항상 자신이 하고 싶은 일을 상상하지만 실제로는 절대 그 일을 하지 않는다. 모든 퍼즐 조각이 제자리에 모였을 때 삶이 시작된다고 믿지만 그렇지 않다. 완벽하게 준비가 되어야만 무언가를 시작할 수 있는 건 아니다. 인생이란 흩어져 있는 조각을 하나둘 전부 제자리로 모으는 행동이다.

긍정적으로 사는 게
어렵게 느껴지는 이유

많은 사람들과 많은 책들이 긍정적인 사고방식에 대해 목소리를 높인다. 긍정적인 사고방식이 그렇게 의미 있고 가치 있는 것이라면 긍정적으로 생각하려고 노력하는데도 이렇게 힘든 시간을 보내는 이유는 무엇일까? 그리고 생각보다 긍적적인 사고방식을 유지하기 어려운 이유는 무엇일까?

그것은 잠재의식 속에 자리한 수많은 편견들이 긍정적인 마음가짐에 맞서기 때문이다. 그런 편견들은 오랜 세월 쌓이면서 부정적인 신념을 강화한다. 이 신념은 힘이 너무 세서 긍정적인 사고방식으로 전환하는 데 아주 큰 장벽이 된다. 긍정적인 사고방식으로 전환하기 위해서는 '잔뜩 화가 나 있는 불신'이라는 첫 단계를 지나야 하는데 그게 무척이나 어렵다.

이 글에서는 우리가 긍정적인 사고방식을 거부하는 3가지 이유를 소개한다.

01 **긍정적인 사고를 단순한 것으로 치부한다.** 우리는 '부정적'이라는 단어와 '심오함'을 잘못 연관시킨다. 생각이 깊고 신중하며 심오한 세계를 탐험하는 것과 부정적인 것은 전혀 다르다. 반대로 얕고 가볍고 경솔한 것을 긍정적인 사고와 동일시하는 것도 잘못된 생각이다.

02 **부정적인 사고방식 속에서 신념을 강화한다.** 개인이 품은 신념의 본질은 '경험을 통해 사실로 입증된 것'이다. 하지만 오랫동안 즐겨온 부정적인 사고방식 속에서 생성된 신념은 편견과 선입견, 아집으로 가득 차 있을 가능성이 높다. 부정적 사고방식은 다른 생각이나 가치관에 열려 있지 않기 때문이다.

03 **인간은 본질적으로 부정적인 것에 더 매력을 느낀다. 그 배경이 무엇인지 잘 모르기 때문이다.** 고통과 부정적 사고의 목적이나 이유를 이해하지 못하기 때문에 우리는 부정적인 것을 미지의 신비로운 것으로 생각하며 더 중요하게 여긴다. 그래서 자신이 이해하지 못하는 것에 강한 매력을 느끼고 더 많은 관심을 퍼부으며 점점 부정적으로 변한다.

완벽한 재능보다
매일의 습관이 성공을 만든다

사람들은 자신이 원하는 것을 이루기 위해서는 완벽한 준비가 되어 있어야 한다고 생각한다. 혹은 그 일을 이루기 위해 완벽한 재능과 기술이 필요하다고 여긴다. 하지만 이런 생각과 달리 성공은 행동과 습관이 빚어내는 결과물이다.

어떤 일을 잘하는 경지까지 이르기 위해서는 일단 그 일을 꾸준히 할수 있어야 한다. 글을 잘 쓰는 사람은 많지만 꾸준하게 쓰는 사람은 많지 않다. 꾸준한 실천이 습관이 되면 그것만으로도 성취에 한발 가까이 다가갈 수 있다. 전문가와 일반인을 구분 짓는 것은 엄청난 자기 통제와 절제된 일상 그리고 변함없는 헌신이다. 재능은 일정 부분 타고나지만 자제력은 스스로 발전시켜야 한다. 하지만 대부분은 그 반대라고 믿는다. 즉 타고난 재능은 별다른 노력 없이도 쉽게 완성될 수 있다고 믿는다.

생각보다 인간의 뇌가 가진 제어력에는 한계가 있다. 때문에 매일 일정한 시간 동안만 자신이 느끼는 충동과 욕망을 자제할 수 있을 뿐이다. 물론 연습을 통해 그 기간을 연장할 수도 있지만 그럼에도 우리의 자제력은 여전히 제한되어 있다. 이 사실을 이해하는 사람들은 시간을 현명하게 사용한다. 불필요한 의사 결정을 없애고 산만함을 줄이고 쓸데없는 일을 최소화한 후에 중요한 것에 집중한다. 시간이 흐르면서 이런 행동은 습관, 즉 제2의 천성으로 굳어진다. 《행복에 걸려 비틀거리다》를 쓴 대니얼 길버트를 비롯해 1960년대 심리학자들은 새로운 습관을 만들기 위해 거쳐야 하는 과정을 3단계로 구분했다.

- 인지적 단계: 우선 자신의 행동 과제를 논리적으로 생각하고, 실수하고, 결국 더 잘 수행하기 위해 새로운 전략을 궁리한다.
- 결합적 단계: 행동 과제를 완수하려면 더 많은 노력이 필요하지만 전보다 정신적으로 덜 힘들다. 과제의 일부는 조금씩 자연스럽게 수행할 수 있지만 여전히 실수하는 부분이 있다.
- 자율적 단계: '자동 조종' 또는 '무의식'의 방식으로 이루어지는 단계다. 이제는 의식적인 집중에서 벗어나 습관처럼 몸에 배어 제2의 천성으로 굳어진다.

우리는 마지막 두 단계 사이에 갇혀 정체기를 맞곤 한다. 어떤 일을 수행하는 과정은 머릿속으로 생각하는 것과 여전히 거리가 멀다. 미국의 라디오 방송 〈더 아메리칸 라이프〉The American Life 의 진행자 겸 제작자 아이라 글래스는 이 상태를 '창의적 틈새'라고 불렀으며 대부분의 사람은 이 지점에서 노력하는 것을 포기한다.

　새로운 목표를 성취하기 위해 평균적으로 처음 2년 동안에는 결과를 만들어내더라도 사실 신통치 않다. 잘하려고 노력하고 잘될 가능성도 보이지만 실제로 결과가 썩 좋은 건 아니다. 수많은 사람이 이 고비를 넘기지 못하고 그냥 포기한다. 만약 이제 막 2~3단계를 시작했거나 정체기에 갇혀 있다면 그 상태가 정상이며 그 단계에서 할 수 있는 최선의 노력을 하는 게 중요하다는 것을 알아야 한다.

　스스로 마감일을 정해서 매주 1가지 이야기를 완성하도록 몰아붙여라. 수많은 경험을 해야만 그 틈새를 메울 수 있고 당신이 하는 일 또한 욕심내는 것만큼 잘될 것이다. 이 과정을 이해하는 데는 절대적인 시간이 필요하다. 시간이 걸리는 게 정상이다. 포기하고 싶은 마음과 싸우며 이 길을 헤쳐나가야 한다.

　이 과정을 인내하면서 결과를 도출하는 사람이 도중에 포기하는 사람보다 타고난 재능이 더 뛰어날까? 그렇지 않다. 그들은 재능 때문이 아니라 고생스러워도 계속 성장하려는 의지가 있었기 때문에 성공한 것이다. 그 정체기를 극복할 능력이 없다면 그 상태에서 잠시 벗어나는 것도 좋다. 정체된 상태에서 잠시 벗어남으로써 불필요한 잡념을 없애고 자신의 한계를 인지하며 그것을 해결하기 위해 노력할 수 있다. 잠시 멈춤을 통해 계속 나아갈 힘을 얻는 것이다. 벗어난다는 것은 처음부터 그것에 갇히지 않았다는 뜻이다. 당신은 스스로에게 이렇게 묻기 위해 잠시 멈춘 것뿐이다. '내가 이 일을 하기 위해 여기 있는 거 맞지?'

남의 성공 말고
내 마음에 눈을 돌려라

당신은 자신의 인생 목표를 스스로 정하고 직접 계획도 짜며 살고 있는가? 안타깝게도 많은 사람이 남들과 같은 부를 거머쥐는 데 자기 삶의 목표를 둔다. 그러다 보니 성공한 삶이 얼마나 많은 물질을 소유했느냐로 결정된다. 자신이 좋아하는 것이 무엇인지, 진정으로 가치 있게 여기는 가치관이 무엇인지에 대해서는 소홀하게 여긴다.

다시 말해 삶의 주도권이 자신에게 있지 않다는 뜻이다. 남들이 좋아하는 것을 좇으며 사는 삶은 공허하다. 타인의 시선이나 세상의 흐름에만 발을 맞추다 보면 자신이 진정으로 원하는 것들은 부차적인 것으로 밀려난다. 돈은 우리가 어디서 어떻게 살 것인지를 결정한다. 물론 돈을 통해 많은 기회를 얻을 수 있다. 돈이 있다면 명절 선물을 편하게 살 수 있고 생활비를 걱정하지 않아도 된다. 하지만 얼마나 많은 돈을 버느냐가 삶의 질을 가늠하는 핵심 잣대가 되는 것은 문제다. 그러다 보니 많은 사람이 과시용으로 돈을 활용한다.

물론 우리만의 잘못은 아니다. 세상을 지배하는 가치관과 대중이 무의식적으로 받아들인 신념은 이렇게 속삭인다. '지금 누리는 부와 매력, 사회적 지위가 당신에게 기쁨과 만족을 주지 못한다면 당신은 아직 그것들을 충분히 소유하지 못한 거야.' 얼핏 들으면 이치에 맞는 말 같다. 하지만 은행 잔고를 늘리거나 더 많은 물건을 소유한다고 해서 정말 당신의 삶이 더 가치 있는 것으로 바뀔까? 그것은 그저 당신이 소유한 자산 또는 재산의 상태를 바꾸는 것뿐이다. 그 물건들이 인생의 행복을 소중히 여기고 감사하게 만드는 마음가짐을 선물하지는 않는다는 뜻이다.

이처럼 명확한 자기 신념 없이 세상이 요구하는 대로 맞춰 살아가다 보면 아무리 채워도 만족을 느끼지 못하게 된다. 이것은 '디드로 효과'Diderot effect라고도 하는데 이와 관련된 이야기를 살펴보자. 드니 디드로는 계몽주의 시대의 프랑스 철학자이며 《나의 오래된 가운을 버려서 생긴 후회》Regrets on Parting with My Old Dressing Gown라는 에세이 소설을 썼다. 전해지는 이야기에 따르면 디드로는 매우 검소하게 살며 행복했지만 어느 날 친구가 그에게 화려한 빨간 가운을 선물하자 그 행복이 깨졌다고 한다. 세련된 빨간 가운을 입고 자신의 작은 아파트를 휘젓고 돌아다닐수록 소박하기만 했던 예전의 삶은 점점 더 어울리지 않는 것처럼 보였다.

결국 디드로는 세련된 가운을 입은 사람은 누추한 집에 살면 안 된다고 생각했다. 그래서 가운에 어울리는 새 가구를 장만했다. 그런 다음에는 가운과 가구에 맞춰 새 옷과 옷걸이를 샀다. 마침내 디드로는 화려한 생활을 유지하기 위해 빚에 허덕여야 했고 남은 평생을 피땀 흘려 일해야만 했다.

오늘날 일상은 사치에서 태어나 물질만능주의와 짝을 이룬 광고와 성공 스토리에 꾸준히 발을 담근다. 그러곤 우리를 끌어당기기 위해 끊임없이 유혹의 부채질을 한다. 여기서 한발 물러나 현실을 객관적으로 보는 것은 거의 불가능하다. 그래서 사람들 대부분은 아무 생각 없이 그런 유혹에 휘둘린다. 아마도 돈만큼 사람들의 경배와 사랑을 받는 '신'은 없을 것이다. 권력을 유지하고 자아를 섬기도록 설계된 물질적 욕망의 시스템을 이토록 철석같이 믿는 시대도 지금껏 없었다.

가장 효과적으로 정치를 하는 유능한 통치자는 국민에게 자신이 그들을 통제한다고 절대로 말하지 않는다. 지금 당신이 물건을 사는 데 계속 빠져들어 쳇바퀴를 돌릴 수밖에 없는 욕구 시스템을 설계한 사람들이 바로 그 '통치자'들이다. 그 결과 당신은 환상 속의 광고 화면을 바라보면서 계속 쳇바퀴를 돌리고 당신의 마지막 목표를 향해 달리는 중이라고 착각한다.

세상이 요구하는 집단적 사고방식 때문에 우리는 세상의 온갖 좋다고 하는 것들을 따르며 믿고 산다. 교육을 받아야 하며, 운동을 열심히 해야 하고, 좋은 사람이 돼야 한다고 믿는다. 돈, 집, 매력, 근사한 직업 등 가져야 할 것이 끝도 없다. 이렇게 강요된 것에 대해 우리는 몇 번이나 의문을 제기했을까? 하던 일을 잠시 멈추고 세상이 요구해온 것들, 하라는 대로 하면 기쁨을 줄 것이라며 믿어온 시스템에 사실은 어떤 의도가 있을지도 모른다며 의문을 제기한 적이 몇 번이나 있을까?

학위를 교육과 동일시한다면 우리 사회의 모든 측면을 고려해보라고 권하고 싶다. 얼마나 큰 빚을 지든, 공부에 관심이 있든 없든, 실제로 배우는 것을 제대로 활용하든 말든 사람들은 일단 학위를 따면 자신이 받을 평생의 교육을 완수했다고 믿는다. 세상은 속 빈 강정 같은 학위를 사탕처럼 나눠준다. 거금을 내고 성공을 약속하는 졸업장을 따는 것이다.

교육이 가치 없다고 주장하는 게 아니다. 오히려 교육이야말로 유일하게 진정한 가치가 있으며 대중들에게 '진짜' 교육을 제공하는 기회가 심각하게 부족함을 말하는 것이다. 나는 대학생들이 졸업장을 받고 학교를 떠난 후 자신이 받은 교육을 대기업이라는 쳇바퀴를 돌리는 연료로 사용하지 않기를 바란다. 그보다는 사회적 맥락과 역사적 흐름, 세상을 볼 수 있는 넓은 시야를 갖는 데 활용하라고 말하고 싶다. 자신의 발전을 위해 모든 것에 의문을 품고 토론하는 데 지식이 사용되기를 바란다. 세상에 의해 주어진 삶이 아니라 자신이 원하는 삶을 스스로 선택할 기회로 여기길 바란다.

홉스와 플라톤, 스피노자와 흄, 로크와 니체, 스티브 잡스와 애나 윈터, 데카르트와 베토벤, 저커버그와 링컨, 록펠러와 에디슨, 월트 디즈니처럼 세상의 판도를 바꾸고 문화를 혁신하고 위대한 사상을 가진 인물들은 상아탑 속에서 살아가던 학자들이 아니었다. 그들이 예외적인 성공을 거둔 패턴을 보면 어떤 것 하나를 절대적으로 옳다고 생각하거나 주어진 그대로 믿지 않았음을 알 수 있다. 그들은 다른 사람의 마음에 들도록 자신의 생각을 이리저리 잘라내거나 고친 적이 없다. 또한 좋은 학점을 받기 위해 자신의 진짜 생각을 억누르거나 숨기지 않았고, 다른 사람의 아이디어를 베끼며 그것을 연구라고 우기지도 않았다.

플라톤은 자신의 책《국가》에서 동굴에 묶여 있는 사람들 등 뒤에 모닥불이 있고, 모닥불의 불꽃이 비춰 만든 서로의 그림자를 실물로 믿는 우화를 이야기한다. 그림자가 아니라 진짜 '빛'을 깨닫게 하는 것이 최고의 참된 교육이다. 빛을 이해하기 위해 빛 자체에 주목할 필요는 없기 때문이다. 등 뒤에서 일어나는 일을 이해하려면 자신이 인지하는 환상의 조각들을 하나씩 잘 꿰어 맞추면 된다.

그리고 우리에게 정말로 위험한 것은 자신의 환상이 아니라 다른 사람들의 환상이다. 자신의 것이 아니기에 불만족스러울 수밖에 없는 다른 사람의 환상을 자기 삶에 없어서는 안 될 필수 요소로 받아들이며 그것이 좋은 것이라고 믿는다면 어떻게 될까? 그것은 의심할 여지 없이 정말 위험하다.

우리의 삶은 다른 사람이 섬기는 우상을 잣대로 가늠되지 않는다. 다른 사람의 돈과 명예를 보며 상실감을 느낄 것도 없다. 그것은 그들의 것이며 나는 나의 것을 찾는 게 중요하다.

마음의 목소리를
오해하게 만드는 것들

다른 사람의 사고방식이나 세상이 요구하는 가치관대로 살아야 할 필요가 없다는 사실은 더 이상 강조할 필요가 없을 것이다. 이처럼 내 삶의 중심을 지키며 살기 위해 중요한 것은 나만의 가치관과 사고방식이다.

인간의 뇌는 자신의 생각에 동의하도록 구성되어 있다. 즉 우리의 뇌는 자신이 가장 믿고 싶어 하는 것을 뒷받침하는 증거를 찾도록 설계되어 있다는 뜻이다. 잠재의식이 뚜렷하지 않을 때 가장 설득력 있는 확신을 만드는 방법이 바로 인간의 사고방식이다. 자신이 왕따라고 믿으며 자란 사람은 어디에 있든 친구, 동료, 이웃들에게 따돌림과 미움을 받는다는 증거를 애써 찾는다.

이런 식의 왜곡된 사고방식 또한 어떤 유형 안에서 발생하는 경향이 있다. 깊은 고통과 유혹, 공포를 경험하는 것은 특정 일부의 사람만이 아니다. 오죽하면 이와 관련된 전문용어까지 있을 정도다. 1981년에 심리 분야 전문가인 매슈 맥케이 박사, 마샤 데이비스 박사, 패트릭 패닝 박사 는 《생각과 감정: 기분과 삶을 통제하기》Thoughts and Feelings: Taking Control of Your Moods and Your Life에서 왜곡된 사고방식들이 정확히 무엇이고 어떻게 나타 나는지에 대해 개략적으로 설명했다. 그중 가장 두드러진 유형 15가지 를 살펴보자.

01 **필터링**Filtering. 필터링은 선별적으로 걸러진 정보를 근거로 특정 관 점을 갖는 것을 말한다. 이는 어떤 상황의 긍정적인 측면은 모두 걸러내고 부정적인 세부 사항만 취합해서 그 내용을 확대하는 것 이다. 하나의 세부 항목을 선택하고 전체 내용을 그것으로 색칠해 서 좋은 경험과 나쁜 경험으로 분리한다. 그렇게 일반화된 전체 내용은 실제보다 훨씬 더 거대하고 끔찍하게 보일 수도 있고 또는 더 좋게 보일 수도 있다.

02 **양극화.** 왜곡된 사고방식의 특징은 이분법에 지나치게 의존하는 것이다. 모든 것을 좋은 것과 나쁜 것, 옳은 것과 잘못된 것으로 구 분하며 중간은 존재하지 않는다. 이런 이분법은 중간 지점에 있는 것을 포함해 모든 것을 극단적으로 인식하게 하는 흑백논리다. 특 히 자기 인식에서 두드러지게 나타나는 경향이 있는데 이런 논리 에 따르면 우리는 완벽한 사람 아니면 전부 실패자다.

03 **지나친 일반화.** 단 하나의 증거나 단 한 번의 경험을 바탕으로 일반 적인 결론을 내리는 것이다. 나쁜 일을 한 번 경험하고 나면 그런 일이 또 일어날까 봐 두려워하는 마음이 생기고, 일어나지도 않은

일을 미리 예상하며 준비 태세를 갖춘다. 이런 사고방식을 갖고 있으면 대개 '항상'$_{always}$ 또는 '절대로'$_{never}$라는 단어를 남발하게 마련이다. 왜곡된 생각은 단 한 번의 사건이나 경험을 바탕으로 실패를 측정하고 비슷한 경험을 회피하게 만들기 때문에 우리의 일상을 제한하는 족쇄가 된다.

04 **독심술.** 익숙하지 않은 상황에 부딪혔을 때 당신이라면 어떻게 할지 상상하고 다른 사람도 당신처럼 느끼고 행동할 것이라고 넘겨짚는 태도다. 이런 식의 독심술은 자기만의 예상과 편견에서 비롯된다. 다른 사람의 감정과 그들이 그렇게 행동하는 이유를 자신이 전부 안다고 생각한다.

05 **최악의 결과에 따른 가정.** 항상 최악의 사태가 일어날 것이라는 결론을 우선시하는 태도다. 많은 사람이 어떤 상황이나 특정한 일이 결국 비참한 결과를 초래할 것이라고 상상한다. 이는 자신의 능력을 믿지 못하는 데서 비롯된 증상이다. 최악의 상황을 미리 설정하고 있으면 어떤 일에도 놀라거나 충격을 받지 않을 것이라고 생각하기 때문이다.

06 **개인화.** 세상에서 일어나는 모든 일이 자신에게 어떤 영향을 미치고 어떻게 적용되는지를 중심으로 해석하는 것이다. 다른 사람들이 말하고 생각하고 상상하는 모든 것을 자신에 대한 찬성 또는 반대로 여긴다. 이는 당신이 속하지 않은 세상이 있다는 것을 깨닫지 못하기 때문이다. 세상은 당신을 중심으로 돌아가지 않는다는 것을 명심하라.

07 **통제 오류.** 통제 오류는 2가지 방법으로 작동한다. 하나는 자신을

무기력한 존재 또는 운명의 희생자로 보면서 자신이 제어할 수 없는 외부적 힘에 통제받는다고 느끼는 것이다. 다른 하나는 내적으로 통제된다고 느끼는 것이다. 내적 통제란 주변 사람들의 고통과 행복을 모두 당신 책임으로 생각하는 것을 의미한다. 이런 외적 통제와 내적 통제는 둘 다 자신의 삶을 건강하고 생산적인 방법으로 제어하지 못해서 나타나는 증상이다.

08 **공정성의 오류.** 자신은 공정하고 옳고 정의로운 것이 무엇인지 알지만 남들이 자신의 의견에 동의하지 않는 게 문제라고 믿는 태도다. 이는 여러 진리가 공존할 수 있다는 것을 이해하지 못하는 데서 비롯된다. 공정성의 오류에 빠지면 경험을 통해 증명된 자신의 의견만 타당성이 있으며 자신의 의견이 다른 사람들에게도 전부 유효하다고 생각한다. 그래서 세상 사람들이 자신의 의견을 받아들이면 그들의 문제 또한 해결될 것이라고 믿는다.

09 • **비난.** 자신이 겪는 고통은 전부 다른 사람 또는 다른 무엇이 책임져야 한다고 비난한다. 반대로 자신이 겪는 모든 문제를 온전히 자기 잘못이라며 자신을 탓한다. 이 둘 모두 왜곡된 사고방식이며 문제에 대한 책임을 따지는 일 자체에 매몰되어 해결책을 모색하는 일에는 소홀히 하는 왜곡된 방법일 뿐이다.

10 **바람직한 것들에 대한 믿음.** 당신은 해야 할 것과 하지 말아야 할 것에 대한 규칙이 있다고 철석같이 믿으면서 성장했다. 이런 믿음은 문화, 가족, 종교, 학교 등을 통해 머릿속에 심어졌다. 규칙을 어기는 사람을 보면 화가 나기 때문에 자신은 그런 짓을 하지 않기 위해 최선의 노력을 기울인다. 그런 규칙들은 논쟁의 여지 없이 바

람직한 것이기에 당신은 그 규칙을 지키지 않는 모든 사람을 비난하고 판단할 권리가 자신에게 있다고 믿는다.

11 **감정적 추론.** 자신의 감정이 옳은지 그른지 평가도 하지 않은 채 자신이 느끼는 모든 것은 전부 사실이어야 한다고 믿는 태도다. 우리는 순간적으로나마 자신을 따분하고 사랑스럽지 않으며 똑똑하지도 않고 성공하지 못한 사람이라고 느낄 때가 있다. 그런데 순간적인 느낌을 확장해 그것이 사실이라고 받아들인다. 이런 왜곡은 감정과 생각의 과정이 조화를 이루지 못해서 발생한다.

12 **변화에 대한 잘못된 생각.** 자신의 행복은 남들에게 달려 있기 때문에 상대방이 바뀌어야 하고 바뀔 수 있다고 기대하는 것이다. 이런 태도는 다른 사람들에게 부담을 주기 때문에 오히려 관계를 악화시킨다. 당신의 행복은 결코 타인에게 달려 있지 않다. 자신이 스스로 결정하는 수천 가지의 크고 작은 선택에 달려 있다.

13 **글로벌 레이블링**Global Labeling. 글로벌 레이블링은 자신이 몸담은 사회적 테두리 안에서 볼 수 있는 한두 가지의 특성을 인류 전체에 대한 판단 기준으로 일반화하는 태도다. 이런 태도는 틀에 박힌 1차원적 세상을 만든다. 자신에게 그런 꼬리표를 붙여 분류하는 것은 자존감 형성에 방해가 되고, 또 그런 식으로 다른 사람들을 분류하는 것은 각종 편견과 관계에서의 문제를 만들어 낸다.

14 **항상 옳아야 한다는 강박.** 자신의 의견과 행동, 선택이 올바르다는 것을 증명하기 위해 항상 법정에 선 것처럼 사고하는 태도다. 또한 옳지 않은 것은 나쁜 것이며 가치 없는 것이라고 여긴다. 항상 옳아야 한다는 강박은 폐쇄적인 사고방식을 낳는다. 자신의 의견

이나 행동이 옳다고 우기면 그보다 더 옳은 견해나 행동에 대해 생
각해볼 여지가 전혀 없기 때문이다.

15 **하늘에서 내리는 축복에 대한 잘못된 믿음.** 누군가가 당신의 일거수
일투족을 관찰하며 잘못된 행동과 옳은 행동에 일일이 점수를 매
긴다고 상상하는 것이다. 이것을 객관적으로 증명할 논리적인 방
법은 없지만 어쨌든 선행을 하면 마땅히 큰 축복이 내릴 것이라고
믿는다. 그래서 내키지 않아도 꾸역꾸역 '올바른 일'을 한다. 이런
사고방식은 육체적, 감정적으로 당신을 고갈시킨다. 현실에서는
희생과 자기 부정에 실질적인 보상이 주어지지 않으니 말이다.

길을 잃었을 때
다시 삶의 목표를 찾는 법

01   **자신의 삶이 무엇인지 정의하기로 결심한다.** 길을 잃었다는 느낌은
궤도에서 벗어났을 때가 아니라 통제력을 상실했을 때 찾아온다.
또한 당신 앞에 펼쳐지는 사건의 진행 과정을 받아들이고 싶지 않
을 때 길을 잃었다고 느낀다. 당신에게 일어난 일을 자신의 것으
로 받아들이고 그 이야기를 계속 써 나갈 때 잃었다고 느꼈던 궤도
를 다시 발견할 수 있다.

02   **당신이 원하는 삶을 산다면 당신의 내일이 어떤 모습일지 상상하라.**
현재 당신이 원하는 삶을 산다면 당신은 내일 어떤 일을 할까? 지
금 하고 있는 일과는 얼마나 다를까? 그런 상상을 바탕으로 내일
부터 어떤 다른 일을 시작할 수 있을지 자신에게 질문해보자.

03   **J.K. 롤링은 자신이 세계에서 가장 유명한 작가 중 한 명이 될 줄 몰랐**

다. 그저 자기 자녀들을 위해 이야기를 썼을 뿐이다. 스티브 잡스는 자신이 인류와 기술을 상호작용하게 하는 선구자가 될 줄 몰랐다. 그는 그저 차고에서 컴퓨터를 만드는 사람이었을 뿐이다. 오프라 윈프리는 자신이 자기계발과 성공의 아이콘이 될 줄 몰랐다. 윈프리는 그저 자신의 일을 열심히 했을 뿐이다. 뭔가 특별한 일을 하기 위해 자신이 하는 일이 무엇인지 처음부터 잘 알아야 하는 것은 아니다.

04 지금부터 5년 뒤에 일어날 일을 정확히 예측하거나 완벽하게 계획할 방법은 없다.

05 만약 지금 당신이 미래를 예측하고 계획을 세울 수 있다면 꿈을 더 크게 가져라. 그리고 더 열심히 노력하라.

06 삶을 계획하거나 지금 하는 일에 고정된 생각을 품는 것은 야망이 아니다. 그건 그냥 마음을 달래는 생각일 뿐이다. 대신 자신이 살아 있는 동안 매일 하고 싶은 일에 집중하라.

07 당신은 어린 시절의 자신에게 신세진 게 없다. 그러니 한때 당신이었던 그 사람의 실수와 잘못을 책임지지 않아도 된다.

08 당신은 어른이 된 지금의 자신과 관련된 모든 것을 책임져야 한다. 자신이 어떤 사람인지, 원하는 것은 무엇인지, 필요한 것과 누려야 할 것이 무엇인지 스스로 질문하고 답하고 책임져야 한다.

09 한때 원한다고 생각했던 것을 지금 갖지 못한 이유를 알아야 한다. 그 이유는 더 이상 그것을 간절하게 원하지 않기 때문이다.

10 SNS에 보여주는 삶은 굉장히 멋져 보이지만 실제로 그렇게 사는 사람은 아무도 없다. 소셜 미디어에 노출된 다른 이들의 삶과 당신의 삶

을 비교하며 실의에 빠지지 마라. 그것은 그저 과장되게 연출된 하나의 장면일 뿐이다.

11 **당신이 SNS에서 얼마나 존재감이 있는지를 신경 쓰는 사람은 당신 말고 아무도 없다.**

12 **가치 있는 인간이 되기 위해 뭔가를 반드시 성취해야 할 필요는 없다.** 어차피 특출한 인물은 극소수에 불과하다. 평범한 사람이라고 해서 만족과 사랑, 기쁨과 인생의 경이로움을 누릴 자격이 없는 건 아니다.

13 **인생은 그 삶을 어떻게 인식하는가에 달렸다.** 길을 잃고 헤매거나 '뭘 하며 사는 건지 모르겠다'고 느낀다면 사물을 다른 관점으로 생각하는 법을 배움으로써 그 문제를 해결할 수 있다. 그게 전부다.

14 **남은 인생을 어떻게 살지 아무도 모른다면 당신은 어떻게 할 것인지 질문하라.** 당신의 삶이 아무 성과도 내지 못하고 단지 어떤 일을 한다는 것 말고는 얻을 것이 없다면 당신은 어떻게 시간을 보낼까? 당신이 정말로 하고 싶은 일은 무엇일까? 당신에게 활력을 주는 것은 무엇일까? 이런 질문을 통해 답을 찾아가라.

15 **당신은 어떤 것에서 삶에 활력을 주는 미묘하고 설명할 수 없는 '넛지'**Nudge**를 느끼는지 찾아보자.** 당신에게 설명할 수 없는 미묘한 즐거움을 주는 것은 무엇인가? 이유는 모르지만 그냥 마음에 드는 것이 있을 테니 그런 것들에 관심을 집중하라. 그런 것이 진짜배기니까. 마음은 좋아한다고 생각하는 것에 반응하지만 감정은 감동을 주는 것에 반응한다.

16 **지금 당신에게 가장 힘든 것은 무엇인지 탐색해보자.** 흥미롭게도 당

신을 가장 심하게 괴롭히는 일은 사실 앞으로 무엇을, 어떻게 해야 할지 알려주는 신호다. 연애를 못 하는 것이 가장 괴로운 일이라면 인생의 다음 단계에서는 적어도 로맨틱한 관계를 발전시키기 위한 노력이 수반되어야 한다. 당신이 현재 가장 힘들어하는 것은 당신이 정말로 원하는 것이 무엇이고 그것을 성취하기 위해서 어떤 방향으로 나아가야 하는지를 알려준다.

17 **삶의 변화를 원하는가? 그렇다면 어쩌다 길을 잃었는지를 생각하지 마라. 계획했던 방향으로 가기 위해 지금 할 수 있는 행동이 무엇인지 생각하라.**

18 **당신이 지금 갖고 있는 것이 무엇인지 점검하고 변화를 꾀하라.** 삶의 큰 변화를 일으키려면 좌우명은 항상 다음과 같아야 한다. '현재 있는 곳에서 시작하고, 자신이 가진 것을 사용하고, 지금 할 수 있는 것을 하라.' 변화를 위해 나아가는 방법은 이것 말고는 없다.

19 **'평생 뭘 하면서 살지?'라는 질문을 멈춰라.** 대신 '오늘 하루는 뭘 하면서 살까?'라는 질문을 시작하라.

20 **아무도 당신을 비난하지 않는다면 당신은 하루를 어떻게 보낼 것인가?** 당신의 일과 인생 그리고 당신이 결정한 것만으로 칭찬을 받는다면 어떤 선택을 할까? 그런 상황이라면 진심으로 하고 싶은 일은 무엇일지 생각해보자.

21 **내일 하게 될 일을 평생 반복하며 살아가야 한다면 무엇을 하고 싶은지 자신에 물어보라.** 질문을 바꿀 수도 있다. '당신이 보낸 오늘 하루를 평생 반복해서 산다면 당신은 오늘 어디에 있을 것인가? 그리고 무엇을 성취했을까? 맡은 일을 제대로 잘 해냈을까? 사랑하

는 사람들을 위해 시간을 낼 수 있었나? 글을 쓰거나 그림을 그리거나 건강한 방법으로 돈을 썼을까? 어울리는 옷을 입고, 해돋이를 보고, 건강에 도움되는 식사를 했나?' 당신의 인생은 바로 지금 여기, 이 시간 속에 존재한다. 옛 시절에 대한 후회나 회상 속에 존재하지 않으니 과거에 오래 머물지 말아야 한다. 습관은 축적되어 당신의 일부로 굳어진다. 그렇게 고착된 자신의 일부에서 벗어날 수 없다고 상상하는 것이 현실을 확인하는 가장 빠른 방법이다.

22 **당신이 만약 어제 세상을 떠났다면 가장 후회할 일은 무엇일지 질문하라.** '내일 죽는다면…'이라는 상상은 집어치워라. 이미 죽었다고 가정하면 어떤 일이 가장 후회스러울까? 죽기 전에 다른 시선으로 보고 다르게 행동하고 반응했더라면 좋았을 거라며 후회하는 일은 어떤 것일까? 지금 당장 답해보자.

무엇이 나를 진정으로 자유롭게 만드는가

완전히 자유로운 생각이란 어떤 것일까? 이는 타인의 시선이나 강요에 의한 것이 아니라 스스로 느끼고 터득한 생각을 말한다. 자유로운 생각의 핵심은 그 생각이 아주 분명하다는 점이다. 경험을 통해 당신에게 이미 증명됐기 때문이다. 그래서 당신이 어떤 문제에 부딪히면 자유로운 생각은 그 문제를 해결하기에 앞서 애초에 그 문제가 왜 생겼는지 근본부터 파악할 수 있도록 돕는다. 당신의 의식 속에 들어 있는 모든 생각은 자신이 몸담은 정신적 순환 체계로 되돌아가게 하거나 그 순환 체계에서 아예 벗어나게 해준다.

건강한 순환 체계도 있지만 건강하지 못한 것도 있다. 유지하고 싶은 것도 있고 버리고 싶은 것도 있다. 바꾸고 싶고 바꾸기를 원한다는 사실을 아는 것도 있다. 바꾸고 싶지만 바꾸고 싶다는 사실을 모르는 것도 있다. 바꿔야 할 필요가 있는데 어떻게 바꿔야 할지 모르는 것도 있다.

더 큰 진실을 추구할 수밖에 없는 상황을 얼마나 자주 접하느냐에 비례해서 삶이 발전한다. 현실에 안주하는 사람들은 계속 책을 읽거나 해답을 찾거나 뭔가를 추구할 필요가 없다. 그들은 성장할 필요가 없기 때문에 성장하지 않는 것이다. 슬프지만 중요한 사실 1가지는 변하지 않아서 불편을 느낄 때 비로소 인간은 변화를 추구한다는 점이다.

나는 나의 성공이 내가 겪은 고통과 정비례했다는 것을 알고 있다. 그런 모든 경험을 통해서 앞서 말한 결론에 도달할 수 있었다. 지금까지 내가 품었던 가장 자유로운 생각은 '내가 겪었던 일들 중 어떤 것도 바꾸고 싶지 않다'라는 것이다. 내 인생의 모든 것에는 나름의 목적이 있으며 내가 경험한 것 중에는 정말로 어둡고 역겹고 끔찍하고 자기 파괴적인 것도 있다. 하지만 그 모든 경험 덕분에 지금의 내가 존재한다.

나는 내 환경의 결과물이다. 이것을 완전히 인정하는 데 오랜 시간이 걸렸지만 틀림없는 사실이다. 나는 다른 사람들처럼 평범하고 건강하고 할 일을 잘하는 사람으로 반응하고 행동했다. 동시에 나는 행복하면 안 되는 존재였다. 그리고 계속 그렇게 살았다면 다른 사람들이 내게 부과한 삶을 살았을 것이다. 하지만 난 그렇게 하지 않았다. 나는 불편한 것과 잘못된 것을 의식하며 고통에서 벗어날 수 있었다. 어떤 게 옳은 것인지 정확히 모른다 해도 뭔가 잘못됐다는 것을 안다는 건 정말 멋진 일이다.

좋은 일이 일어나려면 수천 개의 작은 혁명이 먼저 일어나야 한다. 사람도 예외는 아니다. 나는 가장 자유로운 생각들, 즉 나를 변화시키고 형성하고 창조한 새로운 생각과 다른 사람들의 생각을 전부 모았다. 이 글에서는 48명의 낯선 이들에 더해 나까지 49명의 인생을 바꾼 생각을 소개한다. 그중 일부라도 도움이 되기를 바란다.

01   내가 생각하는 것을 선택해야 한다.

02   누군가의 생각에 동의하지 않는다고 해서 그 사람에게 사과할 필요는 없다.

03   당신은 원하는 것을 가질 수 있지만 전부를 가질 수는 없다. 전부를 가질 수 없어 불행하다면 그 모든 것을 동시에 가졌을 때를 생각해보라. 당신이 가진 것을 감당하지 못해서 자신이 지닌 것을 온전히 경험하거나 즐기지 못하는 상황을 말이다.

04   당신은 자신의 가족을 선택할 수 있다. 종교도 선택할 수 있다. 자신이 어떤 사람이 될지 매일 선택할 수 있으며 반드시 어제와 같은 사람이 될 필요도 없다. 굳이 다른 사람들이 편하게 느끼거나 이해할 수 있는 사람이 될 필요도 없다.

05   내 삶이 나를 규정하는 것이 아니라 내가 내 삶을 규정한다. 지금 이 순간은 내 삶의 전부가 아니다. 지금 이 순간은 내 삶의 한순간일 뿐이다.

06   내가 인식하는 모든 것이 내가 어떤 사람인지를 투영한다. 삶을 바꾸고 싶다면 나 자신을 바꿔야 한다.

07   나는 아무것도 받아들일 필요가 없다. 나는 아무것도 바꿀 필요가 없다.

08   자유는 마음의 상태다.

09   영원히 가질 수 있는 것은 없다. 자신이 가진 것을 사랑하기보다

그냥 지키는 데만 열중한다면 제대로 경험하지 못할 것들이 아주 많다.

10 로맨틱한 사랑 말고도 소중한 가치를 지닌 사랑이 정말 많다. 행복 말고도 할 수 있는 경험이 아주 많다. 결과가 이상적이지 않아도 실패한 건 아니다. 인생이란 그런 것이다. 우린 이 모든 것을 경험하기 위해 태어났고 그게 우리 운명이다.

11 난 가치 있는 존재다. 나는 행복할 자격이 있다. 나는 나 자신에게 친절할 자격이 있다. 나는 사랑할 자격이 있다.

12 불가능하다고 생각했던 것을 극복했던 것처럼 지금 겪는 고통도 극복할 수 있다. 내게는 이런 생각이 가장 큰 위로가 된다. 지금 겪는 문제를 전에 겪었던 것과 비교해보면 지금의 문제를 헤쳐나가기 위해 무엇이 필요한지 알 수 있다.

13 오랜 인생 중 특정 몇 년 정도는 잘 기억하지 못할 수도 있지만 대신 수많은 순간을 기억할 수는 있다.

14 지금의 내가 아닌 다른 모습은 내 운명이 아니다.

15 영원한 것은 아무것도 없다. 매우 끔찍한 기분도 영원하지 않다.

16 상황을 다르게 보기로 결심하는 것만으로도 경험을 바꿀 수 있다. 내 주변과 나를 중심으로 일어나는 일을 통제할 수는 없지만 그 일을 인식하고 반응하는 방법은 통제할 수 있다. 결국 내가 책임져야 할 것은 그게 전부다.

17 세상에서 예쁜 얼굴 하나가 또 사라졌다고 장례식장에서 우는 사람은 아무도 없다. 사람들이 우는 이유는 세상이 또 하나의 마음, 또 하나의 영혼, 또 하나의 사람을 잃었기 때문이다. 때를 놓칠 때

까지 꾸물대지 말고 정말로 중요한 것에 집중하라. 육체를 넘어 남들의 기억 속에 훨씬 오래 남는 무언가를 만들어라.

18   사람들은 남과 비교해 당신이 돋보일 때만 당신을 사랑하는 게 아니다. 뛰어난 외모에 멋진 몸매를 가졌거나 돈이 많은 사람이 가장 사랑받는 것도 아니다. 그런 사람들이 최고의 삶을 사는 것도 아니다. 남들 눈에 내가 어떻게 보일지 걱정할 때마다 나는 이 말을 기억한다.

19   지금 이 순간이 존재하는 모든 것이다. 지금 이 순간을 충실히 살라는 표현은 진부하지만 진리다. 당신이 이 순간에 주의를 기울이느냐 아니냐가 삶의 충실도를 결정하는 핵심이다.

20   어떤 일이든 그것을 이겨내는 방법은 당신에게 일어나는 모든 일에는 이유가 있고, 당신이 그 일을 겪는 이유가 있으며, 상처를 받는 것도 나름의 이유가 있다는 사실을 인정하는 것이다. 결과를 무시하거나 저항한다고 해서 원인이 바뀌는 것은 아니다. 있는 그대로를 인정하라.

21   삶의 범위를 확대하는 것에 집중하라.

22   이 또한 지나가리라.

23   나는 항상 그럴듯하게 보이기 위해 나 자신을 연기하라는 강요를 받았다. 그래서 운명이라는 것에 대해 깊이 생각할 필요도 없었다. 사람들이 원하는 나를 꾸며서 보여주면 되었으니 말이다.

24   그동안 겪은 일이 지금의 나를 만들었다. 앞으로 겪을 일은 미래의 나를 만들 것이다. 지금 어디에 힘을 쏟느냐에 따라 인생이 달라진다. 내가 선택한 것이 나를 만든다. 결정은 내가 처한 환경이

아니라 내가 한다.

25 "당신이 세상 안에 있는 게 아니라 세상이 당신 안에 있다. 무슨 일을 겪으면 그 경험을 자신의 내면으로 가져가라. 공동 창작자라는 당신의 역할에 계속 힌트와 단서를 제공하기 위해 창조가 일어나는 것이다. 몸이 음식을 소화하는 것처럼 당신의 영혼도 분명히 신진대사를 경험한다."(디팩 초프라·작가)

26 방법은 항상 있다. 심지어 일말의 가능성조차 없는 것처럼 보일 때에도 하늘이 무너져도 솟아날 구멍은 늘 있다. 다양한 일자리와 새로운 아이디어, 어디든 당신이 거주할 집 그리고 늘 동경하는 곳으로 한 시간 안에 떠날 수 있는 비행기 등 돈을 벌고 직업을 갖고 사랑을 찾을 수 있는 방법은 항상 있다. 방법이 없어서 하지 못하는 게 아니라 마음속으로 할 수 없다고 생각해서 못하는 것뿐이다. '나는 할 수 없다'는 당신의 생각이 미래의 가능성을 가로막는다.

27 인생에 위대한 순간은 없다. 아침에 일어나서 갑자기 "아하! 내가 해냈어!"라고 외치는 사람은 아무도 없다. 행복은 사소한 것 안에 깃들어 있고 행복으로 향하는 모든 여정에서 기쁨을 발견할 수 있다. 지금까지 그래왔고 앞으로도 늘 그럴 것이다.

28 우리는 성장하기 위해 이 땅에 태어났다. 성장은 자신이 알고 있는 것을 통해서 세상을 더 많이 경험하고 더 많은 것들을 볼 수 있음을 의미한다. 그렇다면 우리가 인생을 사는 목적은 인식의 범위를 넓히는 것이다.

29 나에게 일어났던 최악의 일들이 다른 어떤 것으로도 배울 수 없는 것을 가르쳐줬다. 그리고 아주 멋진 경험을 할 수 있도록 나를 준

비시켜줬다. 상상조차 못한 멋진 경험들이었다.

30 시도를 멈출 때야말로 실패하는 것이다.

31 다른 사람을 돕기 위해 그들의 문제를 굳이 내 문제로 만들 필요는 없다.

32 사랑받을 자격을 얻기 위해 모든 사람에게 사랑받을 필요는 없다.

33 당신을 어떻게 대해야 하는지 사람들에게 가르쳐줘라. 뭔가를 용기 있게 요구하면 인생에서 얻는 것이 많아진다. 다른 이들이 당신을 얕잡아보거나 함부로 대하게 두지 마라.

34 평생 후회하는 단 1가지는 내 삶을 좀 더 충분히 즐기지 못했다는 것이다.

35 내가 가져야만 하는 것은 저절로 내게 온다. 하지만 그것을 가질 수 있도록 확실히 준비하는 것은 온전히 내 책임이다.

36 모든 것을 너무 심각하게 여기지 마라. 어차피 그 수렁에서 빠져나갈 사람은 아무도 없다.

37 우리는 주변 사람들을 바꿀 수 없다. 진정한 변화는 하나씩 일어나며 모두 각자 할 수 있는 것만 하면 된다. 다른 사람에게서 보이는 부당함을 손가락질하는 대신 자신이 고쳐야 할 문제로 시선을 돌려라. 타인을 내 의지대로 바꿀 수는 없다. 내가 바꿀 수 있는 것은 오직 나 자신뿐이다.

38 지혜는 당신이 아무것도 모르며 앞으로도 절대 모든 것을 알지 못한다는 사실을 깨닫는 것이다. 우리는 한때 지구가 평평하다고 굳게 믿었다. 하지만 발견 하나가 그 믿음을 바꿨다. 우리 모두 매트릭스 시뮬레이션에 나오는 로봇이 아니라는 보장은 없다. 내 말의

핵심은 지혜는 그 자체로 존재하는 것이지 이해하는 게 아니라는 뜻이다.

39   기차표를 사서 여행한 적이 있다. 그때 여행경비 전액을 혼자 힘으로 마련했다. 이 일을 통해서 나는 내가 독립적인 주체이며 남의 비위를 맞추기 위해 굽실댈 필요가 없다는 사실을 깨달았다. 나는 내가 원하는 대로 살기 위해 열심히 일한다.

40   나는 무한한 존재다. 사람들은 항상 이렇게 묻는다. "영원히 살 수 있다면 당신은 무엇을 하고 싶나요?" 그 질문에 대한 내 대답은 이것이다. "영혼이 영원히 존재한다고 믿는다면 당신은 지금 그 영혼으로 어떤 일을 할까?"

41   당신이 믿음과 소망, 사랑을 버려도 그들은 당신을 버리지 않는다.

42   나는 사랑과 빛으로 만들어졌다. 그게 나의 본질이다. 이러한 본질 외에 다른 것은 모두 나와 상관없다. 다른 모습으로 바뀔 이유가 없다. 나는 사랑이고 빛이다. 이 사실을 기억할지 아니면 두려워서 차단할지도 내가 선택한다.

43   도서관에 발을 들이는 순간 세상의 모든 지식이 내 앞에 있다. 매일 잠에서 깨어날 때 세상의 모든 가능성도 내 앞에 있다. 책을 볼지 말지는 내가 선택한다. 책을 통해 새로운 눈으로 세상을 바라보며 새로운 마음가짐으로 살 것인지 아닌지도 내가 선택한다.

44   나는 항상 모든 것을 바꿀 수 있는 가장 결정적인 하나를 선택하지 않는다.

45   내가 화를 내지 않기로 결정했다면 나는 속상할 일이 없다. 속상하지 않으면 나는 상처받은 게 아니다.

46 소소한 것 안에 헤아릴 수 없는 기쁨이 있다. 멋진 책과 싱싱한 야채, 더위를 식혀주는 에어컨 바람, 피로를 풀어주는 한잔의 따끈한 차, 사랑하는 사람의 품이 바로 그런 것이다. 뒤틀린 이 세상에서 거의 가치를 인정받지 못하지만 바로 이런 것이야말로 우리가 인생에서 누릴 수 있는 최고의 기쁨이다.

47 우리는 삶을 너무 심각하게 받아들인다. 몇 백 년만 지나면 우리 대부분은 완전히 잊힐 것이다. 그렇다 해도 우울해 할 필요는 없다. 지금 현실에서 할 수 있는 것을 다 하고, 그 일들을 정말 잘하면 된다. 사랑을 나눠주고 진심으로 하고 싶은 일을 하자. 어차피 나중엔 아무도 우릴 기억하지 못할 테니 지금 맞이하는 하루하루를 최선을 다해 의미 있게 보내는 것이 중요하다.

48 다른 사람이 기대하는 존재가 될 필요는 없다. 또 그들이 나를 가장 잘 안다고 생각할 필요도 없다.

49 "당신은 괜찮을 것이다. 내가 그렇게 말했기 때문이 아니라 우리는 도중에 일을 망치더라도 언제나 괜찮다며 끝내기 때문이다."(셰릴 스트레이드 · 세계적인 베스트셀러《와일드》의 저자)

인생을 망치는
생각 버리기

우리는 가끔 불필요하고 불합리한 생각에 휘둘려 인생을 망친다. 정말 하고 싶은 것, 소중하고 좋아하는 사람, 진정으로 해야 할 일을 제쳐두고 다른 것을 추구한다. 익숙한 것에 안주하려 하고, 계속 어둠 속에 있으려 하고, 원하는 삶에서 점점 멀어진다. 이것은 우리 마음속에 존재하는 막연한 두려움 때문이다. 그런 두려움이 불합리함 속으로 우리를 끌고 간다. 낯선 것을 환영하고 밝은 곳으로 나가고 원하는 것을 쟁취하라. 인생을 망치는 불합리한 생각들을 함께 살펴보고 그런 것들을 하나씩 버리도록 해보자.

01   정직과 진실의 차이를 배울 것. 자기 감정과 어떤 사실에 대해 정직하게 생각하는 방법과 진실하게 느끼는 방법의 차이를 배워라.

정직하게 생각하는 방법은 일시적이지만 진실하게 느끼는 방법은 심오하고 변함이 없다.

02 숲이 어두울 때 길을 찾으려 하지 말 것. 특정한 감정에 사로잡혔을 때 당신은 삶에 변화를 주고 싶어 하지만 그때는 그런 결정을 하기에 가장 나쁜 때다. 특히 화가 났을 때는 어떤 결정도 하지 말고 자신의 감정부터 가라앉혀야 한다.

03 불은 당신 집을 태워버릴 수도 있지만 맛있는 요리를 만드는 데 쓰일 수 있고 추운 겨울에는 난방용으로 사용될 수도 있다. 당신의 마음 상태도 마치 불과 같다.

04 불안감은 수치심에서 나온다는 사실을 알고 있을 것. 불안감은 자기 자신 또는 지금 하는 일이 '옳지 않다'고 느낄 때 생긴다. 따라서 그런 잘못을 바로잡거나 자신을 바꾸기 위해 꿈틀대는 에너지가 불안을 인식하게 만든다. 불안감에 고통 받는 이유는 절박하고 겁에 질린 감정을 없애기 위해 할 수 있는 게 아무것도 없기 때문이다. 이런 불안감은 당신의 본모습과 당신의 상태를 제대로 알지 못해서 발생하는 현상이다.

05 종이에 자신에 관한 내용을 적으며 좁은 시야를 넓힐 것. 우선 '내 이름은…'으로 시작한 다음 당신이 어디에 살고 무슨 일을 하며 무엇을 성취했는지 또 누구와 시간을 보내고 어떤 일에 전념하며 무엇을 자랑스러워하는지 쭉 써내려가자.

06 생각은 환상에 불과하면서도 동시에 강력한 힘이 있다는 사실을 깨달을 것. 당신이 생각하고 걱정했던 모든 일들이 사실이 아닌 것으로 드러난 경우를 상상해보라. 또 현실에서 발생하지 않은 일

과 당신의 머릿속에만 들어 있는 문제를 걱정하느라 얼마나 많은 시간을 허비했는지 생각해보라.

07 부정적인 생각을 시각화하는 연습을 해볼 것. 눈에 보이지 않는 두려움에 맞서는 가시적인 해결책을 만들어라. 직장에서 잘리거나 애인과 헤어지더라도 절대 죽지 않는다는 것을 자신에게 보여줘라. 당신이 가장 걱정하는 것의 목록을 만들고 최악의 결과를 상상하며 그런 일이 실제 일어나면 어떻게 처리할지 계획하자.

08 머리 쓰는 일은 그만하고 손으로 할 수 있는 일을 할 것. 요리, 청소, 외출하기 등 손이나 몸을 움직이는 일을 해보자.

09 건강한 불편함을 연습할 것. 스트레스에 저항하지 말고 그것에 의지하는 방법을 배워라.

10 목표를 바꿀 것. 항상 기분 좋게 사는 것을 목표로 하는 대신 감정을 억누르거나 혹은 큰 고통 없이 자신의 감정을 건강하게 표현하는 것을 목표로 삼아라.

11 자신이 틀렸음을 스스로 증명해볼 것. 당신의 생각이 진실에 근거하지 않는다는 것을 스스로에게 보여줘라. 의사에게 가서 불치병으로 죽어가는 게 아니라는 것을 확인하라. 자신에 대해 잘 모른다면 당신에 대해 어떻게 느끼는지 다른 사람에게 물어보라. 답을 찾을 수 있는 경우에는 절대 애매한 상태로 놔두지 마라.

12 자신을 항상 신뢰하지는 말 것. 스스로에게 틀릴 수 있는 여유를 줘라. 모르는 것은 모른다고 인정할 수 있도록 마음을 열어라. 당신의 감정이 비이성적인 생각에서 비롯된 것이라면 그 감정은 잘못됐을 가능성이 아주 높다.

13 당신을 평온하게 만드는 것을 신뢰할 것. 꿈꾸던 분야에서 일을 하더라도 처음에는 두려움을 느낄 수 있다. 하지만 당신이 진심으로 그 일을 원한다면 결국 긍정적인 느낌을 받게 될 것이다.

14 자신의 세계를 확장할 때가 왔다고 생각할 때 가장 마음에 걸리는 일이 무엇인지 생각해볼 것. 당신은 이제 다르게 생각하고, 다르게 보고, 다르게 행동하는 법을 배워야 한다. 마음의 문을 활짝 열어라. 그렇지 않으면 당신은 영원히 누에고치로 살게 될 것이다.

15 낯선 것과 사랑에 빠져라. 그러면 상상했던 것보다 훨씬 더 좋은 일이 찾아올 것이다. 당신이 상상했던 것보다 더 나쁜 결과는 항상 자신이 잘 아는 것 또는 미리 넘겨짚는 것에서 나온다. 낯선 것, 잘 모르는 것을 반겨라.

16 당신은 세 겹으로 이루어져 있다는 것을 깨달을 것. 그 겹은 정체성, 수치심, 진정한 자아다. 가장 바깥에 있는 껍데기가 정체성이며 이는 다른 사람들이 당신을 보고 느끼는 부분이다. 수치심은 당신의 본모습을 감추는 방패 역할을 하며 가장 중심에 들어 있다. 수치심의 범주에서 비합리적인 생각이 탄생하고 번성한다. 세상이 보는 나와 내가 보는 나(진정한 자아) 사이의 간극을 좁히려고 노력하라. 그러면 정신 건강도 좋아질 것이다.

17 심호흡하는 법을 배울 것. 이미 시도해봤는데 효과가 없었다면 한 번 더 시도해보라. 심호흡은 어지러운 마음을 치료할 수 있는 가장 효과적인 민간요법 중 하나다.

18 인식의 범위를 넓힐 것. 불편한 상황에 놓이면 이를 해결하기 위해 자신이 아는 것 이상의 것들을 찾고 생각해낼 수밖에 없다. 그

과정에서 새로운 방식으로 자신을 인식하게 된다. 평소에는 생각
해보지 않았던 가능성이나 아직 발견하지 못한 자신의 내면을 보
기 위해 마음의 문을 열어라.

19   이성적으로 생각하는 연습을 자주할 것. 건강한 사고방식은 저절
로 생기는 게 아니다. 훈련을 통해서만 가능하다.

20   건강한 사고방식을 훈련하는 목적은 어처구니없는 일이 발생했을
때 문제 해결을 위해 무엇을 해야 할지 알기 위해서다. 자신이 처
한 상황을 객관적으로 평가하고 당신에게 도움이 되는 것인지 판
단해보자. 도움이 되지 않을 때는 웃어넘길 수 있는 여유를 가져라.

21   자아는 전적으로 정신적인 것이며 당신이 제대로 살기 위해 가장
기본적으로 인식하고 있어야 하는 것임을 이해할 것. 스스로 고통
이나 상실을 견딜 수 있는 사람이라고 믿으면 당신은 고통이나 상
실을 견딜 수 있는 사람이 된다. 자신이 사랑할 가치가 있는 사람
이라고 믿으면 당신은 기회가 왔을 때 사랑을 경험할 수 있다.

22   물질적이거나 피상적인 측면이 아닌 다른 것으로 자아를 다시 정
의할 것. 자신을 매력적이고 성공한 사람이라고 생각하는 것은 잠
시 내려놓자. 대신 회복력 있고 새로운 경험에 굶주려 있으며 다
른 사람을 깊이 사랑할 수 있는 사람이라고 생각하는 법을 배워야
한다.

23   좀 더 나이가 든 자신의 시선으로 그날그날을 보고 느끼는 방법을
배워보자.

24   2년 전, 아니면 5년 전의 당신은 어떤 사람이었는지 생각해볼 것.
인생에서 아무 날이나 골라 그날의 일을 떠올려보려고 노력하자.

그러면 고마웠던 순간이 떠오르고 당신의 집중력이 그리로 향하는 것을 알게 될 것이다. 오늘 당장 그렇게 하는 법을 배워라.

25 때때로 어떤 것을 극복하는 가장 좋은 방법은 그냥 그 일을 잊어버리는 것이다. 모든 것을 낱낱이 파헤쳐 기억할 필요는 없다.

26 무언가를 잊기 위해 가장 좋은 방법은 인생을 새롭고 더 좋은 것으로 채우는 것이다. 예상하지 못했던 일과 미처 몰랐던 것 또는 좋아하리라고는 상상조차 못했던 것들로 채워라.

27 불안과 슬픔 또는 다른 모든 부정적인 감정과 마찬가지로 비합리적인 생각 또한 삶의 일부라는 것을 받아들일 것. 비합리한 생각은 절대 사라지지 않는다. 그러니 그것들을 경험한다고 해서 인생을 잘못 살았거나 가야 할 길을 벗어났거나 뭔가 잘못된 것은 결코 아니다.

28 걱정과 창의력 사이에 상관관계가 있음을 알아차릴 것. 걱정과 창의력은 인류의 진화와 함께해왔다. 인간은 어떤 것에 두려움을 느낄수록 창의력을 발휘해 해결책을 만들어왔다. 두려움을 고통의 원인으로 생각하지 말고 더 나은 삶으로 이끄는 길잡이로 여겨라.

29 "상처받지 않기로 선택하라. 그러면 당신은 상처받지 않을 것이다. 상처받았다고 느끼지 마라. 그러면 당신은 상처받지 않은 것이다."(마르쿠스 아우렐리우스 · 철학자)

30 밖으로 나가 하늘의 별을 보며 포도주 한잔 마실 것.

31 일일계획표를 작성해볼 것. 나중에 그 계획표를 다시 살펴보면 당신만의 패턴, 특히 자기 방해의 패턴이 보일 것이다.

32 명상을 통해 가장 현명하고 최적화되었으며 연륜이 쌓인 미래의

자신과 대화하는 것을 상상해볼 것. 그런 행위는 당신의 잠재의식 속에 깊이 파고든다. 당신의 선택을 미래에 당신이 되고자 하는 사람에게 맡겨라.

33 자주 많이 웃을 것.

34 걱정이 있어 다른 사람에게 조언을 구할 때 상대방이 어떻게 대답하기를 바라는지 자신에게 먼저 물어볼 것. 바로 그 대답이 당신이 자신에게 하고 싶은 말이다.

35 당신이 미치도록 걱정하는 바보 같은 일을 사람들에게 털어놓아라. 그리고 그들 마음속에 있는 멍청하기 짝이 없는 걱정을 당신에게 말해 달라고 부탁할 것. 상대방의 얘기를 듣고 나면 당신 혼자 걱정이 많은 게 아님을 깨닫고 마음이 편해진다.

36 강한 정신력을 기르도록 노력할 것. 몸을 단련시키는 것처럼 정신도 수련해야 한다. 집중하고 생각하고 상상하는 데 공을 들여라. 이는 당신이 평생 할 수 있는 것 중 가장 훌륭한 노력이다.

37 어떤 것에 공포를 느낄 정도로 자신을 충분히 아낀다는 사실에 감사할 것.

38 당신이 두려워하는 것은 사랑하는 것의 그림자임을 기억할 것. 두려움이 클수록 사랑도 커진다. 무엇이 틀렸는지 걱정하는 것만큼 무엇이 옳은지 보는 법을 배워라.

39 자신에게 행복을 느낄 기회를 줄 것. 자기 자신 말고는 그 누구도 사랑의 감정을 바꿀 수 없다. 하지만 우리는 사랑이라는 감정을 다른 사람에게서 얻으려고 애쓴다. 하지만 이건 속임수에 불과하다. 자신을 사랑하는 법을 터득하는 것은 오직 자기 자신만 할 수

있다.

40 자신의 공간을 깔끔하고 단정하게 유지할 것.

41 거울을 보며 용기를 주는 명언을 되뇔 것. 긍정적이고 희망적인
    것에 마음을 집중시키는 것이라면 무엇이든 좋다.

42 문제는 잠시 잊고 관심이 가는 것에 마음을 쏟을 것.

43 관심이 가는 것에 마음을 쏟지 못한다면 당신은 아직 자신을 잘 모
    른다는 뜻이다. 그래도 괜찮다. 이제 그 사실을 깨달았으니 자신
    을 알기 위한 노력을 지금부터 시작할 것.

44 행복은 실천이다. 외적인 사건은 그 자체로 당신의 삶에 어떤 의
    미를 남기거나 성취감 또는 만족감을 줄 수 없다. 하지만 우리가
    그런 것들을 대하는 태도는 우리에게 감정을 느끼도록 한다. 뭔가
    부족한 태도로 일을 한다면 무엇을 소유하고 얻었든 항상 불행할
    수밖에 없다. 그러니 행복하기 위해 행동할 것.

45 예상치 못한 일을 할 것. 여행을 예약하고, 마음에 안 드는 사람과
    데이트하고, 문신을 새기고, 좋아하지 않을 거라 여겼던 분야에서
    새로운 일을 찾아보라. 자기 자신이나 자신의 인생에서든 간에 잘
    몰랐던 어떤 면을 스스로에게 보여줘라.

46 과감하게 받아들이는 연습을 할 것. 자신의 집, 직업, 몸매 등이 마
    음에 안 들어도 사랑하기로 선택하면 사랑할 수 있다. 두려움 때
    문에 도망치지 마라. 지금 있는 곳에서 당신이 가진 것에 감사하
    며 미래를 꿈꾸고 삶을 꾸려나가야 한다.

47 당신을 둘러싸고 있는 사람들을 유념할 것. 특히 몇 년 동안 일해
    야 하는 직장은 당신의 자아 형성에 큰 영향을 준다. 그러니 어떤

사람과 가깝게 지낼지, 어떤 사람을 경계할지 염두에 두고 주변 사람을 조심하라.

48 때론 혼자만의 시간을 보낼 것. 당신은 자신에게 처음이자 마지막 친구다. 죽을 때까지 자기 자신과 함께한다. 스스로 자기 자신과 함께 있는 걸 원하지 않으면서 다른 사람이 당신과 함께 있기를 바랄 수는 없지 않겠는가?

49 자신의 성공 기준을 다시 작성할 것. 잠을 푹 자는 게 성공일 때도 있다. 모든 사람이 하찮게 여기는 일이라 할지라도 그 일이 옳다고 생각한다면 묵묵히 완수하는 것도 성공이다. 가끔은 하루나 한 달을 별일 없이 그냥 보내는 것도 성공이다. 성공에 대한 기대치를 낮춰라.

50 꿈을 크게 가질 것. 마음속에서 같은 문제를 끊임없이 곱씹는 느낌이 든다면 아직 당신이 꿈꾸는 위대한 미래를 시각화하지 못했기 때문이다. 더 중요한 일을 해야 할 때 또는 더 나은 사람이 되기 위해 일할 때 마음속에서 만들어낸 사소한 문제와 불필요한 강박 관념은 빠르게 사라질 것이다.

51 깨진 꿈과 깨진 미래를 혼동하지 말 것.

52 상처받은 마음과 깨진 삶을 혼동하지 말 것.

53 당신이 좋아하는 일과를 만들어볼 것. 충분한 수면과 한가한 시간, 해야만 하는 일을 포함하라. 나아가 '정말로' 하고 싶은 일도 포함해야 한다.

54 자신을 검증할 것. 당신이 누리는 지금의 삶이 충분히 만족스럽다는 것을 믿기로 선택하라.

55 하루이틀 정도 저녁에 시간을 내서 과거를 묵상해볼 것. 당신이 밀어낸 모든 고통과 슬픔을 떠올려보라. 그것들을 외면하지 말고 온전히 느껴보라. 일단 과거의 아픔이 수면 위로 떠오르게 놔두면 당신은 더 이상 과거의 아픔에 휘둘리지 않게 된다.

56 어떤 일을 선택할 때는 고통을 피하기 위해서가 아니라 정말로 즐겁게 할 수 있는 일을 고를 것.

57 자신의 삶을 진솔하게 들여다보고 고통을 피하기 위해 얼마나 많은 방어막을 세웠는지 살펴볼 것. 그리고 그런 두려움이 처음부터 타당한 것이었는지도 평가할 것. 다른 사람의 말에 상처받지 않으려고 움츠러든 채 자신을 과잉보호하는 것은 아닐까? 사랑 앞에서 흔들리는 자신을 드러내지 않으려고 일부러 원하지 않는 관계를 선택하는 것은 아닐까?

58 원하는 삶을 살기 위해 계획을 세울 것. 그 이유는 지금 사는 모습이 싫어서가 아니다. 장차 당신이 되고자 하는 사람과 사랑에 빠졌기 때문이다.

59 당신이 진리로 받아들이는 것은 무엇인지, 에너지를 쏟는 대상은 누구인지, 꾸물거릴 때 무엇을 하는지, 집에서 당신을 둘러싸고 있는 것은 무엇인지 잘 분별해볼 것.

60 사람들과 가까이 지낼 것. 사람들과 교류할 것. 사람들과 소통할 것.

61 이루고 싶은 꿈, 갖고 싶은 것, 되고 싶은 모습 등 시각자료를 활용해 당신만의 비전 보드를 만들 것. 당신이 원하는 삶의 모습을 시각 자료로 직접 보는 것이 첫 번째 단계다. 눈으로 보면 그 꿈에 다가서기 한결 쉬워진다.

62 당신이 잃어버린 것에 대해 화가 난 것이 아님을 기억할 것. 당신은 처음부터 그걸 가질 기회조차 없었고 바로 그 점에 화가 난 것이다. 즉 어떤 일을 해서가 아니라 그 일을 하지 않았기 때문에 후회할 것이다.

63 당신의 시간을 남을 돕는 일에 할애할 것. 노숙자 쉼터에서 자원봉사하고, 물건을 기부하고, 방과 후에 아이들을 보살펴라. 자신의 욕망에서 벗어나 타인과 세상을 위해 더 많은 일을 하는 삶으로 만들어라.

64 행복의 의미를 다시 정의할 것. 행복은 당신이 원하는 것을 얻을 때 느끼는 감정이 아니다. 매일 뭔가 의미 있는 일을 할 때 느끼는 감정이다.

65 점점 나아지는 것에 집중하되 거창한 최종 목표는 포기할 것. 당신은 점점 발전하는 것일 뿐 완벽해지는 게 목표는 아니다.

66 당신의 모습 그대로 사랑받게 내버려둘 것. 당신을 판단하는 사람은 결국 자기 자신이라는 사실을 금세 알게 될 것이다.

67 다른 사람을 평가하는 일을 그만둘 것. 모든 사람을 존엄한 존재로 봐야 한다. 그들에게는 각자의 사연이 있다. 어떤 일을 왜 그렇게 하는지, 지금 하는 일을 왜 그렇게 하는지 등 그들 나름의 이유를 존중하라. 다른 사람들을 잘 수용할수록 자기 자신도 잘 수용할 수 있으며 그 반대도 마찬가지다.

68 과도한 상상력을 창의적인 것으로 바꿀 것. 말도 안 되는 미친 소설을 써라. 짧은 공포 소설도 써보라. 노래를 직접 만들어서 휴대폰에 녹음하고 혼자만 들어보라.

69 현명한 사람들이 하는 것을 따라 해볼 것. 과도한 상상력을 최고의 결과를 상상하는 일에 활용하라. 그러고 나서 당신이 그 목표를 향해 어떻게 전진할 수 있을지 상상해보라.

70 도움이 필요할 땐 도움을 요청할 것. 도움을 요청해야 한다는 것을 배우지 못했다면 당신은 결국 백만 개의 하찮은 문제들을 악화시킬 것이다. 당신에게는 정말로 필요한 것, 절체절명의 순간에 등장하는 도움의 손길이 없기 때문이다.

71 지구 반대편에 굶주리는 아이들이 있다고 해도 그 생각으로 당신의 고통이 줄어드는 게 아니니 비교 자체를 멈춰라.

72 관심이 가는 책을 읽고 그런 류의 책을 자주 읽을 것. 마음속으로 새로운 목소리를 들으면 다른 방식으로 생각하는 법을 배우게 될 것이다.

73 낮잠을 잘 것. 담요로 몸을 감싸고 20분 동안 낮잠을 즐겨라. 낮잠은 당신의 뇌에 있는 새로 고침 버튼을 누르는 것과 같은 효과를 낸다.

74 어떤 것에 두려움을 느낀다면 그것이 강력하고 가치 있음을 알려주는 표시임을 명심할 것. 두려움이 깊을수록 사랑도 깊어진다.

75 지금 싫어하는 것이 앞으로 사랑하게 될 것으로 안내하는 빛이 되게 할 것.

76 불가능하다고 생각했던 것에 도전하고 가능한 한 자주 할 것. 당신의 마음이 스스로 탐구하고 성장하도록 두어라.

77 길을 잃었다는 것은 자유로워졌다는 뜻이기도 하다. 다시 시작해야 할 때는 길을 더 신중히 골라야 한다. 자기 자신을 좋아하지 않

는다면 이제 자기 자신과 사랑에 빠질 기회가 왔다. 언제까지나 도로 표지판 앞에 서 있지만 말고 새로운 길을 그려라.

78 이 또한 지나갈 것이다.

79 죽을 만큼 노력할 것. 정직하고 진지하게 노력해야 한다. 당신이 하는 일에 모든 것을 쏟아부어라. 정말 가치 있는 일에 전심전력하면 근심, 걱정으로 쏠리는 에너지가 훨씬 줄어든다.

80 휴식을 취하는 법을 배울 것. 아무것도 안 하면서도 즐거울 수 있는 방법을 배우려고 노력하라.

81 시간이 지날수록 상황이 점점 좋아진다는 사실을 믿을 것. 시간이 상황을 개선하는 게 아니라 시간이 지남에 따라 당신이 성장하기 때문이다. 당신은 자신에게 능력이 있음을 알게 될 것이다. 네 번째 이별은 첫 이별만큼 아프지 않다는 사실도 깨닫게 될 것이다. 사는 게 쉬워진 게 아니라 당신이 더 현명해졌기 때문이다.

나는 성장했고
오늘 더 잘될 것이다

내딛는 발걸음에만 초점을 맞추면 지금껏 길을 얼마나 걸어왔는지 깨닫는 게 쉽지 않다. 오랜만에 만난 사람에게서 '정말 많이 변했다'는 말을 가끔 듣지만, 우리는 늘 자신의 모습을 보기 때문에 스스로 얼마나 변했는지 잘 느끼지 못한다. 어쩌면 자신이 이미 성취한 일보다 앞으로 해야 할 일에 먼저 초점을 맞추며 살아온 결과이기도 하다. 이런 이유 때문에 자기 자신에게 진정한 가치를 부여하는 게 쉽지 않다. 자신도 모르게 발전한 자기 모습을 알아볼 수 있는 몇 가지 방법을 소개한다.

01   전에는 불가능하거나 이룰 수 없는 꿈이라고 생각했던 일이 이미 당신의 삶 속에 들어와 있다. 이를테면 술을 끊었거나 학위를 땄거나 좋은 사람을 만났거나 꿈에 그리던 일을 하는 것 등이다.

02   우리 대부분은 자신이 얼마나 많은 역경을 거치며 여기까지 왔는지 잊고 산다. 더는 힘들다는 생각을 하지 않기 때문이다. 자신의 과거가 마치 다른 삶 속에서 일어난 것처럼 보인다.

03   당신이 생각하는 이상형의 특징이 신체적 특성에서 성격적 특성으로 초점이 바뀌었다. 당신이 생각하는 사랑 또한 성적인 매력을 넘어서는 것이라고 느낀다.

04   자신의 문제를 친구에게 말하는 수준에서 벗어나 더 심오한 고민거리가 있다. 또한 남을 험담하는 대신 자신에게 더 많은 관심을 기울인다. 남에 대한 것이든 나에 대한 것이든 이제 그런 대화는 다른 사람과는 별 상관없다. 오직 자기 자신과 관계가 있음을 깨달았기 때문이다.

05   최악의 상황은 벌써 일어났고 지나갔다. 곁에 없으면 못 살 것 같던 사람과 헤어지고도 멀쩡히 살아 있다. 직장에서 잘렸지만 다른 일을 구했다. 안정적이라고 여겼던 것이 절대 확실한 게 아님을 알았다. 하지만 우리는 무슨 일이 있어도 계속 전진할 수 있다.

06   완벽하고 철저하게 자문해서 만든 건 아니지만 자신만의 신념 체계를 만들었다. 이제 더는 다른 사람에게 마음이 휘둘리거나 불합리한 것에 무턱대고 찬성하지 않는다.

07   주로 함께 시간을 보내는 사람들에 대해 더 명쾌한 분별력이 생겼다. 그리고 정말 아끼는 친구들의 소중함을 되새기게 되었다.

08   자신의 일부를 바꾸지 않는다. 그때그때 함께 어울리는 사람에 따라 자신의 태도나 의견, 옷차림 등을 바꾸지 않는다.

09   더는 자신의 문제로 다른 사람을 비난하지 않는다. 자신이 겪는

고통을 큰소리로 불평한다면 온 우주가 나서서 그것을 해결해줄 것이라는 헛된 생각을 버렸기 때문이다.

10 오래된 친구와 더 이상 이해관계로 얽혀 있지 않더라도 계속 연락하며 지낸다. 그들이 당신의 삶에 중요한 역할을 했다는 사실에 고마워한다.

11 절대 극복할 수 없을 거라고 여겼던 인생의 문제를 말할 수 있고 정확히 어떻게 극복했는지도 말할 수 있다.

12 현재의 목표에서 다음 목표로 전력 질주하는 대신 잠시 발걸음을 멈추고 인생을 즐긴다.

13 어떤 것이 주어지든 '세상만사가 다 그런 거야'라며 심드렁하게 대하는 태도에 매우 회의적이다. 당신을 둘러싸고 벌어지는 일들에 관심을 기울인다. 그 일들을 열린 마음으로 받아들이고 현명하게 처리한다. 그리고 자발적으로 그런 행동을 실천하려 노력한다.

내가 가진 것은
오직 현재뿐이다

오랜 시간을 들여 나와 내 인생을 분석하며 깨달은 점이 있다. 내가 가진 모든 문제의 핵심은 결국 하나로 귀결된다는 것인데 바로 불편을 어떻게 감당해야 할지 잘 모른다는 점이다. 정말로 나쁜 경험에서 완전히 벗어나기 전에는 좋은 것을 느낄 방법을 모른다. 이런 문제는 나이가 들어야만 알 수 있다.

예전의 나는 현재의 삶을 목적지에 가기 위한 준비 과정으로 여기며 인생 전체를 '기다림의 게임'으로 만들었다. 본편은 없이 늘 예고편만 있는 것과 같았다. 나는 이제야 그런 태도가 잘못됐음을 알고 거기서 벗어났다. 이런 문제는 동화 속 해피 엔딩을 꿈꾸는 데서 비롯된다. 고통을 이겨내고 상처가 치유되고 화해하고 변화함으로써 삶이 다시 한번 온전하게 새로워진다는 주문 말이다. 하지만 어둠에서 시작해 아무 어려움도 겪지 않고 곧바로 빛을 향해 빠르게 이동할 수는 없다. 어둠과 빛 사이에는 수많은 우여곡절이 있고 모호한 회색 지대도 많다. 돌아보면 너무 뒤처져 있어서 어떻게 자신이 거기까지 후퇴했는지 믿을 수 없는 날도 있고, 시작할 땐 대단히 비참한 상태였다는 사실을 까맣게 잊는 날도 있다. 하지만 앞으로 나아가는 것을 겁내거나 과거의 상태로 돌아갈까 봐 두려워 옴짝달싹 못하고 좌절하는 것은 인생을 망치는 지름길이다.

인생은 '지금'이라는 순간이 연속적으로 더해져 만들어진다. 하나의 경험에서 다른 경험으로 이어짐으로써 결국 우리가 경험하는 모든 시간이 연결되고 뭉쳐져 인생이 된다. 우리는 불편함에 대해 오해하고 있다. 빛을 향해 나아가지 못하도록 발목을 잡는 방해물로 인식하는 것이다. 몇 번의 나쁜 경험 때문에 자신이 나쁜 삶을 살았다고 여긴다. 하지만 정말 그럴까? 모든 것이 아무 문제 없이 순조롭게 진행되는 것이 행복은 아니다. 행복은 경험이고 감정이다. 지금 당신이 가진 것은 행복을 경험할 수 있는 이 순간뿐이다.

우리가 살고 있는 사회는 '고생 끝에 낙이 온다'는 식의 사고방식을 은연중에 강요한다. 충분히 고생하면 모두 행복을 누릴 자격이 있으며 그 행복은 내일을 설계하는 데 있다는 사고방식 말이다. 어느 날 찾아올 행복이라는 결과물을 위해 우리는 과정의 소중함을, 즉 지금 이 순간의 의미를 외면한다.

우리가 가진 전부는 '지금'뿐이다. 그러니 지금 선택해야 한다. 지금 이 순간 보고 느끼는 것 속에서 살아야 한다. 비록 그것이 가슴 아픈 현실이라도, 그 현실을 외면하고 좋아질 어떤 날만을 바랄 수는 없다. 전쟁과 사랑, 화해와 조화, 변화를 만드는 아름다운 불화와 혼란 속에서 살아야 한다.

어떤 날은 사는 게 너무 힘들고 고단해서 겨우 숨만 쉬는 게 인생의 목적처럼 느껴질 때도 있겠다. 그럴 때일수록 자신의 깊은 내면으로 뛰어들어 지금의 상태 그대로 내버려두는 것이 필요하다. 바로 그 지점에서 우리가 몰랐던 삶의 신비로움을 경험하게 된다. 이런 것들은 직접 광야로 나서기 전까지는 절대 알 수 없는 삶의 한 부분이다.

새해의 시작에
인생을 바꾸는 방법

사람들은 자신의 삶을 바꾸고 싶어 한다. 복잡하고 골치 아픈 인간 관계도 바꾸고 몸매도 더 멋지게 만들고 수입과 은행 잔고는 물론 사회적 지위와 사는 집까지 바꾸고 싶어 한다. 무엇이 잘못되었는지 겉으로 확인하고 마음속으로 그 원인을 탓하는 일은 너무나 쉽다. 새해 달력으로 바꾸며 인생을 새로 시작할 기회를 얻었다고 생각할 때도 마찬가지다.

이처럼 우리는 새해가 밝아오면 마음의 응어리와 에너지, 고민과 불안, 새로운 희망과 결심으로 똘똘 뭉친 채 희망으로 반짝이는 새 삶을 향해 돌진한다. 하지만 단지 결심만으로는 내면을 바꿀 수 없기에 변화는 오래 지속되지 않는다.

사람들은 자신의 삶을 바꾸고 싶어 하고 다른 사람들의 삶도 바꾸고 싶어 한다. 눈앞에 보이는 부당함을 바꾸고 싶어 할 뿐 아니라 이 빌어먹을 세상을 통째로 바꾸고 싶어 한다. 하지만 자기 자신은 절대 바꾸려 하지 않는다. 제일 먼저 바꿔야 하는 것은 다른 무엇도 아닌 자기 자신인데도 말이다. 그럼에도 자기 자신과 세상 보는 방법을 제외한 모든 것을 바꿔야 한다는 지극히 잘못된 생각을 품는다. 이 세상은 거울의 전당이나 다름없다. 거울에 비친 모습이 당신의 생각과 다르다며 거울을 전부 깨뜨릴 수는 없다. 당신이 깨뜨릴 것은 거울이 아니라 당신 자신에 대해 갖고 있는 고정관념이다.

당신의 가치가 어떤 결심에 따라 좌우되는 것은 아님을 명심하라. 어느 날 그런 결심이 흐려진다고 해서 실패자가 되는 것도 아니다. 인간이 정복해야 하는 것은 높은 산이 아니라 바로 자기 자신이다. 자신을 정복하기 위해서는 다음의 내용을 알아야 한다.

당신의 삶에 문제가 생기는 것은 당신의 생각과 반응 방식에 문제가 있기 때문이다. 살면서 무언가를 받지 못한 것 같은 느낌은 당신이 스스로에게 그것을 주지 않았다는 사실을 직접적으로 투영하는 것이다. 어떤 것이든 당신을 화나게 하는 것은 당신이 보기 싫어하는 자기 내면의 한 부분이다.

그러니 부족하다고 느끼는 곳에 더 많은 관심을 기울여야 한다. 사람들에게 인정받고 싶다면 다른 사람을 먼저 인정하라. 사랑받기를 원한다면 상대방을 더 많이 사랑하라. 더도 말고 덜도 말고 당신이 받고 싶은 것을 줘라. 무언가를 내려놓고 싶으면 새로운 것을 만들어라. 이해가 안 되면 물어보라. 마음에 들지 않는 것이 있으면 마음에 안 든다고 말하라. 변화를 원하면 작은 것부터 시작하라. 원하는 게 있으면 달라고 하라. 누군가를 사랑한다면 사랑한다고 말하라. 끌어들이고 싶은 게 있으면 그 자체가 돼라. 뭔가를 즐기는 중이라면 마음껏 느껴라.

어떤 일을 억지로 하는 중이라면 왜 그러는지 그 이유를 자신에게 물어보라. 소비를 줄이거나 식단을 바꾸려 애쓰지 마라. 특정한 사람을 피하거나 당신이 사랑하는 사람들을 아무 이유도 없이 맹렬히 비난하지 마라. 당신이 느끼는 감정 자체가 아니라 그 감정의 원인을 찾아라. 그러면 문제를 근본적으로 해결할 수 있다.

보고 싶은 사람이 있으면 전화하라. 침묵 속에 혼자 몸부림치는 것은 어리석은 짓이다. 당신이 누군가에게 중요한 사람인지 아닌지와 상관없이 당신에게 그들이 중요한 존재라고 솔직히 고백하는 것은 고귀하고 겸손한 일이다. 당신의 삶을 점검해보라. 만약 시간이 더 지난 후에는 돌이킬 수 없는 중요한 무언가를 놓치고 있다면 지금 삶의 구조를 다시 조정하라. 지금까지 살아온 삶의 조각들을 해체하는 것 말고 다른 방법은 없다. 한발짝 물러서서 깨뜨리고 새로 지어라.

다른 사람이 당신을 이해해주기를 바란다면 자신이 느끼는 감정을 설명하라. 우리에게는 친절하고 온화하며 건강하고 참을성 있게 설명하는 사람이 그 누구보다 필요하다. 행복해지고 싶다면 행복을 선택하라. 어떤 것에 의식적이고 지속적으로 감사하기로 결심하라. 아름답고 평화롭고 즐거운 일에 몰입하라. 만일 이런 일들을 할 수 없다면 건강 상태나 환경, 사고방식 등 자신을 가로막는 게 무엇인지 파악하는 일부터 시작해야 한다.

도움을 받아라. 도와 달라고 요청하라. 삶을 선택할 수 없다고 말하는 것은 행복을 영원히 포기하는 것이니 절대 그러지 마라. 변화를 선택하라. 당신의 일상과 직업, 사는 도시와 습관, 사고방식까지 전부 바꿔라.

아무것도 안 하고 우두커니 앉아서 좌절하지 마라. 당신이 처한 상황이 세상 최악의 시나리오라 할지라도 그 상황을 불평하고 걱정하고 부정적으로 생각하는 것은 결코 아무런 도움도 되지 않는다. 그러니 절대로 그러지 마라.

당신이 행하고 보고 느끼는 모든 것은 당신 자신이 아니라 당신의 상태를 반영하는 것이다. 당신 자신이 믿는 대로 생각을 창조한다. 자신이 바라는 것을 본다. 그리고 자신이 주는 것을 갖게 될 것이다.

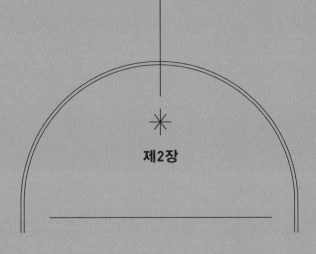

제2장

내 인생을 긍정할 때
달라지는 것들

: 태도에 대하여

○

생각보다 잘 살고 있다고 말해주는
17가지 신호

01 **이번 달 공과금을 냈고 생활비에 여유가 있어 생필품이 아닌 다른 것을 샀다.** 돈을 어디에 얼마나 썼는지는 중요하지 않다. 돈을 썼다는 것이 중요하며 당신이 돈 쓰는 것에 크게 연연하거나 어려움을 느끼지는 않았다는 걸 깨닫는 게 중요하다. 그리고 돈을 썼다는 것보다 돈을 쓰고 누릴 수 있는 것에 고마움을 느껴보자. 이것이야말로 진정 돈을 가치 있게 여기는 태도다.

02 **당신 자신에게 의문을 품는다. 당신의 삶도 의심한다. 자신은 언젠가 불행해질 거라고 느낀다.** 이것은 정신적 성장판이 여전히 열려 있음을 의미한다. 또한 자기 인식 능력이 있다는 것을 뜻한다. 이 사실을 깨달은 사람들은 결국 이렇게 생각할 것이다. '어쩌면 지금 삶의 방식 말고 다른 방법이 있을지도 몰라.'

03 **직업이 있다.** 몇 시간을 일하든 얼마를 벌든 당신은 매일 먹고 자고 때에 따라 입을 수 있는 옷을 살 돈을 번다. 그 모습이 상상했던 것과 다를지라도 당신은 실패한 게 아니다. 독립성을 중요하게 여기고 자신을 책임질 수 있다면 당신은 이미 성공한 것이다.

04 **소파에 앉아 저녁을 주문하고 넷플릭스를 시청하는 것이 인생의 즐거움의 전부일지라도 당신에겐 여전히 좋아하는 일을 즐길 시간이 있다는 사실이 중요하다.**

05 **다음 끼니를 걱정하지 않는다.** 냉장고나 팬트리에 먹을 음식이 있고 먹고 싶은 것을 골라 실컷 먹을 수 있는 충분한 양이 있다.

06 **즐거워서 먹는 것이지 생존을 위해 먹는 게 아니다.**

07 **정말 친한 친구는 한두 명뿐이다.** 사람들은 친구의 수가 너무 적다고 걱정하곤 한다. 하지만 친한 사람의 수는 친밀감과 포용력, 공동체의 규모나 성격 또는 기쁨과 무관하다는 것을 깨닫게 될 것이다. 어떤 경우에도 우리를 이해하고 사랑해주는 소수의 진실한 벗이 있다는 사실이 가장 중요하다.

08 **오늘 아침 지하철을 타거나 커피를 마시거나 차에 기름을 넣을 여유가 있었다.**

09 **최저 생활을 면할 수 있는 시간과 수단이 있다.** 지난 몇 년 동안 콘서트에 가봤거나 읽고 싶은 책을 사거나 원하기만 하면 가까운 도시로 당일치기 여행도 다녀왔다. 살아남기 위해 온종일 아등바등 일할 필요는 없다.

10 **원하는 대로 선택해서 입을 옷이 있다.** 눈보라 속에서도 몸을 따뜻하게 감싸줄 모자나 장갑이 있다. 여름에 입을 시원한 옷과 결혼식

에 입고 갈 근사한 옷도 있다. 당신은 옷으로 몸을 보호하고 장식할 뿐만 아니라 다양한 상황에 맞춰 적절하게 자신을 꾸밀 수 있다.

11 **인생에서 무엇이 옳지 않은지 감지할 수 있다.** 보다 나은 삶을 위한 첫 번째이자 가장 중요한 단계는 옳고 그름을 인식하는 것이다.

12 **자신만의 공간이 있다.** 그 공간이 집이거나 아파트일 필요는 없다. 방 하나여도 좋고 그저 아늑한 구석 공간 혹은 책상 하나여도 좋다. 당신은 자신만의 공간을 마음대로 꾸미고 그곳에서 쉴 수 있다. 아담하고 특별한 그 세상은 당신이 원하는 대로 다스리는 곳이다.

13 **사랑하던 사람과 헤어졌다.** 당신이 그 사람과 사귀었다는 사실보다 더 중요한 것은 당신과 전 애인이 헤어지는 데 동의했다는 것이다. 이제 당신은 세상에 널린 수많은 가능성의 문을 연 것이다.

14 **어떤 것에 관심이 있다.** 더 행복한 삶을 사는 방법이든 더 나은 관계를 유지하는 비결이든 혹은 독서, 영화, 섹스, 사회와 관련한 것이든 무언가 관심사가 있을 것이다. 그리고 관심을 갖게 되면 결국 그 세계에 이끌려 탐험하게 돼 있다.

15 **자신을 보살필 줄 안다.** 몇 시간 정도 자야 다음 날 컨디션이 좋은지, 마음이 아플 때 누구에게 의지해야 하는지, 뭘 하면 재미있는지, 몸이 안 좋을 때 어떻게 해야 낫는지 등을 잘 알고 있다.

16 **목표를 향해 노력하는 중이다.** 비록 지치고 아직 갈 길이 멀다고 느끼지만 당신에게는 이루고 싶은 꿈이 있다. 목표를 향해 노력 중이라면 그 꿈이 아무리 막연하고 쉽사리 변한다 해도 상관없다.

17 **아직 미래를 위해 정해놓은 것이 없다.** 가장 행복하면서도 삶의 적응력이 뛰어난 사람들은 어떤 상황이든 이상적인 상태로 만들 수 있다. 하지만 그 순간에 너무 몰입한 나머지 구체적인 계획 수립에 실패하고 단호한 행동을 취하지 못해 원하는 결과를 얻지 못할 수도 있다.

마음가짐을 바꾸면
인생이 달라진다

역사상 가장 성공한 사람들, 특히 자신의 분야에서 천재와 대가로 불리는 사람들은 타고난 재능 외에 1가지 공통점이 있다. 그들 대부분은 매일 반복되는 일과를 엄격하고 구체적으로 지켰다는 사실이다. 틀에 박힌 일상은 지루해 보이고 당신이 상상하는 '멋진 인생'과는 반대되는 것처럼 여겨진다. 하지만 꼭 그런 것은 아니다.

우리가 깨닫지 못하는 것 중 하나는 반복되는 일상이라고 해서 매일 정해진 시간 동안 같은 사무실에 같은 자세로 앉아 있어야 하는 건 아니라는 점이다. 어쩌면 당신의 일상은 매달 다른 나라로 여행을 가는 것일 수도 있다. 그리고 이것은 늘 경험하는 불규칙한 일상이 될 수 있다. 중요한 점은 당신의 일상이 무엇으로 구성되느냐가 아니라 이런 반복적인 동작과 예상되는 결과를 통해 무의식적인 정신 상태가 얼마나 안정적이고 온전하게 형성되느냐다.

자신의 일상을 스스로 결정하고 지켜나가는 것은 중요하다. 이런 일상이 중요한 이유는 반복적인 생활을 통해 좋은 습관이 생기고 좋은 습관은 좋은 기분을 만들며 좋은 기분은 우리를 긍정적인 방향으로 이끌기 때문이다. 충동에 휘둘리는 것은 모든 악행의 온상일 뿐이다.

우리에게 진정한 행복을 느끼게 하는 것은 일시적이거나 즉각적인 만족을 주는 것이 아니다. 행복해지려면 순간적인 충동이나 당장 맛볼 수 있는 즐거움을 통제해야 한다. 진정한 행복을 위해 약간의 희생은 따르게 마련이다. 이런 이유 때문에 일상을 충실하게 채워나가는 것이 중요하다. 그리고 행복한 사람들은 일상에 더 충실한 경향이 있다.

01 **좋은 습관은 좋은 감정을 만들고 좋은 감정은 인생의 필터 역할을 해준다.** 감정은 어느 날 뜬금없이 우리를 지치게 하는 어떤 일 때문에 생긴다고 알고 있는 경우가 많다. 하지만 그렇지 않다. 심리학자 로버트 세이어는 우리의 습관, 즉 얼마나 규칙적으로 잠을 자고, 자주 움직이고, 무언가에 대해 자주 생각하는지 등에 따라 감정이 형성된다고 주장한다. 여기서 중요한 점은 단 하나의 생각만으로 우리가 혼란에 빠지는 게 아니라는 사실이다. 그럴듯하고 효과가 있는 것처럼 보이는 생각을 반복하다 보면 하나의 패턴이 형성된다. 그렇게 형성된 잘못된 생각 패턴이 감정에 혼란을 일으키는 것이다.

02 **두려움이나 충동에 따른 결정이 아니라 의식적으로 내린 결정으로 하루를 채워나가는 방법을 배워라.** 길들여지지 않은 마음은 지뢰밭이

나 다름없다. 통제력과 집중력, 기본적인 자제력이 없다면 내면의 악마가 당신이 실제로 원하지 않는 다른 것을 원한다고 착각하게 끔 당신의 마음을 꼬드길 수 있다. '내일 있을 회의를 준비하는 대신 오늘 밤 술 마시러 가고 싶다'는 생각은 별 것 아닌 것처럼 보이지만 장기적으로는 대재앙이다. 누가 봐도 하룻밤 술 마시는 행위가 회의보다 중요하진 않다. 하루 일정을 설계하는 방법을 배운다는 것은 의식적으로 하루를 알차게 보내겠다고 선택하는 것이다. 그 과정에서 일시적으로 품었던 어리석은 생각이나 충동은 전부 떨어져나간다.

03 **행복은 얼마나 많은 일을 하느냐가 아니라 그 일을 얼마나 잘하느냐에 달려 있다.** 양이 많다고 더 좋은 것은 아니다. 행복은 매번 다른 것을 경험하는 게 아니라 이미 갖고 있는 것을 새롭게 다른 방법으로 계속 경험하는 것이다.

04 **일상의 행동을 통제하면 '투쟁-도피 반응'** fight or flight response **이라는 본능에서 벗어날 수 있다. 이제 더는 미지의 대상에 맞서지 않아도 되기 때문이다.** 바로 투쟁-도피 반응 때문에 사람들은 변화에 상당한 어려움을 겪는다. 하지만 좋은 습관을 지속해온 사람들은 새로운 변화에 오히려 기쁨을 느낀다. 다른 말로 표현하면 막연한 공포에 대한 본능이 오래전에 꺼졌기 때문에 좋은 습관을 지닌 사람들은 실제로 무언가를 제대로 즐길 수 있다.

05 **꾸준히 무언가를 시도하는 일상은 당신의 결정이 옳았음을 끊임없이 재확인시켜주기 때문에 당신에게 만족감을 준다.** 책을 쓰기로 결심했고 완성하는 데 얼마나 오래 걸리든 매일 밤 3장씩 쓰기로 결정

했다면 당신은 이제 그 일을 시작하기로 선택한 것이다. 뿐만 아니라 그 일을 할 수 있는 능력이 있다는 사실을 확인한 것이다. 솔직히 이런 일은 지금까지 검증된 것 중 가장 건강한 방법이다.

06 **몸에 자율 능력이 있듯이 일상은 몰입으로 향하는 지름길이 되어준다.**
몰입을 통해 우리는 자신이 하는 일에 완전히 몰두하고 모든 잡념과 걱정을 덜 수 있으며 맡은 일과 하나가 될 수 있다. 연습을 많이 할수록 우리 몸은 다양한 신호에 더 적극적으로 반응한다. 오전 7시에 일어나고 오후 2시에 글쓰기를 시작하는 일상을 반복하면 어떻게 될까? 그러면 그 신호에 반응하도록 몸이 단련되어 당신은 습관에 따라 훨씬 더 자연스럽고 수월하게 일상에 몰입할 수 있다.

행복에도
단계가 있다

미국의 미주리주 주지사이자 베스트셀러 저자인 에릭 그레이튼스는 행복을 3가지 형태로 구분한다. 쾌락적 행복, 감사의 행복, 탁월함의 행복이다.

첫 번째는 쾌락적 행복으로 주로 감각적인 행복을 일컫는다. 배고플 때 맛있는 음식을 먹는 것, 비 온 뒤의 산뜻한 공기, 따뜻하고 포근한 침대에서 일어나는 것 등이다.

두 번째는 감사의 행복이다. 이는 당신 곁을 지키는 사랑하는 배우자에게 고맙다고 속삭일 수 있는 마음이다. 또한 자신이 가진 것을 돌아보며 감사히 여기는 마음이다. 자신보다 더 훌륭한 사람들과 이야기를 나누며 진정한 겸손함과 경외심을 표현할 때 느끼는 행복도 여기에 속한다.

세 번째는 탁월함의 행복이다. 이는 무언가 위대한 것을 추구할 때 느끼는 행복이다. 높은 산을 정복하고 승리감에 도취해 두 주먹을 치켜드는 순간이 아니라 등산과 사랑에 빠지는 과정에서 느끼는 행복이다. 이런 과정은 매우 의미 있다. 이 과정을 통해 우리는 자신의 정체성을 확고히 하고 인격을 형성하기 때문에 끝없는 번민과 덧없는 욕망보다 훨씬 더 중요한 일에 에너지를 쏟을 수 있다.

그레이튼스는 행복이라는 관념을 스펙트럼을 만드는 데 기초가 되는 '원색'에 비유해 설명한다. 삼원색 중 하나를 제거하면 다양한 색깔을 만들 수 없다. 일례로 노란색이 없으면 녹색 계열의 색조를 만들 수 없다. 따라서 앞에서 말한 3가지 행복 중 어느 하나라도 빠진다면 인간의 다양한 삶이 발전하는 것은 거의 불가능하다.

하나의 행복이 다른 행복을 대신할 수도 없다. 우리에겐 3가지 행복이 모두 필요하다. 3가지 행복을 균형감 있게 모두 추구하는 과정이 힘들지라도 시도해보는 것 자체가 인생의 발전과 성공으로 향하는 위대한 첫걸음이다. 예를 들어 과음, 과식과 같은 쾌락적 행복은 탁월함의 행복을 추구하지 않을 때 흔히 발생한다. 하지만 이런 쾌락적 행복은 절대 해결책이 아니다. 빨간색이 아무리 많아도 절대 파란색이 될 수 없는 것처럼 쾌락적 행복만으로는 결코 당신의 삶을 온전하게 만들 수 없다.

탁월함의 행복은 감정적 회복력emotional resilience이 만든 작품이다. 이는 매슬로우의 욕구 단계에서 가장 높은 곳을 차지한다. 탁월함의 행복은 침착하고 신중하며 일관성을 지닌다. 하지만 즉각적인 보상이 없을 때는 이를 피하는 경우가 많다. 마라톤 훈련의 첫날, 숨이 가쁘고 구토가 올라오면 훈련이라는 과정에 행복을 느낄 수 없다. 하지만 시간이 흐름에 따라 자신만의 달리는 기술과 능력을 개발하면서 무엇을 성취할 수 있을지 상상하기 시작한다. 그렇게 탁월함의 행복으로 향하는 과정과 사랑에 빠지게 된다.

사흘 동안 굶으며 줄곧 고생만 한 사람이라면 음식과 쉴 곳이 주어졌을 때 먹을 것도 많고 편히 쉴 곳도 있는 사람보다 훨씬 더 큰 쾌락적 행복을 느낄 것이다. 마찬가지로 열정적으로 일할 때 느끼는 힘과 즐거움을 모른 채 오직 냉정하고 계산적인 태도로 일하는 사람은 열정의 불꽃을 활활 태운 뒤에 심오한 보상이 있다는 것을 알지 못한다.

우리 대부분이 삶에 담긴 즐거움과 다양한 특징을 제대로 못 보는 이유는 본질을 놓치며 살기 때문이다. 성공적인 작가가 되고 싶지만 몇 년 동안 매일 네 시간씩 앉아서 글을 쓰는 데 필요한 훈련을 감당할 생각은 없다는 뜻이다. 어떤 분야의 천재 또는 거장이 되고 싶다면서 1만 시간을 투자해 자신의 능력을 개발하는 일에는 아무 관심도 없다는 뜻이다. 즉 원하기만 할 뿐 목표를 이루는 과정에 투자하지 않는다.

행복은 감각을 깜짝 놀라게 하는 하나의 방법이기도 하지만 자신이 되고 싶은 사람 혹은 누구에게나 필요한 사람으로 발전하는 중임을 알 때 느끼는 마음의 평화이기도 하다. 그게 바로 탁월함의 행복을 추구할 때 우리가 얻는 보상이다. 탁월함의 행복은 우리에게 성취감이 아니라 확고한 정체성을 선사한다. 이런 '자아감'은 우리가 삶에서 경험하는 모든 것에 투영된다. 이것은 스펙트럼 전체를 생생하게 만드는 색소와 같다.

일상에 행복을 채우는
사소한 순간들

평범한 날이라 여기며 흘려보내는 일상이지만 자세히 들여다보면 온통 행복으로 채워져 있다. 사소하거나 무심해서 놓치기 쉬울 뿐. 우리가 머무는 곳곳마다 또 시간을 보내는 찰나의 갈피마다 행복으로 찬란하게 빛나는 순간들을 함께 찾아보자.

01 햇살이 나무 사이로 비칠 때 빛과 나뭇잎 사이에 일어나는 상호작용.

02 친구들과 함께 쇼나 영화를 볼 때 자신의 주변 인물과 비슷한 말과 행동을 하는 캐릭터를 보며 미친 듯이 웃는 행위. 자주 보는 TV쇼나 드라마에 나오는 농담이나 웃긴 행동들은 우리가 사는 문화적 틀을 바탕으로 한다. 때문에 우리 주변인들과 비슷한 성격, 행동, 말투를 지닌 캐릭터들이 등장하게 마련이다. 드라마 〈섹스 앤 더

시티)를 생각해보자.

03 다른 사람의 피부에 당신의 피부가 닿을 때의 느낌.

04 인생을 쉽고 아름다운 방법으로 바꿀 것이라고 결심하는 일시적이고 아름다운 희열. 이 감정이 삶의 일부 또는 전부를 바꿀 것이라는 확신.

05 어떤 지식이나 생각과 같은 것을 이해할 능력이 없다는 사실을 알면서도 좌절하지 않는 마음.

06 어떤 말을 수십 번 듣고도 무심히 지나치다가 그것이 당신 문제에 대한 해답이 될 때서야 비로소 그 의미를 이해하는 것.

07 신체적인 면에서 인간의 나이는 유대감, 지능, 능력과 관련이 없다는 사실을 알게 된 것.

08 아이들에게 벌을 주고 무안하게 하고 꾸짖고 억압해서 맡은 일만 잘하는 친절하고 성공적인 사회구성원으로 키우는 육아 방식의 문제를 깨닫는 것.

09 누군가와 영적으로 혹은 성적으로 교감하는 경험을 원하는 것. 성적 쾌감의 절정을 향해 끝도 없는 달리는 섹스 그 이상의 것을 원하는 것.

10 타인과의 관계 유지를 위해 혹은 어떤 사회적 상황에 발을 들이기 전에 미리 정신적인 준비를 하는 것. 예를 들어 혼자서 자신과의 대화를 연습하는 것 등이 있다.

11 잠들기 직전에 느낄 수 있는 완전히 고요하고 평화로운 감정.

12 온몸이 상쾌하고 가벼운 느낌.

13 당신이 아는 사랑에 유통기한이 있다는 사실을 받아들이는 것.

14 당신이 아는 사랑이 결국 당신의 운명이라는 것.

15 심술 궂지 않으면서 웃기는 사람과 함께 있는 것.

16 부정적이지 않으면서 심오한 사람과 함께 있는 것.

17 살다 보면 뜬금없이 괴상하고 무섭고 창피한 생각들이 머릿속을 스칠 때가 있다. 당신만 그런 생각을 하는 줄 알았는데 다른 사람들도 비슷한 생각으로 두려워하고 부끄러워한다는 사실을 알았을 때 느끼는 안도감.

18 마구잡이로 얻은 증거의 조각들을 한데 모아서 누군가의 의도를 알아내는 기술.

19 무언가 옳지 않다는 것을 알기에 답답함을 느끼다가 해결할 대안이 떠올랐을 때의 후련한 심정.

20 이따금 사소하지만 안전한 결론에 도달할 때 느끼는 편안함.

21 오해나 착각을 모두 해소했을 때 느끼는 평온.

22 몇 년간의 학교교육이나 성적과는 무관하게 개인의 삶과 발전을 정의하는 방법.

23 빗방울 사이의 공간을 보고 느끼는 것.

24 사랑과 관계, 의심과 신념, 자녀 교육과 일, 우정과 자아상 등 우리 삶의 대부분을 차지하는 비전통적 학문 분야의 기술을 가르치는 과정.

25 전에 알던 사람을 사랑했고 지금도 어느 정도는 그 사람을 사랑하는 것 같은 느낌.

26 푸짐한 식사 후에 느끼는 기분 좋은 나른함.

27 어떤 일이 실제로 일어났을 때보다 훨씬 더 애틋하게 그 사건을 돌

아보는 심정. 이런 종류의 즐거움은 싸워서 없애거나 초월하는 것이 아니라 그저 그 상태를 있는 그대로 즐기는 게 맞다.

28 무언가를 느낄 때 막연하게 스며드는 느낌.

29 마치 집처럼 안온함이 느껴지는 사람이나 물건.

30 '모든 게 원래 그래'라는 생각.

행복을 담는 그릇을
넓혀야 한다

우리는 대부분 진짜 행복하다는 게 무엇인지 제대로 몰라서 행복하지 않다. 행복뿐만 아니라 다음 사실들조차 알지 못한다.

인간은 태생적으로 어떤 대가를 치르더라도 자신의 가장 큰 욕망을 추구하도록 설계되어 있다. 생사가 갈리는 응급 상황에서 아드레날린이 솟구쳐 초인적 힘을 발휘하는 모습을 상상해보라. 단지 가장 중요한 욕망이 무엇인지가 관건일 뿐이다. 그런데 인간에게 가장 중요한 욕망은 대개 편안함 혹은 익숙함이다.

사람들은 다양한 이유로 행복을 내팽개치는데 대부분 더 많은 것을 성취하기 위해 행복감을 포기한다. 행복이 선택이라는 사실을 믿지 않는다. 그렇게 믿으면 자신이 행복을 선택하지 않았다는 사실을 인정해야 하기 때문이다. 즉 행복을 스스로 책임지길 두려워하는 것이다.

행복은 옳다고 생각하는 방향으로 모든 게 착착 진행돼서 긍정적인 감정이 마구 솟구치는 상태가 아니다. 어차피 그런 행복은 오래 지속되지 못한다. 진짜 행복은 의도적으로 매일 조심스럽게 연습해서 얻는 결과이고, 그런 연습에 전념하기로 결심할 때 우리는 비로소 행복의 문턱에 서게 된다.

세계적인 심리학자이자 베스트셀러 작가인 게이 헨드릭스는 《거대한 도약》The Big Leap에서 '행복 허용치' 또는 '상한선'을 언급했다. 이것은 스스로 정해놓은 기분 좋은 감정의 최대 용량을 말한다. 다른 심리학자들은 그것을 '기준선'이라고 부른다. 이는 우리가 자연스럽게 느끼는 행복의 양이며 어떤 사건이나 상황으로 마음이나 감정이 잠시 변하더라도 결국 원래의 자리로 되돌아가는 상태를 말한다.

우리가 다양한 변화와 도전을 적극적으로 추구하지 않는 이유는 행복 허용치, 바로 상한선 때문이다. 어떤 상황 속에서 익숙하고 편안함을 느끼는 행복의 양을 초과하는 순간 우리는 선을 넘지 않으려고 무의식적으로 '자기 방해'Self-Sabotage를 시작한다. 인간은 자신이 잘 아는 것을 추구하도록 설계되어 있기 때문에 말로는 행복을 추구한다면서도 실제로는 가장 익숙한 것만을 찾으려고 한다. 그리고 그 생각을 현실 속의 어떤 대상에게 계속 투영한다.

이런 태도는 우리가 추구하는 행복한 삶을 가로막는 수많은 심리적 장애 중 일부에 불과하다. 이외에 행복한 삶을 가로막는 몇 가지 장애를 더 소개한다.

01   **우리는 행복감을 제한하는 허용치를 가졌다.** 상황이 허용치의 한계,

즉 상한선을 넘으려 하면 우리는 익숙한 안전지대로 돌아갈 수 있도록 자신의 행복을 방해한다. 그런 상투적인 행위에는 나름 중요한 목적이 있다. 자기 방해 행위는 불편함 속에서 만족감을 주며 행복의 허용치를 넓히는 관문 노릇을 한다.

02 **사람들은 '호감도 제한'이라는 통제를 원한다. 모든 사람이 감탄하는 성공의 수준이 어느 정도인지 알고 있으며 이 수준은 다른 사람들에게 위협적이지 않아야 한다.** 사람들이 가장 많이 하는 일은 사랑을 얻기 위해 노력하는 것이다. 수많은 욕구와 꿈, 야망 등은 사랑이 심각하게 결핍됐을 때 생겨난다. 바로 이런 이유 때문에 감정적으로 가장 아둔한 사람들이 가장 많이 성공하는 것이다. 좋든 싫든 간에 그들은 자신의 욕망을 땔감으로 사용해 남들에게 인정받고 사랑받으며 온전해지기 위해 노력한다. 이를 요약하면 다음과 같다. 당신의 성공이 보잘 것 없어서 남들이 조롱할 수준이라고 여겨지면 당신은 그 사람들을 외면한다. 아니면 인정받고 싶어 하는 사람들과 좋은 관계를 유지하려고 자신을 극도로 낮추거나 머리를 조아린다. 이렇게 하는 이유는 그런 것들을 통해 사랑을 얻을 수 있다고 생각하기 때문이다.

03 **사람들은 대개 자신이 잘 모른다는 약점보다 잘 안다는 편안함을 선호한다.** 인간은 편안함과 소속감 속에서 행복을 추구하려 한다. 그래서 늘 알던 세계에서 벗어나지 않는 것이다.

04 **사람들은 진실을 알게 되면 일단 행동을 늦춘다. 그리고 고통은 아는 것과 행동하는 것 사이에서 점점 커진다.** 우리는 무엇을 해야 할지 몰라서 또는 자신이 누구인지 몰라서 꾸물거리는 게 아니다. 무엇

이 옳은지, 장단기적으로 봤을 때 무엇이 최선인지 알면서도 일단 반항한다. 본능이 우리를 향해 최선을 선택하라고 외치지만 귀를 닫는다. 마음을 불편하게 하고 끝내 고통을 초래하는 가장 일반적인 원인은 아는 것과 행동하는 것 사이의 격차다. 우리는 질질 끄는 버릇에 중독되어 있는가 하면 또 한쪽으로 치우치는 것에 현혹되기도 한다. 즉시 행동하지 않고 질질 끌면서 진실이 움직일 수 있는 공간을 만든다고 생각한다. 하지만 '진실을 더 완전하게 느끼기 위해서'라는 명목으로 불편함만 만들어 낼 뿐이다. 그 과정에서 쓸데없이 고통을 받으면서 말이다.

05 **사람들은 좋은 것이든 나쁜 것이든 감정에 무뎌져야 상처를 덜 받고 안전하다고 믿는다.** 우리는 모두 자기 삶을 구성하는 조각들과 소중한 사람들을 잃게 될까 봐 두려워한다. 어떤 사람들은 고통의 굴레를 뛰어넘기 위해 처음부터 자신에게 소중한 것들을 좋아하지 않거나 원하지 않았던 것처럼 행동한다. 이러한 생각 아래에는 모든 것이 영원하지 않으니 모두 무상하다는 염세적인 시선이 깔려있다. 물론 거짓은 아니지만 더 중요한 사실은 죽음이라는 삶의 끝이 있기 때문에 오히려 지금 이 순간이 의미를 가질 수 있다는 것이다. 가진 것을 잃을 수 있다는 사실을 통해 당신이 가진 것이 소중하고 멋지다고 느끼며 더 나아가 신성시하게 된다. 당신은 무언가를 상실하는 슬픔을 완화하고 무감각한 상태에 빠지기 위해 살면서 느낄 수 있는 기분 좋은 감정까지 차단할 수 있다. 아니면 아주 멋진 삶을 누리고 나서 그 삶이 끝나면 미친 듯이 슬퍼할 수도 있다. 그 선택은 당신의 몫이다.

06 **행복해지는 연습을 하거나 그런 연습이 필요한 이유를 아는 사람은 거의 없다.** 자신의 감정 상한선과 기준선을 높이고, 인생의 새로운 장에 동화되려면 행복해지는 연습을 해야 한다. 행복해지도록 연습한다는 건 말 그대로 스스로 감정을 느낄 수 있도록 자신에게 시간적 여유를 주는 것이다. 무언가를 느낄 시간을 몇 초만 더 연장하고 감사한 일에 대해 곰곰이 생각하며 감정을 최대한 많이 해소시켜야 한다. 일단 긍정적인 감정을 발견하면 그 감정을 느낄 수 있는 한계가 마음먹은 만큼 넓어진다는 것을 알게 된다.

07 **사람들은 행복을 선택과 인식(의식)의 변화가 아니라 어떤 특정한 상황으로 촉발되는 감정적 반응이라고 여긴다.** 상황이 행복을 만든다는 말을 굳게 믿는 사람들은 흔들림이 없어 보인다. 그리고 같은 이유로 우리도 그 말을 믿는다. 그렇다고 믿는 게 훨씬 쉽기 때문이다. 상황이 행복을 만드는 것이라면 행복해질 수 있는 상황이 적절히 조성될 때까지 마냥 기다려야 한다. 그리고 기준선을 더 높이지 않는 한 행복의 잣대를 이리저리 옮기며 남은 인생을 보낼 것이다. 세상을 빛낸 위인들과 평화롭게 산 선각자들 중에는 몇 푼 안 되는 전 재산을 남기고 세상을 뜬 사람들도 있다. 그들이 추구했던 것에는 공통점이 있다. 뚜렷한 목적의식과 소속감, 사랑이다. 신체적, 물질적 상황과 상관없이 무언가 느끼고 가꿀 수 있는 것을 선택해야 한다.

08 **대부분 기준선을 바꿀 수 있다는 사실조차 모른다. 기준선이 정해져 있다고 생각하기 때문이다.** 어떤 여성이 근심에 싸여 '난 원래 이렇게 생겨 먹었어'라고 하소연한다. 어떤 남자는 말도 안 되는 두려움을

느끼며 전부 '자기 성격' 탓으로 돌린다. 하지만 당신이 그러지 않기로 결정하면 그 어떤 것도 당신의 본질적인 부분이 될 수 없다. 불안과 걱정은 특히 더 그렇다. 그런 감정들은 본질적으로 인간의 일부가 아니다. 모두 배워서 알게 된 행동이다. 우리 마음 가장 깊은 곳에서 뭔가 옳지 않다는 것을 알리기 위해 걱정과 불안은 경고등을 번쩍이고 깃발을 흔들지만, 우리는 끝내 변화를 회피한다. 변화로 생기는 통제 불능의 상황을 외면하고 싶기 때문이다. 이처럼 위험 신호를 읽고도 변화하려는 노력을 하지 않으며 현실에 안주한다. 그러고는 계속해서 위험 신호를 들으며 걱정과 불안에 마냥 휩싸여 있는 것이다.

09 **사람들은 고통이 자신을 가치 있게 만든다고 믿는다.** 삶에서 큰 고생 없이 멋진 것을 가질 수 있다는 개념은 이상하게 왜곡되어 버렸다. 그래서 마치 고통 없이 얻은 것은 스스로 쟁취한 것이 아니며 온전히 내 것이 아니라고 느낀다. 이와 반대로 별다른 노력 없이 아름답고 즐거운 것들을 쉽게 가질 수도 있다는 믿음 또한 무서운 생각이다. 그 반대의 경우도 사실일 수 있으니 말이다.

10 **많은 사람이 두려움을 끝까지 이길 수 있다고 믿는다.** 어떤 것에도 신경 쓰지 않거나 반대로 1가지에만 온 신경을 집중할 때 우리는 망가질 수 있다. 우리는 걱정을 통해 최악의 결과를 상상하는 데 이미 길들여져 있다. 그래서 정말로 최악의 결과가 현실로 다가온다 해도 극심한 고통을 느끼지 않을 거라 여긴다. 또한 미리 걱정함으로써 모든 불합리한 가능성을 철저히 준비하고 있다고 생각한다. 그래서 어떤 끔찍한 일이 일어나도 놀라지 않고 그 상황을 설

명하고 대비할 수 있다고 믿는다. 하지만 이것은 착각이다. 미리 걱정한다고 해서 바뀌는 건 아무것도 없다. 게다가 우리는 여전히 어떤 어려움이 닥칠지 알 수 없다. 두려움을 미리 대비하고 걱정을 미리 준비한다는 것은 말도 안 된다. 미리 걱정하는 것은 고통을 피하기 위한 편법이나 특효약이 아니다. 오히려 점점 적극적으로 고통을 추구하는 일일 뿐이다.

11 **행복한 사람을 순진하고 연약하다고 생각한다.** 행복한 사람들은 대개 순진하고 세상 물정도 모르며 말도 안 되게 긍정적이고 현실감이 전혀 없다는 오해를 받는다. 하지만 그들이야말로 자기 모습을 있는 그대로 바라보고 더 나은 삶을 위해 온 힘을 기울이는 유일한 사람들이다. 그들은 낯선 것에 도전해 가능성을 열고 더 나은 삶을 얻는다. 하지만 그런 시도조차 못하고 자신의 삶 겉면만을 맴도는 사람들은 결국 아무것도 이룰 수 없다. 그런 사람들이야말로 진짜로 어리석고 나약한 사람들이다.

정서적으로 안정된 사람들은
하지 않는 것들

사람들은 항상 일부러 문제를 만든다. 별거 아닌 일까지 쓸데없이 걱정하면서 몸을 사리고, 변화를 인정하길 거부하며 자신의 힘을 밖으로 드러내려고 한다. 아니면 자신에게 주어진 선택권을 포기함으로써 어떤 것에 반응하는 방식이나 변화가 필요한 시기, 그리고 마음을 달래줄 대상을 결정하는 일까지도 송두리째 포기한다.

그럼 우리는 왜 문제를 자초하는 걸까? 이유는 그 행위 자체를 사랑하기 때문이다. 스스로 문제를 만드는 것을 즐긴다고나 할까? 그 일에 나름의 매력을 느끼기 때문에 같은 짓을 반복하는 것이다. 자신이 그런 일을 당해도 어쩔 수 없다고 느끼거나 그런 행동이 삶에 의미를 부여한다고 생각하거나 아니면 문제를 많이 겪으면 인간적인 신뢰성이 생긴다고 믿는다. 이런 이유로 우리는 스스로 문제를 일으킨다.

어떤 것에 조바심을 내거나 걱정하는 것은 아무 의미가 없음을 우리는 알고 있다. 해결할 수 있는 일은 해결하면 된다. 해결할 수 없더라도 걱정하고 초초하게 애를 태운다고 해서 불가능했던 일이 갑자기 가능한 일로 바뀌지는 않는다. 아무리 열심히 걱정하고 애를 태워도 그저 마음만 힘들 뿐 걱정하는 것으로 문제를 해결할 수는 없다.

그런데도 우리는 이러한 과정을 겪는 것을 좋아한다. 좋아하지 않았다면 오래전에 때려치웠을 것이다. 대체 왜 그럴까? 그것은 자신이 아주 어려운 문제를 애서서 해결했음을 스스로에게 보여주길 원해서 그렇다.

모든 것에 해답이 있다면 우리는 무엇을 해야 할까? 만약 그렇다면 우리는 더 이상 어려운 문제를 해결했다는 성취감을 느낄 수 없을 것이다. 이러한 성취감을 느끼기 위해 별것 아닌 문제를 심각한 것으로 만들어 스스로를 정서 불안 상태로 몰아간다. 미리 엄살을 떨며 스스로 문제를 만들고 키우는 것이다. 그리고 자신이 확대한 문제 속에서 그것을 다루고, 고치고, 자신을 치유하고, 상황에 대처함으로써 안정감을 누리려 한다. 하지만 모두가 그런 것은 아니다. 이는 정서적으로 불안정한 사람들의 특징이다. 정서적으로 안정된 사람들은 다음과 같은 특징을 지니고 있다.

01　**자신이 느끼는 모든 감정에 어떤 특별한 의미가 있다고 믿지 않는다.** 정서적으로 안정된 사람들은 자신이 느끼는 모든 것에 가치를 부여하지 않는다. 그들은 헛된 믿음이 진실이 되지 않는다는 것을 안다.

02　**옳지 않은 것에 위협받지 않는다.** 잘못된 신념이나 부정확한 생각으

로는 자신의 존재를 입증할 수 없다는 것을 안다.

03 **감정을 부정하려고 논리를 사용하지 않는다.** 자신의 감정을 인정함으로써 그 감정을 증명한다. 또한 누군가에게 어떤 특정한 방법으로 감정을 느껴서는 '안 된다'라고 말하지 않는다.

04 **눈에 띄는 모든 것에 의미를 부여하지는 않는다.** 정서적으로 안정된 사람들은 자신이 보거나 듣는 모든 것이 자신과 관련 있다고 생각하지 않는다. 세상 모든 일이 자신을 중심으로 돌아간다고 생각하지 않으며 자신을 다른 사람과 비교하지도 않는다.

05 **자신의 힘을 증명할 필요가 없다.** 자신이 천하무적이라는 과장된 이미지를 구현하지 않는다. 이들은 대체로 평온하고 편안한 성향을 보여주는데 이것이야말로 정서적으로 안정된 사람의 특징이다.

06 **두렵지만 고통을 피하지 않는다.** 익숙하고 오래된 습관을 버리는 게 비록 불편하긴 하지만 정서적으로 안정된 사람들은 이런 불편함을 극복한다. 대인 관계에 문제가 있으면 관계를 포기하는 대신 문제의 근원을 추적한다. 또한 불편한 감정이란 고통 그 자체가 아니라 고통을 피하는 데서 온다는 사실도 안다.

07 **남의 단점을 공격해 힘을 약화시키지 않는다.** 정서적으로 안정된 사람들은 다른 사람의 실패를 그저 관찰할 뿐이며 그들이 성공했을 때도 특별한 감정적 반응을 보이지 않는다.

08 **심하게 불평하지 않는다.** 사람들이 불평하는 이유는 다른 사람에게 자신의 고통을 알리거나 인정받고 싶기 때문이다. 정서적으로 안정된 사람들은 그렇게 하지 않는다.

09 **자신의 경험을 최악의 상태로 부풀리기 위해 특정한 부분만 걸러내지**

않는다. 중간 과정을 모두 생략하고 최악의 시나리오만 떠올리는 사람들은 보통 예상치 못한 일이 생기면 감당할 자신이 없는 이들이다. 그들은 늘 최악의 상황에 대비하며 그 과정에서 가장 그럴듯한 것을 부풀린다.

10 **남들이 해야 할 일이나 하지 말아야 할 일을 규정하거나 강요하지 않는다.** 정서적으로 안정된 사람들은 옳고 그름이 매우 주관적인 잣대로 나뉜다는 것을 알고 있다. 해서 다른 사람들에게 자신의 생각을 강요하지 않는다.

11 **개인적인 경험에서 일반적인 결론을 도출하지 않는다.** 정서적으로 안정된 사람은 자신이 몸담은 작은 세상을 기반으로 인류 전체에 관한 일반적인 결론을 이끌어내지 않는다.

12 **공격적이거나 방어적인 태도를 취하지 않고도 자신을 옹호할 수 있다.** 공격과 방어는 반대처럼 보이지만 둘 다 불안함을 나타내는 표시다. 정서적으로 안정된 이들은 공격적이거나 방어적인 태도를 취하지 않는다. 침착하게 자신을 옹호하는 것은 내면의 굳은 의지와 자존감을 나타내는 신호다.

13 **인생이 늘 한결같을 거라고 기대하지 않는다.** 정서적으로 안정된 사람들은 좋은 감정이든 나쁜 감정이든 일시적이라는 사실을 항상 의식한다. 그래서 긍정적인 감정에 집중하고 부정적인 감정은 좀 더 쉽게 흘려보낼 수 있다.

○

삶을 바라보는 방식을
바꿔야 달라진다

삶 그 자체는 아무런 잘못이 없다. 중요한 일을 자꾸 미루거나 행복을 유예하거나 현실에서 도피하는 등 삶을 바라보는 우리의 관점과 태도가 문제일 뿐이다. 다음과 같은 방식으로 삶을 대하지 않도록 주의하자.

01 **지금의 삶보다 앞으로 살게 될 삶을 상상하는 데 더 많은 시간을 보낸다.** 해결책을 찾는 것보다 문제를 해부하는 데 더 많은 시간을 보낸다. 또 현재의 삶에서 부족한 부분이 무엇인지 묻기보다 헛된 공상에 빠진다. 아니면 이미 눈앞에 있는 해결책을 무시하고 새로운 해결책을 궁리하는 데 더 많은 시간을 쓴다. 또한 자신의 잘못을 '반성'해야 할 시간에 오히려 새로운 '경험'을 추구하면서 자신이 왜 성취감을 느끼지 못하는지 궁금해한다.

02 **예전과 달리 단순한 즐거움에 매력을 느끼지 못한다.** 낯선 사람의 친절한 미소를 보거나 소파에 누워 가장 좋아하는 책을 읽는 등 소소한 일상에서 더는 감동을 느낄 수 없다고 생각한다. 소소한 것에서 행복을 찾아내는 마법을 잃은 이유는 그 마법이 다른 곳으로 떠났기 때문이 아니라 다른 것에 한눈팔려 소소한 행복을 무시하기로 결심했기 때문이다.

03 **과거에 원했던 것을 마침내 이루었지만 생각했던 것만큼 즐겁지 않다. 혹은 그에 대한 갈망을 다른 갈망으로 대체했다.** 지금까지 이룬 어떤 것보다 처음에 얻기를 원했던 간절한 느낌을 되살려라. 당신이 원하던 것이 무엇이었는지 구체적으로 떠올리면 막연히 생각하던 것보다 실제로 이뤄낸 자신이 훨씬 더 자랑스러울 것이다.

04 **친구가 별로 없다고 생각한다.** 친구가 별로 없다고 생각하는 것은 삶의 연결고리를 질이 아니라 양으로 측정하기 때문이다. 주변에 친구가 많지 않다는 것은 당신 마음속에 친구를 품을 공간이 충분하지 않다는 뜻이다.

05 **친구에게 지나치게 의존하거나 반대로 애착이 없다.** 당신은 친구라는 존재가 당신을 기분 좋게 만들고 행복하게 해주는 사람이라는 환상을 갖고 있다. 그래서 그 환상이 깨지면 연락을 뜸하게 하거나 쉽게 절망감을 느낀다. 자신의 환상을 채우기 위해 친구에게 지나치게 의존하거나 당신이 일방적으로 부과한 역할을 친구가 수행하지 못하면 그들을 무시한다. 바로 이런 이유 때문에 친구가 별로 없다고 느끼는 것이다.

06 **자신의 삶을 누군가 계속 관찰한다고 상상한다.** 어떤 결정을 내리기

전에 자신의 상황에서 한발 떨어져 머릿속으로 스토리라인을 그려보라. 마치 작가나 영화감독처럼. 이것은 한 발짝 떨어져서 자신의 삶을 객관적으로 응시하는 태도다. 이렇게 하면 힘겨운 상황과도 거리를 둘 수 있고 잘 보이지 않던 행복을 발견할 수도 있다.

07 **항상 시간이 충분하다고 생각한다.** 가족과 연락하고 책을 쓰고 새로운 직업을 찾는 등의 일은 정말 중요하다. 한데 당신은 이처럼 중요한 일을 자꾸 미루며 나중에 시간적 여유가 생기면 하겠다고 스스로를 설득한다. 뭔가를 할 시간이 따로 있다고 생각하거나 나중에 한다는 것은 그 일을 할 마음이 별로 없다는 뜻이다. 모든 일을 오늘 당장 해치우라는 게 아니다. 이런저런 핑계를 대며 중요한 일을 미루지 말라는 의미다.

08 **기분이 찜찜하면 일진이 사납다고 생각한다.** 사람들은 대개 부정적인 감정을 느낄 때 자신의 삶이 무언가 잘못됐다고 생각하지만 그런 느낌도 우리 삶의 한 부분이다. 불안은 물론이고 고통과 우울한 감정까지 우리에게 보탬이 된다. 이런 찜찜한 감정들은 말 그대로 우리를 살아 있게 만드는 신호이며 당신 자신과 삶이 주고받는 피드백이고 나쁜 결과를 막아주는 예방책이다. 사람들이 사실을 깨닫기 전까지는 좋은 기분은 전진하라는 신호로 생각하고 나쁜 기분은 멈추라는 신호로 오해한다. 그리고 신호의 의미를 잘못 이해했다는 것을 모른 채 왜 자신에게 발전이 없는지 의아해한다.

09 **무언가 불편하거나 불길한 느낌이 들면 아무것도 해서는 안 된다고 생각한다.** 하지만 그런 기분이 든다면 당신 앞에 있는 무언가를 반드시 해야 한다는 뜻이다. 반대로 화가 나거나 어떤 감정도 느껴지

지 않는다면 그 일을 절대 하지 말라는 신호다.

10   **기분이 내키거나 영감을 받을 때까지 기다렸다 행동한다.** 실패자는 어떤 일을 할 때 그 일을 하고 싶은 마음이 들 때까지, 즉 동기부여가 될 때까지 기다린다. 살면서 아무것도 하지 않는 사람들은 영감을 받을 때까지 기다리며 계속 아무것도 하지 않는다. 동기부여와 영감은 우리 삶에 그저 가끔 등장할 뿐이다. 물론 그것들이 당신에게 와있는 동안에는 일을 해내는 데 많은 도움이 되지만 하루 중 아무 때나 당신 마음대로 오라 가라 할 수 있는 게 아니다. 동기부여와 영감 없이 일하는 법을 배워야 한다. 열정이 아니라 목적에서 힘을 얻어야 한다.

11   **백일몽은 백일몽일 뿐이다.** 사람들은 대부분 음악을 듣거나 길을 걸을 때 또는 차를 타고 이동하면서 백일몽을 경험한다. 불행한 현실에 맞서기보다는 불편한 감정을 없애기 위해 살짝 몽롱한 환각의 상태로 자신을 몰아넣는 것이다. 하지만 그런 현실 회피가 문제를 해결해주지는 않는다.

12   **다음을 위해 행복을 저축한다.** 당신은 통근 열차 밖으로 보이는 강물이 아름답다고 생각하면서도 이내 업무 메일에 대한 생각으로 그 감정을 방해한다. 단순하고 아름다운 것을 보며 감탄하지만 이내 자신의 감정을 통제한다. 마음속에 쌓인 불만이 당신을 부채질하기 때문이다. 마음 한편에서 기분 좋은 감정이 올라오면 당신은 다른 부분에서 문제를 일으켜 마음의 균형을 잡는다. 그러곤 지금 느낄 수 있는 행복을 유예한다.

행복은 좇지 않을 때
저절로 찾아온다

《불안이 주는 지혜》의 저자 앨런 와츠는 안전에 대한 욕망과 불안감은 같은 것이라고 가르치며 마치 숨을 참는 것은 숨을 잃는 것이라고 했다. 전통 선불교는 '성취를 바라는 것은 아직 성취하지 못했다는 뜻이며 행복은 바깥에서 추구하는 것이 아니라 당신이 행복 그 자체가 되는 것이다'라고 말한다.

식상한 말로 치부하지 말자. 이런 생각들은 곱씹어볼 가치가 있다. 이는 행복을 추구하는 인간의 모습 뒷면에 도사린 광기의 위험을 잘 드러낸 말이기 때문이다. 대체의학자 앤드루 웨일은 이렇게 말한다. "인간이 끊임없이 행복해야 한다는 관념은 대단히 현대적이고 독특하게 파괴적인 생각이다."

영원한 행복을 추구하는 인간의 욕망은 소비를 부추기고 삶이 불확실한 죽음을 향해 간다는 사실을 잊으려 한다. 그리고 더 많은 것에 갈증을 느끼게 만든다. 죽음과 고통에 대한 존재론적 두려움과 함께 인간의 욕망은 우리가 몸담은 사회를 혁신하고 발전시켜온 이유가 되기도 한다. 하지만 행복을 추구하는 노력을 절대 멈추지 않기 때문에 우리는 늘 성취감의 부족으로 허우적댄다. 구멍 난 그릇에 아무리 물을 부어도 채워지지 않는 것처럼 말이다.

성취감의 부족은 주로 '쾌락의 적응'에서 비롯된다. 아무리 행복한 일도 일단 적응하고 나면 평범한 일상이 된다는 뜻이다. 인간은 자신에게 일어나는 일에 점점 익숙해져서 무엇을 하든 처음만큼 행복하지 않다. 그리고 변화와 조정, 적응을 거치며 더 많은 것을 갈망한다. 심리학자들은 이것을 '기준선'이라 부르는데 이는 살면서 특이한 사건을 겪은 뒤에 원래의 상태, 즉 중립으로 돌아오도록 자신을 조절하는 방법이다.

무작정 행복을 좇는 것은 이런 기준선을 전체적으로 조정하지 않고, 긍정적인 경험만으로 자신을 지탱하려 애쓰는 것이다. 좋다는 느낌을 지속하려고 동기를 부여하는 것은 건강하지 못한 방법일 뿐만 아니라 불가능한 일이다. 행복해지고 싶다면 행복을 좇는 것을 멈춰야 한다. 행복은 도전적이고 의미 있고 아름답고 가치 있는 일을 할 때 따라오는 부산물일 뿐이다.

단순히 좋은 기분만을 추구하는 것은 행복이 아니다. 궤도를 이탈할 정도로 힘들고 심오해서 인생을 바꿀 만한 일을 할 때만 느낄 수 있는 불편함을 추구하는 것이 오히려 더 현명하다. 균형감 있는 삶이 당신을 행복하게 해줄 거라 믿으며 좋아하지도 않는 것에서 균형을 잡기보다는 차라리 저울을 뒤집어버리는 게 더 지혜롭다. 너무 힘들어서 자신이 연약하고 미숙한 존재라고 느끼게 하는 일을 하는 것이 그런 일을 피하는 것보다 더 현명하다. 편안함에서 오는 행복은 일시적이며 순간적이기 때문이다.

결국 고통을 피하는 것은 행복을 피하는 것이다. 고통과 행복은 같은 함수 안에 있는 정반대의 힘이다. 감정 능력의 한쪽을 마비시키는 것은 모든 기능을 멈추게 한다. 그런 행위는 절대로 채워질 수 없는 공허한 행복을 추구하게 함으로써 우리가 되고자 했던 존재의 껍데기만 남길 뿐이다.

편안함을 추구할 때
인생에서 놓치는 것들

01 **당신의 뇌는 좋은 것과 나쁜 것을 구별할 수 없다. 그냥 편안한 것과 불편한 것 정도만 안다.** 이렇게 예를 들면 아주 원색적이지만 범죄자들이 자신의 행동을 결코 잘못이라고 생각하지 않고 정당하다고 여기는 이유도 바로 이것 때문이다. 누가 봐도 나쁜 일을 저지르면서 '기분 좋다'고 혼동하는 것 또한 바로 이런 이유 때문이다.

02 **우리는 자신이 원하는 것이 아니라 이미 알고 있는 것을 원한다.** 우리는 말 그대로 이미 알고 있는 것의 범위를 벗어나는 결과를 예측할 수 없다. 그래서 말로는 더 나은 것을 추구한다지만 사실은 '우리가 아는 것 중에서 가장 좋은 것'을 추구할 뿐이다. 그 최고라는 것이 고작 다시 겪지 않았어도 될 문제에 대한 단편적인 해결책일지라도 우리는 그것을 선택한다.

03 **진정한 안전지대는 없다.** 우리는 편안함이 우리에게 안전을 보장한다고 믿지만 지금 우리가 사는 세상에 진정한 안전지대 같은 건 없다.

04 **미지의 세상으로 발을 내딛는 것만이 당신이 성장할 수 있는 유일한 길이다.** 이 사실 때문에 많은 사람이 돌파의 순간을 맞이하기 전에 실패한다. 삶은 우리가 상상하는 것보다 훨씬 더 멋진 가능성의 세계로 우리를 이끈다. 하지만 당시에는 그런 도전이 더 좋은 것이라는 사실을 잘 알지 못한다.

05 **대부분의 사람은 더 이상 견딜 수 없을 정도가 돼야 변화를 추구한다.** 그러나 변화를 거부하기 전부터 이미 오랫동안 견디기 힘들 정도로 최악의 상태가 된 경우가 많다. 우주는 비명을 지르기 직전까지 계속 우리에게 지금 이 상태가 불편하다고 속삭이지만 이것을 알아채고 변화를 받아들이는 사람은 소수다. 오직 진정으로 행복한 사람들만 우주가 조용히 신호를 줄 때 변화를 받아들인다.

06 **인간의 사고방식은 보통 2가지로 나눌 수 있는데 탐험적 사고방식과 정착적 사고방식이다.** 우리 사회는 정착적 사고방식을 갖고 있다. 진화를 위해 만들어진 세계에 적응하면서 자아의 성장과 확장, 변화(가정, 결혼, 직업 등)를 통해 삶을 완성하는 것이 최종 목표다. 반면 탐험적 사고방식을 가진 사람들은 원래 얽매이는 것을 싫어하기 때문에 자신이 가진 것을 최대한 즐기며 변화와 도전을 완전히 경험할 수 있다.

07 **이 세상에 진정한 편안함이라는 것은 없다.** 안전을 추구하는 관념만 있을 뿐이다. 인정하긴 어렵지만 편안함이라는 것은 존재하지 않

는다. 편안한 상태가 오래 지속되지 않는 것도 바로 그런 이유 때문이다. 또한 불편함에 적응한 사람들이 제일 편하게 사는 이유이기도 하다. 편안하다는 것은 그저 하나의 개념일 뿐이다. 어떤 것을 편안함의 기반으로 삼을지는 각자의 선택에 달렸다.

08 **인생의 목적은 확실한 것을 추구하는 데 있지 않다. 되든 안 되든 일단 시도해보는 데 있다.** 아무도 미래의 일을 확신할 수 없다. 그저 최선을 다할 것이라는 자신의 선택만을 확신할 수 있을 뿐이다. 따라서 자신의 삶을 사랑하는 사람들은 되든 안 되든 일단 부딪쳐본다.

○

어렵고 힘들다고 피하면
달라지는 것은 없다

불편함은 변화의 벼랑 끝에 서 있을 때 느끼는 감정이다. 안타깝게도 우리는 불편함과 불행을 혼동하고 불편함을 없애기 위해 도망치다 불행으로 향하기도 한다. 보통 새로운 것을 이해하기 위해서는 약간의 불편함이 따르게 마련이다. 또한 어설픈 신념에서 해방되고 진정한 변화를 만들기 위해 자신을 자극할 때도 불편함을 느낄 수밖에 없다. 그런 면에서 불편함은 우리에게 도움을 주는 신호다. 올바른 길로 가고 있음을 알려주는 몇 가지 느낌은 다음과 같다.

01   **힘들었던 어린 시절을 다시 겪는 느낌.** 어렸을 때 겪었던 문제가 어른이 되어서도 다시 등장할 때가 있다. 이런 경우 어린 시절 그 문제를 제대로 극복하지 못해서 다시 등장했다고 오해하기 쉽다. 하

지만 그렇지 않다. 그저 새로운 기회가 온 것뿐이다. 그 문제를 다시 생각하고 느끼며 깨달음으로써 문제를 해결할 뿐 아니라 변화를 가져올 수 있는 새로운 기회가 제공되는 것이다.

02 **지금의 상황이 막막하다고 느끼거나 가야 할 방향을 잃음.** 막막함을 느낀다는 것은 자신의 삶에 더 많이 집중한다는 신호다. 사전에 계획된 이야기와 생각에서 벗어나 현재의 순간에 더 충실하다는 뜻이다. 이것에 익숙해질 때까지 당신은 마치 궤도를 벗어나 헤매는 것처럼 느끼겠지만 방향성을 잃은 건 아니다.

03 **좌뇌에 안개가 낀 느낌.** 우뇌를 더 자주 사용하면 더 직관적이고 감정을 잘 처리하며 창의성을 발휘할 수 있다. 하지만 이와 동시에 좌뇌의 기능이 쇠퇴해 안개가 낀 것처럼 느낄 때가 있다. 예를 들어 사소한 것에 집중하고 생각을 정리하고 기억하는 일들이 갑자기 어렵게 느껴진다.

04 **말도 안 되는 분노나 슬픔이 몰려와 걷잡을 수 없음.** 감정이 폭발하는 것은 마음속에 억눌려 있던 어떤 것이 존재감을 과시하기 위해 솟구치는 것이다. 그러므로 우리는 폭발하는 감정과 씨름하거나 억누르려는 시도를 멈추고 그 감정을 맞닥뜨린 후 자각해야 한다. 그러고 나면 감정에 휩쓸리지 않고 감정을 통제할 수 있다.

05 **예측 불가능하고 산발적인 수면 패턴 경험.** 과수면 또는 수면 부족이 생기곤 한다. 어떤 생각에 몰두한 탓에 자다가 한밤중에 깨어날 수도 있다. 몸의 상태 또한 기운이 넘치거나 완전히 녹초가 되거나 둘 중 하나다. 하지만 이것도 옳은 길로 향하고 있다는 표시다.

06 **인생을 바꿀 만한 사건 발생.** 갑자기 이사를 가거나 이혼하거나 직

장을 잃거나 차가 고장 나는 등 느닷없는 사건을 경험할 수 있다.

07 **혼자 있고 싶은 강한 욕구.** 갑자기 주말마다 밖에서 사람들과 어울리는 것에 환멸을 느낀다. 그리고 다른 사람들 문제에 시달리며 진이 빠진다는 느낌에 회의감이 든다. 이런 현상은 자신의 감정을 재조정한다는 뜻이다.

08 **강렬하고 생생해서 자세히 기억하는 꿈.** 꿈이 당신의 마음에 내재된 잠재의식과 소통하는 방법이거나 당신의 경험을 투영하는 것이라면 당신의 마음은 꿈을 통해 무언가를 말하려 하고 있다. 그래서 전에 경험하지 못한 강렬한 꿈을 꾸는 것이다.

09 **대인 관계가 축소되거나 부정적인 사람과 어울리는 게 점점 불편해짐.** 부정적인 사람은 자신이 부정적이라는 것을 거의 깨닫지 못한다는 게 문제다. 그리고 이런 이들에게는 말을 가려서 조심스럽게 해야 하므로 당신의 마음이 불편해지는데 그런 상황을 계속 참고 견디는 것은 더 불편하다. 결국 당신은 부정적인 성향의 친구들과 약간 거리를 두게 된다.

10 **평생 꿈꾸던 것이 무너지는 기분.** 당장은 깨닫지 못하겠지만 평생의 꿈이 무너지는 기분은 당신이 상상했던 것보다 더 나은 현실을 향해 길이 열리는 신호다. 또한 당신이 상상했던 자기 자신이 아니라 당신의 본래 모습에 더 잘 어울리는 진짜 자아를 향해 나아가는 것이다.

11 **자신의 생각이 당신을 마음대로 휘두르는 최악의 적이라는 느낌.** 당신은 경험마저 생각에 좌우된다는 것을 느끼기 시작했다. 하지만 이러한 사실은 스스로 자신의 생각을 통제하려고 노력해야만 알 수

있는 것이다. 그리고 바로 그 순간, 당신이 줄곧 자신의 생각에 휘둘려왔다는 사실을 깨닫게 된다.

12 **자신의 정체성에 대한 불확실함.** 자기가 어떤 사람인지 잘 모르기 때문에 정체성에 확신이 없는 게 당연하다! 그러나 우리는 지금 발전 과정에 있으니 최소한 어떤 순간에 더 나빠지는지는 분명히 안다. 괜히 사람들에게 화를 내거나 이유 없이 자신을 스스로 고립시키는 경우 말이다. 지금 경험하는 어떤 것이 불안정하고 불확실하다고 느끼면 왜 그런지 이유를 찾게 되고, 그 과정에서 자신을 탐색하게 된다. 나아가 이런 상황에서 벗어나기 위해 어떻게든 변화를 추구하게 되니 이는 대체로 더 좋은 결과로 이어진다.

13 **아직 갈 길이 멀다는 것을 깨닫는 것.** 갈 길이 얼마나 먼지 깨닫는 것은 당신이 지금 어디로 향하는지 안다는 뜻이다. 이것은 목적지가 어디인지, 자신이 어떤 사람이 되고 싶은지 분명히 안다는 뜻이다.

14 **아직 알 수 없고 알고 싶지도 않은 미래에 대해 막연한 걱정이 들 때가 있다. 다른 사람의 속마음, 오래 지속할 수 없는 관계라는 느낌, 조만간 직장에서 해고될 것 같다는 사실 등.** 막연하게 자신을 감싸는 비합리적인 걱정은 대개 무의식적으로 무언가를 감지해서 느끼는 감정이다. 하지만 그런 걱정이나 근심은 전혀 논리적이지 않으므로 심각하게 받아들여서는 안 된다.

15 **자신을 옹호하고 싶은 강한 욕망.** 스스로를 방치해서 누군가에게 무시당하거나 다른 사람의 말에 쉽게 흔들리는 자신에게 화가 나는가? 그렇다면 마침내 남의 말만 듣는 것을 멈추고 자신을 먼저 존중함으로써 스스로를 사랑할 준비가 되었다는 신호다.

16   **자신의 삶과 행복을 책임질 사람은 바로 자신이라는 사실을 깨닫는 것.**

이런 종류의 감정적 자율성은 사실 아주 무서운 것이다. 실수를 저질렀을 때 그에 대한 모든 책임을 혼자 짊어진다는 뜻이기 때문이다. 하지만 이것을 깨달아야만 인생에서 진정으로 자유로워질 수 있다. 그래서 이런 깨달음에는 항상 보상이 뒤따른다.

내 눈을 가리는 열정보다
중요한 이성

우리 세대는 열정이 모든 문제의 답이라고 믿어왔다. 즉 열정이 즐겁고 성공적이며 행복한 삶을 누리게 해주는 해결책이라고 생각했던 것이다. 어렸을 때부터 우리는 이런 말을 듣고 자랐다. "너는 뭐든지 될 수 있어.", "너는 뭘 해도 성공할 수 있어." 그리고 이 주제에 관해서는 수많은 사람이 아름답고 우아한 방식으로 논쟁해왔다.

하지만 열정은 무턱대고 아무거나 열심히 하는 게 아니라 자신이 세운 삶의 목적을 성실하게 추구하는 것이다. 열정은 목적지에 도달하는 여행의 한 방식일 뿐이며 목적지 자체를 결정하는 수단이 아니다. 열정은 불을 피우는 발화 장치며 목적은 불이 꺼지지 않도록 밤새 불을 지키는 불쏘시개다.

그렇다면 열정의 반대 개념은 무엇일까? 열정의 반대는 미지근한 태도로 삶에 대충 안주하는 것이 아니다. 원하는 목적지에 도달하기 위해 감정과 논리의 균형을 맞추는 것이다. 마음을 현실에 기반을 두고 삶을 객관적으로 바라보면서 감정과 사건을 해석하는 능력은 좋은 재능이자 인간답게 살기 위한 필수 기능이다. 인간의 머리와 심장은 개별적인 것이라서 우리는 그 둘을 하나로 합치는 방법을 알아야 한다. 그 이유는 다음과 같다.

01 **열정은 우리 귀에 대고 인생에서 가장 원하는 것을 추구해야 한다고 속삭인다.** 하지만 우리가 원하는 것이 무엇인지는 말하지 않고 가장 원하는 것에 대해서만 이야기한다. 열정이란 우리가 품고 있는 여러 욕망 중에서, 특히 상충되는 욕망 중 어떤 것을 이기게 할 것인지에만 관심을 둔다. 사람들이 어떤 것을 가장 원한다고 말하면서도 그 일을 성취하기 위해 최선을 다하지 않는 이유는 사실 그것 말고 더 강하게 원하는 게 있기 때문이다. 다음 상황을 예로 들어보자. '오늘 하루만 더 쉬고 싶지만(감정) 좀 더 열심히 일해서 노후 자금도 모으고 사업의 규모도 키우고 싶다(논리).' 이런 상황이라면 우리는 일을 선택할 확률이 높다. 지금 열심히 일하면 나중에 더 편히 쉴 수 있다고 생각하면서 휴식에 대한 갈망을 제어한다. 어떤 욕망이 이길 것인지는 결국 우리의 선택에 달렸다. 감정만을 바탕으로 삶을 설계할 것인지 논리적인 욕망을 선택할 것인지는 모두 우리가 직접 결정한다.

02 **열정은 설렘과 희열에 바탕을 둔 관계를 추구하고, 논리는 목적에 근거한 관계를 추구한다.** 사랑의 목적은 어떤 것에 집착하거나 혼자 있

고 싶거나 돈이나 자아를 추구하는 게 아니다. 하지만 안타깝게도 그렇게 오해하는 사람이 많다. 우리는 보통 사랑을 그저 좋은 기분 상태나 그 감정을 느끼는 행위라고 배운다. 하지만 사랑은 일시적인 감정 상태가 아니다. 사랑은 관계를 일시적인 감정 이상으로 유지하겠다는 약속이자 헌신이다. 열정을 사랑이라고 믿는다면 상대방이 당신의 마음을 설레게 만들지 못하는 순간 당신은 그 사람과의 관계를 끝내고 싶을 것이다. 더 심한 경우에는 상대를 비난하면서 그 사람의 결점과 그런 결점을 갖게 된 이유까지 들추게 될 것이다. 나는 내가 정말로 다른 사람들을 사랑했는지 아닌지를 알아내기 위해 몇 년을 보냈다. 오랜 기간의 혼란 속에서 결국 알게 된 것은 내가 사랑과 열정을 혼동했다는 사실이다. 사랑과 열정은 분명 다르다.

03 **논리는 객관적인 시각을 허락하지만 열정은 주관적이고 소모적이다.**
사람들이 가장 열정적으로 하는 일은 온 힘을 다해 허공에 대고 비명을 지르며 메아리를 울리는 것이다. 그것은 단지 감정의 분출일 뿐이며 그런 행위가 다른 사람의 행위와 충돌하거나 상반될 때 그것은 개인적 상처로 느껴질 수 있다. 열정이나 신념이 아무리 강렬해도 절대적일 수 없으며 그 옆에는 언제나 다양한 것이 존재할 수 있다. 당신이나 다른 누군가가 틀렸다는 게 아니다. 열정이나 신념이 너무 강하면 그 옆에 공존하는 다른 사실이나 진실을 제대로 인식할 수 없다는 뜻이다. 열정은 매우 특이한 성질을 지녔다. 따라서 현실에 기반을 두지 못한 열정은 당신에게 부정적인 영향을 끼친다.

04   **논리는 앞으로 어떤 사람이 되겠다는 결심에 도움을 주지만, 열정은 과거의 당신이 했던 결정을 부추긴다.** 열정은 당신이 계속 고민해왔던 문제에 대한 해결책을 제시한다. 또한 당신이 주장해야 하는지도 몰랐던 어떤 것의 정당성을 증명해준다. 열정은 너무나 분명한 감정이며 일종의 해방 또는 초월이다. 또한 열정에 사로잡히면 약물에 취한 것처럼 황홀경을 느낄 수 있으니 일종의 해독제 역할도 한다. 자신이 어디로 가고 있는지 잘 모른다면 당신의 삶이 점점 발전한다는 신호다. 반면 당신이 뭘 하고 있는지 어디로 가는지 안다면 당신은 같은 길만 계속 맴돈다는 뜻이다. 당신이 허황된 희열을 느끼고 있다면 여전히 과거에 살고 있다는 뜻이다. 이런 경우 자신이나 남들에게 무언가를 자꾸 증명하려 든다.

05   **열정은 허황된 꿈을 최대화하는 삶을 살기 위해 노력하라고 속삭이고, 논리는 잠재력을 최대화하는 삶을 위해 노력하라고 설득한다.** 그러므로 열정은 당신의 삶을 덜 이상적인 수준에 묶어둔다. 열정이 과하면 어떤 것이 진짜로 이상적인지 더는 생각하지 않기 때문이다. 하지만 논리는 당신이 왜 그런 것들을 원하는지 평가하도록 격려하며 아직 이상적인 수준에 도달하지 않았음을 알려준다. 논리는 잠재력을 최대한 발휘하도록 이끌며, 열정을 통해 꿈만 꾸던 그 자리로 당신을 직접 안내한다.

06   **열정은 애착에서 탄생하고 논리는 애착을 중화한다.** 열정은 어떤 생각에 대해 느끼는 애착 또는 특정한 감정이다. 열정은 그 1가지 감정을 계속 경험하고 싶어서 무슨 짓이든 하게 만든다. 사람들이 생각하는 열정적인 삶은 자신에게 특정한 기분을 느끼게 하는 일

을 직접 하고 그런 감정을 불러일으킬 수 있는 사람들과 함께하는 것이다. 하지만 그것은 비현실적이고 불가능하다.

반면 논리는 현실에 바탕을 두고 있다. 논리는 당신이 좋아하는 일을 하거나 혹은 애정을 갖고 근무하는 직장에서도 언제든 힘든 날을 겪을 수 있다고 경고한다. 사람들은 천생연분인 사람을 만나면 아무 갈등 없이 영원히 행복할 거라고 착각하며 완벽한 관계를 동경한다. 그러나 그건 불가능하다. 논리는 천생연분을 만나더라도 그 관계가 항상 순조로울 수는 없다고 충고한다. 힘들지만 갈등에 직접 부딪히며 당신이 지금 당장 할 수 있는 최선의 노력을 하면 그에 대처하는 기술과 능력을 키울 수 있다. 그리고 시간이 지나면 초기에 느꼈던 갈등은 결국 저절로 해소된다.

07 **감사는 논리에서 탄생하고 행복한 삶은 감사에서 태어난다.** 사람들이 감사하는 삶을 실천하거나 무언가에 대한 감사함을 마음속으로 되새기겠다고 굳이 다짐하는 이유는 안타깝게도 평소 자신의 일상이 감사하다고 느끼는 사람이 거의 없기 때문이다. 감사하는 마음은 자신이 직접 키우는 것이다. 즉 행복하게 산다는 느낌을 받을 때까지 마냥 기다리는 게 아니라 기쁨과 감사, 자부심을 느낄 수 있는 일에 초점을 맞춰 적극적으로 당신이 어떤 감정을 느끼며 살지 선택하는 것이다. 감사하는 마음을 키우는 것은 만족감을 느끼며 살아가기 위한 필수 요소다. 그런 태도는 감사할 일을 더 많이 추구하도록 당신을 응원한다. 구하고자 하면 얻게 되어 있다.

08 **논리는 비합리적인 감정을 해체하고, 열정은 감정을 이용해 다른 사람의 감정을 파괴하려고 애쓴다.** 논리는 불합리하거나 비논리적이며

고통스러운 감정을 해체하고 문제의 근원을 평가하거나 원인을 찾아낸다. 그리고 그것들이 당신에게 유용한지 아닌지를 해석하고 당신을 문제에 귀 기울이게 한다. 최선의 해결책에 따라 행동하게 만들어 당신을 고차원의 의식 상태로 인도한다. 반면 열정은 감정을 이용해 다른 사람들을 파괴하려 든다. 고차원적 의식 수준을 낮은 곳으로 끌어내려 무효화하고 새로운 감정을 낡은 것으로 대체한다. 열정은 마치 노력하면 물을 충분히 마실 수 있을 거라고 생각하며 손으로 물을 움켜쥐는 행위와 같다. 논리는 산만하고 불합리하고 무모하며 혼란스러운 마음 상태를 산산이 부순다. 논리는 정신과 마음이 서로 상호작용하는 법을 알려준다.

09 **수많은 사람이 열정이 결여된 곳에서 열정을 추구하고 열정적인 관계를 찾으려고 애쓴다.** 영혼이 충만하고 진실하며 마음에 사랑이 넘치는 사람은 지나치게 신경질적이거나 감정적인 경우가 거의 없다. 그들은 평화롭고 바람직하며 아름답지만 때로는 강력하다. 하지만 미친 듯이 날뛰며 무슨 짓이든 다 하는 욕망은 공허함을 채우려 애쓰고 문제에서 도망치며 진실을 외면하게끔 만든다. 열정적인 관계에 집착하는 욕구가 강하면 강할수록 당신에게 사랑이 부족하다는 의미다. 이런 집착 욕구는 극도로 불행한 현실에 뿌리를 두고 있다. 불행한 현실에서 벗어나기 위해 열정적 관계에 집착하는 사람들은 그 관계 속에서 오히려 더 고통받곤 한다. 그리고 모두가 피하고 싶어 하는 사람이 된다.

10 **무언가를 절실하게 바란다고 해서 저절로 얻는 사람은 아무도 없다.** 당신이 어떤 일에 굉장히 열정적이라고 해서 그 일이 당신에게 적

합하다는 뜻은 아니다. 이는 사람과의 관계에서도 마찬가지다. 직장에서 승진하거나 아파트를 장만하는 것 또는 어떤 다른 경우에도 전부 마찬가지다. 사람들은 열정적인 태도가 어떤 일을 하기 위한 자격이라고 주장하지만 결국 일을 성사시키는 사람은 그 일에서 기술적으로 가장 유능한 사람이다. 애정 관계가 성립되려면 양쪽이 서로를 영원한 자신의 반쪽이라고 확신해야 한다. 승진은 제일 열심히 일한 사람이 할 것이고, 아파트는 그걸 살 돈이 있는 사람이 차지할 것이다. 사람들은 자신이 절실하게 원하는 것을 이야기하지만 열정이 무언가를 차지할 자격 요건은 아니다.

11 **잘 사는 것은 행동의 결과물이다. 단지 생각만 하는 것으로는 그 무엇도 이룰 수 없다.** 인생이 달라지길 원한다면 행동부터 바꿔라. 따라하고 싶은 롤모델을 염두에 두고 자신이 아끼는 사람들과 교류하며 하는 일에 목적의식을 가져라. 진정한 변화를 원한다면 변화를 일으키는 행동을 해야 한다. 때론 그것이 매우 힘들기 때문에 사람들은 그 당위성만 생각하고 직접 행동으로 옮기지는 않는다. 하지만 시도조차 안 하고 실패했다고 말할 수는 없는 것 아닌가? 자신감은 당신이 하는 일에서 형성되고 긍정적인 사고방식은 당신이 하는 일에 근거하며 애정 관계는 당신의 행동으로 유지되고 목적이 있는 일은 그 일을 함으로써 당신을 성장시킨다. 자신이 그 일을 해야만 하는 이유를 생각하고 행동은 하지 않은 채 그 생각만을 믿는 것은 인생을 변화시키는 데 아무런 도움이 되지 않는다.

12 **열정은 쉬운 탈출구다.** 당신이 애정하는 무언가를 5년 넘게 공부하려고 15만 달러를 대출받았다고 가정해보자. 그 결과 당신은 앞으

로 30년간 빚에 허덕이며 이사와 여행, 결혼과 아이를 갖는 일, 진정으로 원하는 일을 제대로 할 수 없다. 그게 바로 열정이라는 것이다. 당신을 일순간 사로잡은 사람과 결혼하라. 그러면 그 사람의 무관심과 학대가 기폭제가 되어 당신의 어린 시절 트라우마를 현재로 소환할 것이다. 그가 당신을 버리고 떠날 때 그에게는 오직 당신뿐이라는 거짓된 믿음 속에서 찢어지는 아픔을 겪어라. 연애를 시작하면 당신이 가꾸고 이뤄낸 현실에서 최대한 멀리 떨어진 곳에 관계의 기반을 잡아라. 그러면 친구도 잃고 직장에서도 잘리고 심지어 자아까지 잃는다. 그게 바로 열정이라는 것이다. 위에 열거한 모든 것은 열정이 논리와 결합되지 않았을 때 발생하는 일이다. 느껴지는 감정대로 행동한 결과다. 열정은 당신이 살고 싶은 삶으로 향하는 쉽고 빠른 길이자 인생을 망치는 지름길이다. 열정에서 태어나는 모든 것과 마찬가지로 열정은 그저 생각일뿐 실재하지 않는다.

지금 손에 쥐고 있는 것에
더 집중하라

내 것이 아님을 알면서도 욕심이 나는 것이 있다. 사랑하면 안 되는 대상임을 알면서도 놓치면 죽을 것만 같은 사람이 있다. 그런 것들을 어떻게 포기할 수 있을까에 의문을 품은 적이 있었다. 내 것이 아닌 것을 손에 쥐려는 이유는 무엇일까? 내 것이 아니라는 사실 그 자체 때문이다. 사람들은 자신이 갖고 있는 것에는 가치를 부여하지 않는다. 어차피 내가 가지고 있기 때문이다. 대신 자신에게 없는 것을 손에 넣기 위해 집착한다. 그러면서 '내가 운명적으로 쟁취할 것'이라며 헛된 환상을 품는다. 우리는 항상 자신이 갖고 있지 않은 사랑을 추구한다. 자신에게 없는 것을 갈망한다. 분명하지 않은 것들을 증명하려고 애쓴다.

어떤 것이 생각으로만 존재할 때 그것을 지키는 유일한 방법은 그 생각을 멈추는 것이다. 모든 것을 쉽게 단정하고, 상대의 마음을 의심하고,

소중한 것을 외면하라는 말이 아니다. 상대방이 이미 갖고 있는 모든 것을 있는 그대로 인정하고 수용하라는 말이다.

운명에 대해 아는 사람은 없지만 무언가를 손에 쥐기 위해 안달복달한다고 내 것이 될 수 없다는 정도는 안다. 최고의 것은 억지로 얻을 수도 없고 내가 선언한다고 내 것이 되지도 않는다. 어떤 것을 잃고 얼마나 괴로운지를 보여준다고 해서 사랑을 증명할 수는 없다. 남에게 자신이 옳은 일을 한다는 걸 설득해서 자신의 인성이 증명되는 것도 아니다.

당신을 아프게 하는 건 사랑이 아니라 사랑이 어떤 모습이어야 한다고 규정한 당신 혼자만의 집착이다. 사랑이 어떠해야 한다고 그 모습을 규정하고, 자신이 규정한 환상에 집착하면 그 굴레에 갇혀 결코 진정한 사랑을 찾을 수 없다.

행복 또한 마찬가지다. 행복이 어떤 모습이어야 한다고 규정하고 그것에 집착하면 진정한 행복을 찾을 수 없다. 우리 모두 그 사실을 알고 있다. 이 세상에 영원한 것은 아무것도 없으며 영원한 것이 있다는 생각은 그저 환상에 불과하다. 우리는 새로운 것에 집착함으로써 결국 손에 쥐고 있는 것마저 잃는다.

이력서에 추가할 스펙을 쌓는 것보다 그 일을 경험하면서 성장하는 게 중요하다. 어떤 사랑은 우리에게 한 달 만에 중요한 것을 가르치기도 하지만, 때로는 평생이 걸리는 사랑도 있다. 사랑에 대한 이상향이 아니라 사랑하는 매 순간 그 과정에서 사랑을 배우고 느껴야 한다.

어떤 것을 우리의 운명으로 만들기 위해서는 외부에서 빛을 찾지 말고 우리 자신이 빛이 되어야 한다.

○

20대에 알았더라면
좋았을 것들

'20대에 알았더라면 좋았을 것들'이라고 말했지만 언제 알아도 상관없는 28가지 인생의 깨달음이 있다. 무언가를 깨닫기에 너무 늦은 때란 없다. 지금이라도 알고 실천할 수 있다면 그것으로 충분하다.

01 **자신이 뛰어난 존재라는 환상에서 벗어나기.** 비범한 사람은 정말로 드물다. 그러니 자신의 잠재력을 포기하라는 게 아니다. 온전한 자신이 되어 최고의 삶을 산다는 것에 막연한 환상을 품지 말라는 뜻이다. 우리는 '10억 분의 1' 확률의 성공 신화를 보면서 열심히 일해서 자아를 실현하는 게 마치 누구나 성취할 수 있는 당연한 최종 목표인 것처럼 떠받든다. 하지만 착각하지 마라. 당신에게 진짜 중요한 문제는 사람들에게 박수를 받는 게 아니다. 박수를 받

지 못하더라도 어떤 일을 할 의지가 있느냐가 중요하다. 결과를 인정받지 못하더라도 그 일을 할 가치와 보람이 있을까? 많은 사람에게 인정받지 못하고 소수에게만 사랑받는다는 건 과연 어떤 기분일까? 평범함 속에서 뛰어난 것을 발견하는 게 진짜로 비범한 것이다.

02 **어린 시절의 상처가 치유될 시간을 줘야 한다.** 당신은 지금의 당신을 만든 모든 것을 스스로 해체해봐야 한다. 늦었다고 생각하지 말고 지금 그 일을 하라. 당신이 만일 20대라면 그야말로 최적의 시기다. 그렇게 하지 않으면 치유되지 않은 벽은 나중에 자신의 통제력보다 더 큰 힘을 만나 강제로 무너질 것이다. 선택은 항상 당신의 몫이다.

03 **아직 어려서 능력이 부족하다는 남들의 말을 믿지 말 것.** 플라톤은 스무 살이 되기 전에 정치 활동을 시작했고 그 이유로 성인이 될 때까지 조롱당했다고 전해진다. 금세기 최고의 거물들, 즉 스티브 잡스와 마크 저커버그 같은 사람들은 그들의 20대에 놀라운 성과를 이뤘다. 이런 인물들이 "너 같은 애송이가 뭘 알아?"라고 빈정대는 사람들의 말을 듣고 포기했다면 오늘날 세상은 어떤 모습일까?

04 **자신의 선입견과 편견으로 다른 사람들을 섣불리 판단하지 말 것. 세상에 존재하는 모든 것은 나름의 목적이 있다. 그것은 번듯한 겉모습을 보여주는 게 아니라 변화에 필요한 경험을 쌓는 것이다.** 남들의 눈에는 완전히 잘못된 것처럼 보이는 비논리적인 결혼도 누군가에게는 정말로 필요하다. 미성숙하고 부모 자격이 없어 보이는 사람들에게서 태어난 아이라고 해서 나쁜 운명을 타고난 것은 아니다.

어떤 사람이 아무것도 안 하고 빈둥대는 것처럼 보여도 사실은 위대한 소설을 쓰기 위해 준비하는 시간일 수 있다. 모든 것은 우리의 성장과 발전에 도움이 되며 그래서 이 세상에 존재하는 모든 것은 좋은 것이다.

05 **자신이 무엇을 원하는지도 모르는 상태이지만 지금 이대로 괜찮다고 생각한다. 그러나 스스로 원하는 것이 무엇인지를 알기 위해 시간을 투자하지 않는 것은 잘못된 일이다. 결정적인 것을 찾지 못할까 봐 두려워서 아무것도 찾지 않는 어리석음을 저지르지 말 것.** 이는 가장 중요한 핵심이다. 당신의 내면과 당신을 연결하는 것이 무엇인지 생각하고 진정 당신이 원하는 것을 찾는 데 시간을 투자하라. 그러지 않으면 당신은 다른 사람이 그려준 동그라미 안의 세계에서만 빙빙 돌게 될 것이다.

06 **연애를 하며 느꼈던 최고의 순간이 끝났다고 생각하거나 아니면 똑같은 기분을 느끼게 해줄 다른 사람을 만날 수 없을까 봐 두려워서 이미 끝난 사랑에 집착하지 말 것.** 진실한 사랑의 목적은 당신의 마음을 열고 당신이 알아야 할 것을 가르쳐줌으로써 더 크고 더 좋고 더 행복한 삶이 있는 쪽으로 당신을 이끄는 것이다. 비이성적인 두려움에 빠져 그 목적을 발견할 기회를 놓쳐서는 안 된다.

07 **당신을 이해하려고 노력하지 않고 단지 자신이 옳다는 것만을 증명하려는 사람들과 논쟁하지 말 것.** 자존심을 세우려고 논쟁하는 사람이 어떤 선택을 하든 당신이 책임질 필요는 없다. 그러나 당신을 이해하려는 노력 없이 무조건 반박하려고만 하는 사람들에게서 느끼는 좌절과 자기 회의에서 빠져나오는 것은 당신 책임이다.

08 **남들보다 뛰어난 특성을 지녔으며 자신의 잘못은 언제나 용서받을 수 있다는 환상.** 자신은 누구보다 뛰어난 장점을 갖고 있으며 자기 잘못은 그다지 문제가 되지 않는다고 느끼는 사람들이 있다. 자기 실수나 잘못을 반성하지 않고 책임감을 느끼지 않는 이들이다. 만일 지금까지 해온 나쁜 선택이나 결정이 심각한 문제를 일으켰다는 사실을 인정하지 않는다면 당신은 그것들을 정당화하면서 과거를 반복하게 된다. 당신이 다른 사람보다 아주 조금 더 나은 사람이기 때문에 잘못을 책임지지 않아도 된다고 생각한다면 당신은 인생을 제대로 살기 위한 어떤 노력도 시도하지 않을 것이다.

09 **언제든 자신이 원하는 사람이 될 수 있다는 착각.** 로켓 과학자가 되기 위해 필요한 지적 능력을 갖추지 못했다면 당신은 절대로 로켓 과학자가 될 수 없다. 전문 무용수에게 필요한 신체 조절 능력이 없다면 당신은 전문 무용수가 될 수 없다. 뭔가를 절실하게 원한다고 해서 그것을 가질 자격이 저절로 생기는 것은 아니다. 중요한 것은 열심히 노력하고 포기하지 않는 노력이다. 환경이 당신의 노력을 뒷받침해준다면 우리는 자신의 관심이나 능력을 능가하는 일을 할 수 있다.

10 **고통을 이겨낼 수 있다는 착각.** 고통 그 자체에서 벗어날 방법은 없다. 인간은 고통을 예측하거나 피할 수 없으며 고통을 느끼지 못하는 시늉도 불가능하다. 고통을 피하려는 것은 자신이 의도했던 삶의 한 부분만을 사는 것이고 그렇게 살면 결국 자신이 되고자 하는 인물의 일부밖에 될 수 없다. 고통조차 삶의 일부임을 인정하고 받아들여야 한다.

11 **사랑은 남에게 받는 것이라는 환상.** 사람은 감정을 쉽게 바꿀 수 없다. 자신의 마음도 쉽게 바꿀 수 없는데 다른 사람이 자신을 사랑하도록 만들 수 있다는 착각이 인류 전체를 사로잡은 것을 보면 참 흥미롭다. 누군가 우리를 사랑한다고 생각할 때야 비로소 우리는 자신을 돌아보고 사랑하기 시작한다. 사랑이 자신의 마음과 심장이 아니라 다른 곳에서 찾아야 하거나 다른 누군가에게 받아야만 한다고 생각하는 사람은 사랑이 무엇인지 결코 알 수 없다.

12 **강하게 끌리는 것을 운명으로 여기는 착각.** 어떤 것 또는 어떤 사람에게 강하게 끌린다고 해서 그 것이 반드시 당신의 삶에 운명적인 요소라는 의미는 아니다. 결혼을 앞둔 사람들은 대부분 자신과 배우자의 관계가 운명적이며 제짝을 만났다고 느낀다. 하지만 그 관계가 언젠가 파경을 맞고 이혼으로 끝나지 않는다고 보장할 수 있을까? 이별이야말로 운명적이다. 실직과 마음의 상처, 실망도 마찬가지다. 그런 것이 바로 운명이다. 그런 일은 너무 자주 발생하며 삶의 방향을 바꾸는 가장 중추적인 역할을 감당하기 때문이다. 당신이 상상하는 인생의 마지막 모습은 과감히 던져버려라. 인생은 결코 당신이 상상하거나 계획한 대로 흘러가지 않는다. 그런 착각에 빠져 있다면 당신은 지금 이 순간을 허비하는 것이다. 최종 목적지는 딱 하나밖에 없다. 인간의 최종 목적지는 죽음이며 당신은 죽음을 향해 허겁지겁 달려가는 것뿐이다.

13 **자신을 향한 타인의 시선을 통제할 수 있다는 착각.** 타인을 대하는 방식이나 타인의 시선을 받아들이는 태도를 통제할 수는 있지만 그들의 생각을 당신 마음대로 통제할 수는 없다. 사람들은 자신의

주관적인 인식에 따라 판단하고, 비판하고, 비난하고, 사랑하고, 동경하고, 시기하고 욕심을 낸다. 결코 당신 의도대로 타인의 인식을 바꿀 수는 없다. 당신에 대한 그들의 인식까지도 말이다.

14 **노력이 성공을 보장한다는 환상에서 벗어날 것.** 열심히 노력한 대가로 무언가 대단한 결과를 바란다면 실망할 가능성이 높다. 열심히 노력하는 것의 중요성은 그 과정을 통해 발전하는 자신의 모습을 인식하는 것이지 뭔가를 얻거나 성취하는 데 있지 않다.

15 **소득 수준이 어떻든 간에 자신의 분수에 맞는 삶을 사는 법을 배울 것.** 돈을 얼마나 버는지, 주식에 얼마를 투자했는지, 은행에 돈을 얼마나 쌓아놨는지는 중요하지 않다. 소득 수준에 맞춰 분수를 지키며 살겠다는 생각이 없다면 당신이 어떤 일을 하고 무엇을 성취하든 결국은 돈 문제에 시달리게 될 것이다.

16 **당신의 감정이 다른 사람의 책임이라는 착각.** 당신은 다양한 사람들과 다양한 의견이 존재하는 세상에 살고 있다. 따라서 당신과 다른 생각을 가진 사람을 만날 수도 있고 간혹 기분을 상하게 하는 의견과 마주할 때도 있다. 당신이 모든 사람의 삶에서 중심이 돼야 하고, 당신의 신념 체계와 일치하지 않는 수많은 의견과 아이디어를 도저히 받아들이지 못하겠다고 생각했다면 당신의 삶은 앞으로 아주 힘들어질 것이다. 다른 사람들의 생각과 그들이 당신을 대하는 태도를 바꾸려면 무작정 화를 내고 거부해서는 안 된다. 그들에게 당신의 생각을 설명하고 의견을 공유하는 것이 중요하다. 방어적인 태도는 성장을 방해할 뿐이다. 성장에 필요한 것은 열린 태도다.

17 사교적인 사람이 되어야 한다는 의무감 또는 상대방을 좋게 생각하지 않는다는 불편함 때문에 마음에 들지 않는 사람과 친분을 쌓지는 말 것. **당신은 자기 생각을 솔직하게 표현하면 남들이 당신을 싫어할까 봐 지나치게 두려워하고 있다.** 상대방을 기쁘게 해주려고 애를 쓰지만 상대방은 당신을 위해 그런 노력조차 하지 않을 때가 있다. 그런 사람을 위해 당신의 인생을 낭비해서는 안 된다.

18 **때가 되면 저절로 제짝이 온다는 환상.** 만약 당신이 마냥 준비되기만 을, 즉 때가 되기만을 기다리는 사람이라면 제짝이 찾아와도 그 사람을 받아들일 준비가 안 돼 있을 것이다. 집을 사거나 아이를 갖고 싶을 때, 직장을 그만두고 싶을 때, 오래 품어온 이야기를 책으로 쓰려고 할 때, 아프거나 가까운 사람을 잃거나 혹은 당신 자신이 세상을 떠날 때마저도 당신은 여전히 준비가 되어 있지 않을 것이다. 준비가 끝났다는 느낌을 기다리다 보면 당신은 결국 영원히 기다림에 갇히게 된다. 더 끔찍한 것은 그렇게 기다리는 동안 진정 중요하고 좋은 것을 모두 놓친다는 사실이다.

19 **행복을 미루거나 은행에 돈을 넣듯 저금할 수 있다는 착각.** 사람들은 자신의 안전을 지키기 위해 행복을 미룬다. 혹은 행복이 이미 자기 삶 속에 있다는 것을 모른 채 계속 문제를 만들고 길을 파헤치며 엉뚱한 곳에서 행복을 찾느라 전전긍긍한다. 행복은 미뤘다가 한꺼번에 맞이할 수 있는 것도, 적금처럼 쌓아올릴 수 있는 것도 아니다. 지금 이 순간 행복을 느끼거나 아니면 그냥 놓치는 것이다.

20 **걱정과 부정적인 생각은 성가신 것이므로 떨쳐버려야 한다는 착각.** 걱정은 인류 전체를 생존하게 하는 주요 원동력 중 하나다. 걱정이

나 부정적인 생각들은 위험을 지나치지 않게 해주고, 심각한 문제들에 대해 너무 늦기 전에 조치를 취할 수 있도록 해준다.

21 **자신의 욕구에만 집중하면 행복할 수 있다는 환상.** 자족감을 느끼는 것은 행복의 기본적인 단계다. 물론 스스로 만족감을 느끼는 것도 중요하지만 인류가 성장하고 발전하려면 나의 욕구를 만족시키는 데서 한발 더 나아가야 한다. 사랑하는 사람과 자신이 믿는 것을 위해 헌신하고 희생하며 노력하고 행동할 때 당신은 삶의 가치를 느낀다. 자신의 욕구를 충족시키는 것은 궁극적인 목표가 아니라 첫 번째 단계일 뿐이다.

22 **오로지 행복에만 연연하지 말 것.** 우리의 인생에는 만족감을 느끼는 것보다 더 중요한 것들이 있다. 그리고 당신이 겪게 될 가장 중요한 일들은 행복하다는 감정과는 거리가 멀다. 당신은 고통과 슬픔, 기쁨과 근심, 두려움과 사랑 등을 두루 겪으면서 스스로 성장했다는 것을 알게 될 것이다. 그럭저럭 괜찮았던 날이나 행복했던 날의 기억은 그다지 선명하지 않다. 하지만 격렬한 기쁨과 고통의 순간, 무언가 의미 있는 일을 했거나 삶에 큰 변화가 일어났던 순간, 기적이 일어난 듯 경이로운 순간 등 그때의 경험은 절대 잊을 수 없다. 자기 자신을 두려워하며 남은 수명을 재촉하지 말라. 당신이 길들여야 할 유일한 대상은 삶을 거부하는 당신의 태도다.

23 **사소한 일로 사람을 이어주는 다리, 즉 연결고리를 불태우지 말 것. 언제 누가 어떻게 당신을 새로운 세계로 이끌지 알 수 없다.** 살다 보면 이 세상은 기묘한 모순과 무한한 기회와 우연이 뒤엉킨다. 그리고 누구와 언제 어떻게 만나고 엮일지 알 수 없다. 누군가와 관계를

끊어야 하는 상황이라면 그 관계에서 우아하게 벗어나는 법을 배워라. 그래야 나중에 다시 돌아갈 일이 생겼을 때 그 문의 빗장이 수월하게 열릴 것이다.

24 **비참하다고 느끼는 직업에 미련을 두지 말 것.** 내일 당장 일을 그만두라는 뜻이 아니다. 그 일을 때려치우면 금세 원하는 일이 나타날 거라는 의미도 아니다. 어린 나이에 자신이 원하는 것을 이룬 사람들에게는 1가지 공통점이 있음을 말하고 싶을 뿐이다. 그들은 끊임없이 자신이 원하는 것을 표현했고, 그랬기에 기회를 잡을 수 있는 적절한 때와 장소를 만날 수 있었다. 자신이 원하는 것을 위해 열심히 노력하면서 스스로 행운과 기회를 얻고자 한다면 운명적인 막강한 힘이 당신을 위해 열심히 일할지도 모른다. 내 말이 허황된 주장처럼 들리겠지만 사실이니 반드시 믿어라.

25 **주변에 아무도 없다는 이유로 어쩔 수 없이 현재의 관계에 만족하며 정착하지 말 것.** 다른 할 일이 없어서 끔찍한 임시직을 10년이나 계속하는 것과 마찬가지로 딱히 다른 선택지가 없어서 지금 당신 앞에 있는 사람과 결혼하겠다고 마음먹지 마라.

26 **'미안합니다', '감사합니다'라는 말을 배울 것. 당신을 예의 바른 사람으로 보이도록 포장하기 위해서가 아니다. 이런 말들은 당신이 무엇을 어떻게 더 잘할 수 있었는지 깨닫고 겸손한 자세로 일하게끔 돕기 때문이다.** 당신의 부모님, 친구와 가족, 전에 사귀었던 사람, 선생님, 한때 알았던 사람이나 혹은 모르는 사람에게 그리고 당신 자신에게 미안함과 감사의 마음을 가져보자.

27 **새벽 4시에 주저하지 말고 피자를 주문할 것.** 새벽에 피자 주문이 싫

다면 아침 식사로 케이크를 먹어보자. 모르는 사람에게 말 걸기, 술집이나 카페에서 눈여겨본 사람에게 전화번호 알려주기, 친한 친구와 자동차 여행을 떠나 차박을 해보자. 그리고 용기가 없어서 미수에 그쳤던 무모한 행동, 하지만 누구에게도 해가 되지 않는 행동을 시도해보자.

28 **당신의 내면을 고치기 위해 외부에서 변화가 일어나기를 마냥 기다리지 말 것.** 앞으로 1년간 일과 연애, 월급, 외모, 새 집 등 나에게 불편과 불만을 느끼게 한 것들을 몽땅 바꿔보자. 외적인 것을 바꾸면 내적인 변화도 일어난다.

현재 내가 가진 것을
즐겨야 한다

우리는 매년 새해 초가 되면 자기 자신을 바꾸려 하지 않고 자신의 삶을 바꾸겠다고 결심한다. 그러면서 현재 갖지 못한 것을 가지려 애를 쓴다. 하지만 갖지 못한 것을 갈망하기보다 이미 가진 것을 더욱 사랑하겠다고 목표를 정하면 어떨까? 우리가 처음부터 찾던 것이 이미 갖고 있는 것이었음을 깨닫게 된다면 어떨까? 생각해볼 가치가 있는 일이다. 되든 안 되든 노력하는 시늉이라도 해보자. 어떻게 시작해야 할지 모르는 사람을 위해 몇 가지 힌트를 제공한다.

01 **읽다가 중간에 내팽개친 책 집어들기.** 책꽂이에 꽂혀 있는 반쯤 읽다 만 책 읽기. 냉장고 안에 있는 음식 먹기. 옷장 안의 옷들을 활용해 새롭고 멋진 스타일로 연출하기. 잘못한 사람들에게 진심으로 사

과하기. 옛날 친구한테 전화하기. 과거에 진행했던 프로젝트 다시 찾아보기. 늘 다니던 길 말고 다른 길로 가기. 늘 하던 것을 더 잘하고 더 사랑하기 위해 하나씩 실천해보자.

02 **당신이 상상하고 바라는 모습이 아니라 사람들의 본래 모습 그대로를 인정하는 방법 찾기.** 누가 당신의 사랑과 친절을 받을 자격이 있는지 판단하는 것은 당신의 몫이 아니다. 누군가를 바꾸고 고치는 것도 당신의 임무가 아니다. 당신이 해야 할 일은 어떻게든 그들을 있는 그대로 인정하고 사랑하는 것뿐이다. 당신은 누군가의 신이 아니기에 무엇도 강요할 수 없다.

03 **새 친구를 만들기 위해 노력하는 대신 곁에 있는 친구를 위해 시간 내기.** 아는 사람이 몇 명이나 되는지 세어보는 것을 멈추자. 많은 사람을 안다고 해서 당신이 더 많이 사랑받고 있는 것은 아니다. 인생에서 단 한 명이라도 친한 친구가 있다는 것이 얼마나 귀하고 아름다운 일인지 생각해보라. 세상 사람 모두가 그렇게 운이 좋은 것은 아니다.

04 **매일 몸으로 할 수 있는 일 하나씩 기록하기.** 좋아하는 드라마를 보는 것이든 출근길에 거리에서 나는 소음을 듣는 것이든 아니면 컴퓨터 화면을 보거나 사랑하는 누군가를 껴안는 것이든 상관없다. 몸이 실제로 하는 일에 집중해보자.

05 **돈이 많이 들지 않는 일을 사랑하는 법 배우기.** 간단히 만들 수 있는 요리법 배우기, 반려견과 산책하기, 일출 감상하기, 하룻밤 푹 자기 등 돈은 안 들지만 기분 좋아지는 일을 시도해보자.

06 **일기 쓰기를 시작하고 그날 그날의 일을 한두 문장으로 요약해 매일**

기록하기. 일기를 쓰기로 마음먹고 고작 일주일 만에 포기하는 이유는 자신의 하루를 주의 깊게 살피며 모든 것을 상세하게 기록할 시간과 정성이 없기 때문이다. 일기 쓰기를 중단하는 것은 우리가 얼마나 발전했고, 무엇이 우리 삶을 이루는 핵심인지 볼 수 있는 멋진 기회를 놓치는 일이다. 그러니 부담 갖지 말고 쉽게 시작하자. 잠자리에 들기 전에 하루를 요약할 수 있는 문장 하나만 적으면 충분하다. 그렇게 1년이 지나고 나면 그 일을 멈추지 않고 계속한 것에 고마워할 것이다.

07　**당신이 원하는 일이 아니라 지금 하는 일에서 의미와 기쁨을 찾을 것.** 자신이 하는 일에서 성취감을 찾는 것은 당신이 이미 하고 있는 일에 목적을 불어넣는 행위다.

08　**정해진 기간 동안 당신이 갖고 있는 것만 사용하는 챌린지를 실천해보기.** 한 번 정도는 더 중요한 것을 위해 즉각적인 만족을 거부하는 법도 배워야 한다. 당신에게 필요한 것은 이미 갖고 있다는 사실을 자신에게 보여줘라. 원하는 것을 전부 다 가진 것은 아니지만 최소한 당신이 생각하는 것보다 훨씬 많은 것을 가졌음을 자신에게 보여줄 필요가 있다.

09　**당신이 소유한 모든 물건에 보금자리를 지정해줄 것. 이것은 당신이 머무는 공간에서 평화를 느끼게 하는 열쇠다.** 소지품을 살펴보고 반드시 필요하거나 아름다운 것만 보관한다. 나머지 물건에게는 각각의 보금자리 또는 매일 밤 돌아갈 수 있는 공간을 지정해줘라. 이렇게 하면 힘들이지 않고 정리정돈이 되어 당신이 지내는 공간이 차분하고 평화로운 곳으로 바뀐다.

10 엄마에게 전화할 것. 그런 특권을 누구나 누리는 것은 아니다.

11 **의미를 부여하기 위해 무언가를 찾는 사람이 아니라 자신이 가진 것에 의미를 부여하는 사람이 될 것.** 성공보다는 친절을 추구하라. 부귀영화를 누리는 것이 성공한 인생이라고 믿지 말고 교양과 지성, 친절한 태도나 사람들에게 열린 마음을 갖는 것을 성공한 인생의 지표라고 믿어라.

12 **가장 중요한 일은 아침에 곧바로 할 것.** 에너지를 가장 많이 활용할 수 있을 때 가장 중요한 일에 에너지를 집중해야 한다. 이 방법은 또한 어떤 것이 당신에게 가장 중요한지 결정하는 것에도 도움을 준다.

13 **더 이상 도움이 되지 않는 물건은 버릴 것.** 작은 물건을 버리는 훈련을 통해 큰 물건 버리는 법을 배울 수 있다. 부정적인 기억이나 감정과 연관된 물건을 버리면 나쁜 기억이나 감정의 찌꺼기도 훨씬 쉽게 버릴 수 있다.

14 **자신에게 알맞은 속도를 지킬 것. 자신의 숨결을 느낄 수 없다면 일하는 속도가 너무 빠른 것이다.** 어떤 일을 하든 몸이 쉴 수 있는 시간을 주는 것은 중요하다. 항상 자신의 속도를 잘 유지해야 한다. 우리가 하는 모든 일에 분명한 목적의식을 갖고 집중해야 한다. 우리가 이루고자 하는 것은 일을 얼마나 빨리 혹은 얼마나 많이 했느냐가 아니라 얼마나 잘했느냐다.

○

가끔은 '마음놓침'으로
삶의 여유를 만든다

수많은 사람이 마음챙김Mindfulness의 중요성과 관련된 경험을 토대로 멋진 작품을 써왔다. 마음챙김은 영원히 채워질 수 없는 인간의 불만족을 다루기 위해 고대의 수행법을 현대에 적용한 것이다. '매 순간을 인식하라', '지금 이 순간을 살아라', '매일 경험하는 모든 감각을 의식하라' 등의 개념으로 요약될 수 있다. 이런 인식은 인간으로서 어쩔 수 없이 처한 상황을 해결하려는 노력의 일환이다.

우리는 다가오는 매 순간을 인식하거나(마음챙김) 아무 생각 없이 흘러가게 내버려두거나(마음놓침) 둘 중 하나를 선택한다. 나는 우리가 정말로 집중해야 할 것은 마음챙김보다 마음놓침Mindlessness이라고 생각하지만 여기서 사용하는 마음놓침이라는 용어는 마음챙김의 반대 개념이 아니다. 단순히 마음챙김이라는 표현을 패러디한 언어적 유희일 뿐이다.

혼선이 있을 경우를 대비해서 이 부분을 명확히 밝힌다. 여기서 말하는 마음놓침은 '모든 것을 시시콜콜 따지지 않는다'는 의미 정도로 이해해 주길 바란다.

마음챙김의 대부분은 마음을 초월할 수 있는 방법과 관계가 있다. 우리는 사물에 대해 지나치게 관심을 쏟는 시대에 살고 있다. 인간의 이성이 인류의 발전에 결정적인 역할을 한 건 맞지만 이성은 때로 인간의 본능과 욕망, 쾌락을 거부한다. 그러니 변화무쌍하고 자발적이며 길들여지지 않는 인간의 영혼을 통제하려 든다면 결국 고통스러울 수밖에 없다는 사실은 어찌 보면 당연하다.

인간은 원래 독립적인 존재다. 그래서 우리가 만들어낸 모든 기술적 발전에도 불구하고 타인과 연결하는 능력은 타고난 본능의 수준을 여전히 극복하지 못했다. 우리가 나누는 일상적인 토론은 인간이 만들어낸 가치와 수단에 깊이 물들어 있고 인간의 능력에 대해서 지나치게 집중한다.

반면 과연 인간이 어떤 존재인지에 대해서는 충분한 토론이 이루어지지 않는다. 사람들은 인간이라는 존재 자체, 존재의 현실, 즉 해석이 필요한 자신의 일부를 중요시하지 않는다. 그것에 대해 잘 모르기 때문이다. 그래서 잘 모르는 부분을 수용하는 대신 부정한다.

우리는 우리가 생각하는 대로 된다. 그런데 아이러니하게도 중요하지 않은 것들에 대해 너무 많이 생각한다. 반면 불확실하며 불편하고 여전히 잘 모르는 영역이지만 최고의 결과를 낳는 것들, 즉 인간의 이해력을 넘어서는 것에 관해서는 생각해볼 여지를 남기지 않는다. 불필요한 것에 연연하고 정말 중요한 문제들을 고민해보지는 않는 것은 너무도 안타까운 일이다.

사람들은 끊임없이 모든 것에 꼬리표를 붙이고 유형을 분류하고 사물을 정의하려 든다. 그리고 이미 우리에게 잘 알려진 것은 인정하고 알려지지 않은 것은 무시한다. 이런 태도는 자신을 비롯해 다른 사물이나 사람을 수용할 여지를 없애버린다. 다른 사람을 자기 밑에 놓고 그들을 인정하지 않으려 한다. 그들의 정서가 잘못되었고 부당하기 때문에 자신이 더 우월하다고 선언한다.

이렇게 서로를 갈라놓음으로써 거기서 이득을 취하고 돈을 버는 문화 속에 살고 있으며 모두가 그런 문화를 믿기 때문에 세상은 또 나름 잘 굴러간다. 사람들은 다른 사람들이 자기보다 열등하다는 사실을 목격하는 것을 즐긴다. 그들을 발밑에 두고 그들보다 낫기 때문에 자신은 상당히 괜찮은 존재라는 사실을 확인하며 위안을 얻는다.

인간이라는 존재 자체가 불확실하므로 우리는 잘 모르는 것에서 느끼는 불편함을 받아들이고 그 안에서 안정을 찾아야 한다. 큰 변화는 작은 한걸음에서 시작한다는 것도 깨달아야 한다. 한 번에 하나씩 바꾸는 것이다. 다른 사람을 다 안다고 생각하는 오만과 남들을 아래에 두려는 교만에서도 벗어나야 한다.

우리는 머리에서 벗어나 가슴으로 들어가야 한다. 머리만으로는 절대로 이해할 수 없는 어떤 것이 있다는 사실이 모든 인간을 동등한 존재로 만든다. 머리로 이해할 수 없는 것까지 이해하려고 자질구레한 것까지 시시콜콜 묻고 따지는 행위를 멈춰야 한다.

고요한 침묵의 시간이
나에게 주는 것들

우리는 고요함을 아무것도 안 하는 것 혹은 무기력한 상태나 인생의 실패라는 영역과 연관 짓는다. 하지만 고요함은 그런 것이 아니다. 우리는 열심히를 넘어 과로할 정도로 일해야 한다고 배웠고 목표에 도움이 되지 않는 일을 하는 것은 쓸모가 없다고 배웠다. 이런 생각은 자신의 내면으로 깊숙이 파고드는 것을 방해하며 우리가 사는 목적을 왜곡한다. 누군가를 위해 혹은 다른 것을 위해 봉사할 때만 의미가 있다고 생각하게 만든다.

대부분의 사람이 자신의 내면으로 침잠하고 몰두하는 것에 서투르다. 버지니아대학 파리스 사마라이 교수가 실시한 〈대부분의 사람들은 무언가를 하는 것이 아무것도 하지 않은 상태보다 더 낫다〉Doing Something Is Better Than Doing Nothing For Most People 라는 연구를 살펴보자. 이 연구에서는 700명 이상의 참가자들에게 6~15분 정도 혼자 방에 앉아 생각에 잠기도록 요청했고 실험을 멈추고 싶을 때 누르는 버튼도 함께 제공했다. 버튼을 누를 때는 신체에 약간의 충격이 가해졌다. 참가자 중 67퍼센트의 남성과 25퍼센트의 여성이 조용히 앉아서 생각하지 않고 자신에게 충격을 가하는 버튼을 눌렀다.

고요한 상태는 심리적으로 반드시 필요하다. 인간은 쉼 없이 달리도록 만들어진 존재가 아니며 쉬지 않고 달리는 것은 당연히 해로운 결과를 가져온다. 여기서는 아무것도 하지 않는 고요하고 정적인 시간이 우리에게 왜 필요한지 살펴보도록 하자. 과로하는 것을 자신의 정체성이라고 생각한다면 자신에 대해 잘 알지 못하는 것이며 제대로 살고 있지도 못한 것이다.

01 **아무것도 하지 않는 상태는 생리적 자아를 위해 매우 중요하며 행복하고 평화롭고 균형 잡힌 생활방식을 유지하는 데 필수다.** 항상 뭔가를 해야 한다는 생각은 우리 사회가 만들어낸 잘못된 관념이며 건강하지 못한 태도다. 우리는 자신의 활동이 다른 사람들 눈에 띄고 인정받을 때만 그 일을 진짜로 하는 것처럼 느낀다.

02 **인간의 뇌는 아무것도 안 하는 상태에서 초능력을 발휘한다.** 무의식 속에 잠겨 있던 일을 완수하거나 의식 속에 들어 있는 경험들을 통합하고 처리한다. 인간의 신경망은 휴식 상태에서 경험을 처리하고 기억을 굳건히 하며 학습과 주의력과 감정을 강화한다. 그 결과 우리는 더 생산적이고 효과적으로 일상 업무를 감당할 수 있다.

03 **인간은 의식이 있다고 해서 계속 에너지를 소비하도록 설계되지 않았**

다. 그리고 이는 주어진 일을 하려고 에너지를 쏟는 데 막대한 영향을 끼친다. 세계적인 베스트셀러 작가 토니 슈워츠는 〈뉴욕타임스〉에 실린 '생산성과 휴식'에 관한 논문을 인용하며 충분한 수면을 취하지 못하는 것이나 어떤 업무도 맡지 않은 채 대기하는 상태가 직장 내 번아웃의 가장 높은 예측 변수라고 이야기했다. 또 하버드대학교의 연구를 인용해 수면 부족으로 미국 기업들은 연간 632억 달러의 생산성 손실을 초래한다고 추정했다.

04 **가만히 앉아서 자신의 감정을 돌아보고 조절하고 인정하라. 그럴 시간을 갖지 않으면 부정적인 감정을 더욱 강화하는 셈이 된다.** 이에 관해 미국 심리학자 스테퍼니 브라운은 이렇게 주장한다. "생각과 감정은 당신의 발목을 잡고 일에 방해가 될 뿐이라는 믿음이 세상에 널리 퍼져있다. 그러나 실제로는 정반대다. 대체로 심리치료사들은 부정적인 감정을 억압하는 것이 그 감정에 더 큰 힘을 준다고 말한다. 그래서 이런 부정적인 감정을 피하려는 사람은 노력의 성과 없이 더 바빠질 뿐이라고 말한다."

05 **아무것도 안 하고 가만히 있을 때 창의력이 만발한다.** 창의성은 프로젝트와 과제 또는 당면한 문제와 일상적인 것에서 벗어날 때 성장한다. 창의력을 꾸준히 발휘하고 혁신적이며 독특한 아이디어를 개발하는 사람들은 자신이 당면한 일에 집중하기보다는 정해진 틀에서 벗어나 잠깐씩 멍한 상태로 자신을 둔다는 사실을 수많은 연구가 말해준다. 아인슈타인은 이것을 '거룩하고 직관적인 마음'이라고 불렀다. 또한 합리적인 사고방식을 가리켜 거룩하고 직관적인 마음을 섬기는 '종'이라고 표현했다.

06 간간이 휴식을 취하며 어떤 목표를 향해 전진한다면 자신이 하고자 했던 것을 성취할 가능성이 더 높아진다. 그리고 그 과정에서 지금보다 더 건강하고 행복한 생활방식을 유지하게 된다. 정신을 항상 똑같은 상태로 유지하려 애쓰는 것은 삶의 질을 떨어뜨리고 수명을 단축하는 스트레스로 이어진다. 불안정한 심리 상태를 계속 무시하다 보면 결국 정신적 포화 상태에 도달하고 시간과 에너지를 바쳐 매진하던 일을 포기하게 된다.

07 휴식을 취하면 모든 것에 마음 쓸 수 있는 여유가 생기고 현재를 더 명확하게 의식할 수 있게 된다. 마음챙김의 자세를 기르는 것은 스트레스 감소와 기억력 향상, 감정 반응성 감소와 관계의 만족도, 인지적 유연성과 공감 능력 및 동정심 향상에 도움을 준다. 또한 불안감을 감소시켜 삶의 질이 향상되고 당신이 목표로 나아가는 데 전반적으로 도움을 준다.

08 아무것도 하지 않는 상태는 해야 할 일을 뒤로 미루고 잠깐 휴식을 취하거나 시간을 내야 하는 것이 아니다. 아무것도 하지 않는 것은 인간에게 절대적으로 필요하다. 비타민 D가 인간의 몸에 필수인 것처럼 멍 때리는 것도 우리 뇌에 반드시 필요한 일이다. 영양소가 부족하면 몸이 기형으로 바뀌듯 아무것도 안 하는 자유를 박탈당하면 정신도 고통을 당한다. 빈둥거림이 제공하는 내면의 고요함은 자신의 삶에서 한발짝 물러서서 삶 전체를 바라보는 데 필수 조건이다. 우리는 이를 통해 예상치 못한 관계를 만들고 여름 하늘에 번쩍이는 번개처럼 날카로운 영감을 얻을 수 있다.

세상에 휘둘리지 않고
나를 지키는 6가지 방법

세상에는 우리를 현혹하는 많은 것들이 있다. 종교, 신문, 잡지와 블로그 게시물 그리고 문화적 규범들… 이런 것들은 어떤 의도를 갖고 진리와 진실을 설파하고 의견을 만들어낸다. 또 우리 눈에 일면 타당해 보여서 쉽사리 믿게 되고 금세 진실이 되어버린다. 일단 진실이라고 믿기 시작하면 더 이상 그 '진실'의 근원과 의도의 중요성을 신경 쓰지 않게 된다. 자신의 가치관이나 철학도 중심을 잃고 흔들린다.

종교나 타인의 강요, 사회문화적 규범이 당신 삶의 가치관이 될 수는 없다. 당신이 무엇을 느끼고 믿어야 하는지, 어떻게 살아야 하고 무엇을 해야 하는지 등은 결국 당신 스스로 선택해야 한다. 그럴 수 있으려면 자신만의 철학, 가치관 등이 내면에 탄탄하게 뿌리를 내리고 있어야 한다.

01   **경험은 마음으로 형성된다.** 우리는 단순히 초점을 어디에 맞출 것인지, 어떤 관점으로 볼 것인지를 선택함에 따라 전혀 다른 경험을 할 수 있다. 성장하면서 자신이 생각하는 것을 선택할 수 없다고 믿어왔지만 사실은 그렇지 않다. 생각의 관점을 바꾸면 우리의 경험도 달라진다.

02   **자아라는 개념은 환상이고 관념일 뿐이다.** '나는 누구인가'라는 질문은 눈에 보이지 않는 본질이고 에너지다. 그게 전부다. 그래서 오래 지속될 수도 없고 '자신을 어떤 사람'이라고 정확히 정의할 수도 없다. 자신을 온전히 이해하는 게 그토록 힘든 것도 이런 이유 때문이다. 당신은 습관과 반복적인 일, 맡은 역할이 제공하는 한정된 타이틀과 직위 그 이상의 존재다. 하지만 우리는 대체로 어떤 역할이나 다른 사람들이 우리를 바라보는 시선을 통해 자기 자신을 이해한다. 예를 들어 작가, 교사, 엄마, 학생, 농구선수, 좋은 사람 등. 우리는 남들이 부여한 역할과 우리를 보는 시선에 맞춰 자신을 바라보는 시선을 바꾸려고 애쓴다. 자아에 대한 개념을 터득하는 것은 자신이 누구이고 무엇을 하는가에 대한 환상을 펼치면서도 자신이 그 환상에 휘둘릴 수 있다는 사실을 아는 것이다.

03   **당신은 아무것도 믿을 필요가 없다. 단지 그 순간에 진실이라고 느끼는 것을 따르면 된다.** 어떤 질문이나 특정한 가치 체계나 신념을 고수하는 것은 문제가 있다. 특히 누군가의 교리나 가르침에 따라 마음속에 각인된 목소리를 소중히 여길 때 당신은 자기 자신보다 그 목소리를 더 신뢰하게 된다. 그러다 옳다고 생각하는 것과 진실이라고 느끼는 것 사이에서 갈팡질팡하며 길을 잃거나 혼란에 빠진

다. 현재의 신념을 넘어 생각과 느낌으로 확장하고 성장할 수 있는 능력을 자신에게 허용해야 한다.

04 **행복으로 향하는 길은 애착을 버리는 것이다.** 물론 인생의 결과를 전혀 신경 쓰지 않는 것은 불가능한 일이다. 하지만 애착을 버리는 것이 결과를 신경 쓰지 않는 것보다 훨씬 더 간단하면서도 더 많은 결과를 얻게 한다. 이 세상의 모든 것이 당신에게 도움이 된다는 것만 이해하면 된다.

05 **때로는 어떤 일을 하는 것보다 아무것도 하지 않더라도 그냥 존재하는 것 자체가 더 중요하다.** 명상에 잠기는 방법은 다양하지만 그중에서 가장 쉬운 것은 그냥 가만히 앉아 있는 것이다. 사실 아무것도 안 하는 것은 심오한 수행 기술이다. 이는 마음의 물줄기를 잠재우고 당장 인정하고 치유해야 할 것을 끌어내며 삶에서 느끼는 애착과 책임감 대신 자아와 깊이 연결되도록 도와준다. 여기서 중요한 점은 이것이다. '당신이 하는 일은 당신 그 자체가 될 수 없다.' 당신은 당신 자체로 존재한다. 따라서 명상 훈련과는 별도로 휴식을 취하고 회복하며 성찰할 시간을 갖는 것이 가장 중요하다.

06 **자신의 마음과 인생을 객관적으로 바라보는 관찰자가 될 수 있다.** 생각을 선택할 수 있음을 아는 것은 중요하다. 하지만 모든 것을 객관적으로 볼 수 있다면 어떤 것을 더 소중하게 여길지 결정할 수 있다는 사실을 깨닫는 게 더 중요하다. 절차에 따라 명상 훈련을 하다 보면 종종 자기 생각의 흐름을 제3자의 시선으로 관찰할 수 있다. 여기서 중요한 것은 생각이 당신 자체가 아니라는 점이다. 당신이 느끼는 감정도 당신이 아니다. 당신은 생각과 감정을 경험

하는 존재이며 어떤 것을 소중하게 생각하고 행동해야 할지를 결
정하는 주체다.

내가 꿈꾸는 나의 모습을
직접 그려라

우리는 서로 우열을 가리기 위해 어린 나이부터 경쟁에 내몰린다. 경쟁적인 사고방식은 일상생활에 깊이 스며들어 있으며 이런 환경은 '나' 중심의 문화, 이기적 문화를 만드는 축이 되어왔다. 세상에는 승자도 있고 패자도 있다고 배웠다. 성공하는 사람도 있고 실패하는 사람도 있다고 배웠다. 하지만 승자의 자리에 서고 성공하는 사람이 되는 것은 다른 사람이 아닌 '나'여야만 한다고도 배웠다.

세상에는 수많은 멋진 일거리와 직장이 있고, 넘치는 부와 성공 스토리가 있으며, 원하는 삶을 이룰 수 있는 기회가 널렸다고 배웠다. 그래서 행복과 성공은 누군가 우리에게 주는 것이라는 생각에 사로잡힌다. 상사는 우리에게 일자리를 주고 애인은 영원한 헌신을 맹세해야 한다고 생각한다. 그러니 모든 것이 통제 불능이라고 느끼는 게 당연하다. 자신이 원한다고 생각하는 것을 얻기 위해 죽도록 고생하는 것도 당연하다. 그것은 모두 남들에게서 쟁취해야 하는 것이니 말이다.

무언가를 소유하고자 하는 마음은 우리를 무언가를 끊임없이 갈망하는 상태로 만들어 마음을 허기지게 한다. 아무리 채워넣어도 계속 부족함을 느끼고 더 원하게 되는 것이다. 그래서 소유에 대한 갈망은 우리에게서 삶의 좋은 것들이 멀어지게 한다. 자신이 손에 쥐고 있는 것의 소중함을 모르고 자꾸 먼 곳에서 무언가를 찾게 만든다. 곁에 있는 소중한 사람들을 사랑하는 대신 운명적으로 다가올 미지의 사랑을 갈망하게 한다.

지금 이 순간 당신 가까이에 있는 것에서 의미를 찾고 거기서부터 변화를 시작해야 한다. 다른 사람들의 삶을 거울삼아 자신의 행동을 점검하며 낡은 생각을 부숴라. 싸우는 것을 멈추고 새로운 아이디어를 창조하라. 누군가에게 무언가를 바라지 말고 스스로 하라. 다른 사람이 당신에게 원하는 삶이 아니라 당신이 진심으로 원하는 삶을 누리기 위해 당신은 반드시 이 방법을 알아야 한다.

버려야 할 것은 버려라. 익숙함을 버려라. 새로운 도전과 시도를 가로막는 익숙함은 우리의 발전을 막는다. 당신을 사랑하지 않거나 인정하지 않는 사람들과 굳이 함께 지낼 이유가 없다. 그들이 없어도 당신이 살아남을 방법은 얼마든지 있다. 친절한 사람들과 함께 기꺼이 나눌 수 있는 여분의 일과 시간, 공간은 얼마든지 있다. 이런 것은 즉각적인 편리함이나 즐거움보다 정신적 행복을 우선시하는 사람들을 위해 남겨진 혜택이다. 이런 혜택은 받을 자격이 있는 사람들에게만 주어진다.

인간이 늘 행복하고 안정적인 상태로 살아야 하는 것은 아니다. 그렇게 사는 게 인간의 운명이라면 사는 게 이렇게 힘들 이유가 없지 않은가?

우리는 불안과 고통을 느끼고 그런 감정과 경험을 통해 더욱 발전한다. 불안과 고통이 없는 삶이란 존재하지 않는다. 따라서 고통을 초월하는 방법은 1가지뿐이다. 자신의 고통을 받아들이는 것이다. 절대로 피할 수 없는 것에서 도망치려고 할 때 고통이 발생한다. 그러니 고통을 받아들여라.

고통에 굴복하는 것은 패배를 인정하는 것이 아니라 솔직해지는 것이다. 고통을 인정하는 것은 참기 힘들 정도로 아프지만 그 속에 희망이 반짝인다. 고통 속에서 그런 희망을 찾는 게 우리의 운명이다. 우리가 정말로 해야 할 것은 자신에 대한 허황된 맹신에서 벗어나는 것이다. 되고자 하는 존재가 될 만한 능력이 우리에게 없다. 우리는 무능력한 존재며 그걸 인정해야 한다.

당신 내면의 목소리에 귀를 기울이고 침묵할 때 비로소 자신을 성찰하고 삶에 대한 깨달음을 얻을 수 있다. 고독과 공허 그리고 정신적 갈증을 느낄 순간조차 없이 약속에 휘둘리고 아이디어와 창의성을 쏟아내느라 정신없이 바쁜 생활은 성찰이나 깨달음과는 거리가 멀다. 멋진 조각상이 탄생하려면 녹인 금속을 부어 넣는 거푸집, 즉 안으로 움푹 팬 공간이 있어야 한다. 거푸집의 움푹 팬 공간을 통해 조각상이 만들어지듯 우리도 내면 깊은 곳의 목소리를 제대로 들을 수 있어야 한다.

안타깝지만 그 누구도, 그 무엇도 당신의 손에 행복을 쥐어줄 수는 없다. 다행히 반대로 당신의 행복을 빼앗을 수도 없다. 누군가 행복을 가져다준다는 것이 오래된 속임수임을 당신은 이미 알고 있다. 그게 속임수라는 것을 알면서도 우리는 여전히 누군가 우리에게 행복을 가져다주기를 바란다.

당신은 자신이 원하는 삶을 누릴 자격을 갖춘 사람이 되어야 한다. 간절히 원하기만 해서는 안 된다. 자신이 원하는 것을 거저 얻은 사람은 아무도 없다. 행동이나 실천 없이 원하는 마음만 끌어안고서는 아무것도 달라지지 않는다. 자신에게 얼마만큼의 자격이 있다고 믿는가에 비례해 당신의 인생도 펼쳐질 것이다. 이 말은 무조건 많은 것을 가져야 한다는 뜻이 아니다. 자신에게 많은 것을 누릴 자격이 있다고 스스로 믿는 게 중요하며 그런 사람이 되기 위해 스스로 움직이고 실천해야 한다는 말이다.

○

불안할 때
삶을 치유하는 방법

01 **중독의 반대는 절제가 아니라 연결이다.** 불안도 마찬가지다. 불안은 지금 이 순간이나 다른 사람들 또는 자신에게서 단절됐을 때 느끼는 감정이지만 보통 3가지 영역 모두 단절된 경우가 많다. 불안에서 벗어나려면 자신의 삶과 다시 연결되어야 한다.

02 **진정으로 원하는 것을 얻기 위해서는 자신을 허락해야 한다.** 다른 방법이 없다. 당신이 원하는 것이 다정한 애인이든 더 나은 직장이든 더 많은 돈이든 아니면 일에 대한 보상이든 간에 당신 마음에 들면 받아들여라. 그런 것을 원한다고 세상이 당신에게 천박하다고 욕하거나 망가졌다고 흉을 보거나 스스로를 사랑하지 않는다고 비난하더라도 개의치 마라.

03 **자신이 무엇을 바라는지 정말 모른다면 마음속 가장 깊은 곳에 자리**

잡은 두려움을 직면하라. 두려움의 이면에 무엇이 있는가? 그게 바로 당신이 원하는 것이다.

04 **불합리한 불안은 대개 아주 실용적인 일을 함으로써 치유된다.** 당신이 걱정하는 터무니없는 일들은 대개 아직 해결되지 않은 근심을 확대해서 투영한 것이다.

05 **지금 있는 자리에서 시작하라. 현재 가진 것을 사용하며 지금 당장 할 수 있는 일을 하라.** 그 외의 것들은 당신이 문제에서 도망치게 하거나 자신의 삶을 버리게 만들 뿐이다.

06 **믿고 연락하는 사람이 단 한 명일지라도 지금 당신의 삶에 이미 들어와 있는 사람과 계속 교감하며 인연을 이어갈 수 있도록 의식적으로 노력하라.** 이런 노력을 통해 당신은 건강한 감정적 애착을 다시 형성할 수 있다. 나약해서 사랑이 필요한 게 아니다.

07 **아무 내용이나 끄적거릴 수 있는 공책을 구입하라. 마음이 꼬이고 뒤틀릴 때마다 그 공책에 쏟아내라.** 마음속에 떠오르는 대로 무조건 써라. 소름 끼치고 끔찍하며 자기 혐오적이고 창피한 생각일지라도 괜찮으니 떠오르는 대로 공책에 쏟아내라. 일단 몇 번 이렇게 하고 나면 마음이 풀릴 것이다.

08 **매우 불안하거나 당황스러울 때 당신이 해야 할 일은 자신을 위로하는 것이다.** 그런 상태에서는 명확하게 생각할 수 없기 때문에 어떤 추측을 해서도 안 되고 중요한 결정을 내려서도 안 된다. 간식을 먹거나 목욕을 하거나 누군가와 이야기를 나누거나 진심으로 좋아하는 일을 하라. 감정이 격해졌을 때 당신을 진정시키는 게 뭔지 알아내고 다른 일을 하기 전에 찝찝한 에너지부터 제거하라.

09 **비록 이 순간이 지겹거나 난감하거나 무섭거나 아니면 그 모든 감정에 해당할지라도 우리는 이 순간을 어떻게 살아내야 할지 알아야 한다.** 불안감은 우리가 과거나 미래에 지나치게 빠져 있다는 경고 신호다. 마음이 과거나 미래에 머물러 있으면 현재 무언가를 선택하는 방식에 영향을 끼친다.

10 **진심으로 원하는 것을 얻으려 노력하는 데 방해가 되는 것은 조치를 취하라.** 셰릴 스트레이드가 말한 것처럼 "진정한 변화는 동작만 취해도 일어난다. 변화란 자신에게 닥친 일을 예전과 다르게 해결하는 것이다".

11 **책을 읽어라. 책을 읽지 않는 것은 읽는 것을 싫어해서가 아니라 취향에 맞는 책을 찾지 못했기 때문이다.** 지금 읽는 그 책은 수십 년 뒤 미래의 당신에게 영향을 미칠 것이다. 두려움에 어떻게 대처하는지에 대해 사람들이 온라인에 써놓은 글과 에세이를 읽어라. 그 속에서 당신은 동료애를 느낄 수 있으며 수많은 낯선 사람이 당신과 똑같은 감정을 느낀다는 사실을 발견할 수 있다. 당신이 이해하지 못하는 것과 당신을 두렵게 하고 매혹시키는 것에 대해 읽어라. 아무거나 그냥 닥치는 대로 읽어라!

12 **당신은 자신의 기분을 바꿀 수 있다.** 그러기 위해서는 이 내용을 반드시 기억하기를 바란다. 매우 간단하니 이렇게 해보라. '난 이 기분을 조금 다르게 느끼고 싶어. 그래서 이번에는 다른 면에 집중할 거야.'

13 **당신은 항상 불안감에 시달릴 것이다.** 또한 항상 두려움을 느낄 것이다. 자신의 삶에 대해 조금이라도 신경을 쓰거나 지금 일어나는

일에 눈곱만큼이라도 주의를 기울인다면 불안하고 두려워해야 할 것이 많다는 것을 알게 된다. 인생의 최종 목표는 그런 부정적인 감정들을 없애는 것이 아니다. 그런 감정들이 나타날 때 얼어붙어 꼼짝 못하는 대신 행복을 선택할 수 있도록 자신의 정신줄을 단단히 잡아라. 그 방법밖에 없다.

14 **정신줄을 단단히 잡기 위해서는 단순히 시각만 바꾸면 된다.** 일부 사람들은 지난 세월 동안 애썼던 것보다 더 많은 노력과 장기간의 약물 치료, 전문가의 상담이 필요할 수도 있다. 이런 상황에 처한다면 피하지 말고 일생일대의 싸움을 벌여라. 싸움을 해야 한다면 이 싸움을 선택하라.

15 **사실 이것은 문제도 아니다. 진짜 중요한 것은 문제를 어떻게 생각하느냐다.** 당신 내면의 뭔가가 잘못되어 삐걱거린다 해서 영원히 고통받는 삶으로 나아간다는 뜻은 아니다. 오히려 내면의 깊은 곳 어딘가에서 더 좋은 삶의 방법이 있음을 깨달았다는 뜻이다. 다시 말해 두렵긴 하지만 자신이 원하는 것이 무엇인지 알고 있다는 말이다.

16 **당신은 사랑을 선택해야 한다.** 당신의 마음과 당신이 좋아하는 일, 당신이 원하는 것에 빛을 비춰주는 사람들을 포기할 수는 없다. 사랑을 선택하는 것은 두렵지만 그럼에도 사랑을 선택해야 한다. 사랑하기 때문에 소중한 만큼 두려운 것이다.

17 **고통을 느낄 때 그 고통을 표현하는 방법을 배워야 한다.** 그렇다고 무모하고 억제되지 않은 행동을 정당화할 수 있다는 뜻은 아니다. 자신의 고통을 인정하고 고통을 겪는다는 사실을 사람들에게 분

명히 전달하며 고통이 발생할 때마다 이를 처리하는 방법을 배울 필요가 있다는 뜻이다.

18 **자신의 내면에 축적된 감정의 독을 해독하는 방법을 배워라.** 예를 들어 전남편에게 심한 상처를 받았다고 하자. 그 사실을 느끼지도 인정하지도 않는다면 당신은 다른 사람과 관계를 시작하더라도 계속 그 상처의 굴레에 머물 것이다. 그뿐 아니라 누군가를 사귀려는 시도조차 못한 채 망설이다가 결국 가장 두려워하는 상황을 재연하게 될 수도 있다. 현실을 있는 그대로 보고 느끼고 받아들이는 것이 해결책이다. 삶은 때때로 잔인하고 불공평하며 말할 수 없을 정도로 끔찍하다. 하지만 그것조차 인정하고 받아들여야 한다. 오스카 와일드는 이렇게 말했다. "우리는 모두 시궁창 안에 있지만 그중 몇몇은 별을 바라보고 있다."

19 **실제 몸의 감각과 당신이 생각하는 감각의 의미를 분리할 것.** 감정이 상해서 속이 상할 때 자신의 몸이 실제로 무엇을 느끼는지 자신에게 조용히 물어보라. '내가 지금 실제로 느끼는 것은 뭘까?' 당신이 느끼는 것은 약간의 긴장감이나 거부감일 뿐이다. 공황 상태처럼 몸이 힘들어지는 일은 당신이 그 느낌에 불필요한 의미를 부여했기 때문에 발생한다.

20 **자신의 감정을 맹목적으로 믿지 마라.** 이건 일반적인 통념이지만 우리가 느끼는 감정 중 많은 것이 비합리적인 생각이나 과거의 경험에서 비롯된다는 것을 생각해보면 자신의 느낌을 철석같이 믿는 것은 거의 미친 짓이다. 자신의 감정을 맹목적으로 믿는다면 우리는 끊임없이 감정에 휘둘릴 것이다. 어떤 것을 믿어야 하고 어떤

것을 버려야 할지 스스로 결정할 수 있어야 한다.

21 **미래의 자아는 가장 강력한 성장 도구다. 적극적으로 활용하라.** 아기를 낳을지 말지 망설이는 중이라면 75세가 됐을 때의 삶을 상상해보라. 당신 주변에 가족이 있기를 바라는가? 아니면 혼자 지내도 괜찮은가? 가깝게는 지금부터 3년 후의 삶을 상상해보라. 관계를 유지하기 위해 더 노력하지 않은 것, 돈을 모으지 않은 것, 책을 쓰거나 사업을 시작하거나 하고 싶었던 바이올린 연주 대신 넷플릭스를 보며 시간을 낭비한 것에 대해 행복하다고 느낄까? 당신이 장차 되고 싶은 사람의 관점에서 당신의 삶을 상상해보라. 그러면 인생의 많은 것이 제자리를 찾을 것이다.

인생은 뻔한 소설이 아닌
각본 없는 이야기다

과거의 당신이 미래의 당신에게 늘 영향을 주는 것은 아니다. 우리는 종종 현재 자신의 모습에 과거의 모습을 대입하면서 자신을 속인다. 그러면 과거의 자신이 옳다고 믿었던 것에 의지해 미래를 설계할 수밖에 없다. 이에 관해 나 자신과 다른 사람을 통해 깨닫게 된 3가지 습관을 정리하면 다음과 같다.

첫째, 우리는 아무 문제가 없는 곳에서 문제를 만든다. 의미 있는 삶을 살기 위해서는 무언가를 극복해야 한다고 생각하며 긁어 부스럼을 만드는 것이다. 행복은 우리가 의식적으로 선택해야만 우리에게 찾아온다. 행복을 누릴 자격 조건이 따로 있지 않으며 다른 누군가로부터 주어지는 것도 아니다.

둘째, 우리는 무엇이든 지나치게 완벽한 것을 회피한다. 정신적인 것이든 물리적인 것이든 어떤 것이 완벽하다고 느끼면 우리는 그것을 파괴하려는 경향이 있다.

셋째, 우리는 머릿속으로 뻔한 스토리를 만들어낸다. 하지만 인생은 뻔하게 흘러가지 않는다. 어떤 일이 일어날지는 살아봐야만 알 수 있으며 미래는 우리 선택으로 달라진다.

우리가 사는 것은 지금 바로 여기의 삶이다. 삶은 생생하고 변화무쌍하며 현실적이고 예측할 수 없다. 수학 공식이나 뻔한 소설의 결말처럼 정해져 있지도 않다. 지금 살고 있는 이 순간 말고 다른 줄거리는 없다.

우리는 여전히 무의식적으로 머릿속을 지탱하는 낡은 생각에 의지해 현재의 경험을 선택한다. 그러나 여기서 벗어나야 진정 나다운 삶을 살 수 있다. 내가 생각하는 것에 따라 경험이 결정되고 경험은 삶 전체에 영향을 주기 때문이다. 우리의 삶은 각본대로 전개되는 게 아니기 때문에 굳이 줄거리가 매끄럽게 이어질 필요가 없다. 또한 이야기를 설명하는 방식이 항상 일관성이 있어야 할 이유도 없다.

당신의 인생 이야기는 당신이 원하는 만큼 짧거나 길어도 괜찮고, 때로는 비틀거리고 혼란스러우며 흥미진진해도 괜찮다. 중요한 점은 그 이야기를 전개할 수 있는 통제권이 당신에게만 있다는 사실이다. 반복적으로 들려오는 내면의 이야기, 즉 당신이 살아온 이야기를 들려주는 작은 목소리를 통해 인생의 낡은 장을 버리고 새로운 장을 시작해야 한다.

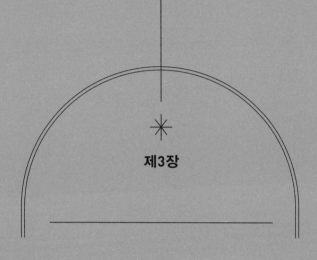

제3장

살면서 나에게
반드시 물어야 할 15가지

: 자아에 대하여

진정한 나를 찾기 위한
16가지 질문

자신이 어떤 사람인지 이해하려면 당신의 지난 모습을 잘 기억해야 한다. 당신이 살아온 삶, 만난 사람, 겪은 일, 그때의 대처 방법, 반복되는 습관 등을 생각해보면 당신에 대해 조금 더 잘 이해할 수 있다. 그리고 그런 자신의 모습을 발견하기 위해서는 자신에게 질문을 던져야 한다. 종교든 철학이든 상관없다. 당신 마음을 읽어내는 질문, 즉 자기성찰의 도구를 주고 스스로 답을 알아내야 한다. 질문을 던지고 예를 들어주며 스스로 답을 찾아내게 하라. 그런 자각을 통해 당신을 당신 내면의 체계와 직감, 본질적인 자아와 연결해야 한다.

내가 지금 하는 말은 진심이다. 나는 나 자신에게 이런 질문들을 던졌고 그에 대한 몇 가지 답을 얻었다. 그리고 말 그대로 내 인생의 방향을 바꿨다. 그러니 당신과 공유하지 않을 이유가 없다. 자, 이제 시작하자.

자신에게 던져야 할 가장 중요한 16가지 질문은 다음과 같다.

01 나는 무엇과 누구를 위해 고통받아야 하는가?

02 나를 평가하는 사람이 없다는 것을 안다면 나는 어떤 것을 지지할까?

03 나를 평가하는 사람이 없다는 것을 알았다면 나는 어떤 일을 할까?

04 지금의 일상을 계속 산다고 가정했을 때 5년 또는 10년, 20년 후의 나는 어디에서 무엇을 하고 있을까?

05 나는 누구를 가장 존경하고 그 이유는 무엇인가?

06 나에 관해 남들이 몰랐으면 하는 것은 무엇인가?

07 직접 겪으면서 절대 극복하지 못할 것이라고 생각했던 경험은 어떤 것이었나? 그때는 왜 그것이 극복할 수 없는 일로 보였을까? 왜 그렇게 생각했을까?

08 지금까지 내가 이룬 것 중에 가장 훌륭한 것은 무엇인가?

09 누군가 내게 앞으로 일어날 일을 미리 말해준다면 믿을 수 없을 정도로 기쁘게 여길 일은 어떤 것인가?

10 과거에 알던 사람 중에 내가 여전히 인정받고 싶은 사람은 누구인가?

11 더는 일하지 않아도 먹고살 수 있다면 남은 시간 동안 무엇을 하며 살고 싶은가?

12 먹고 자는 것처럼 기본적인 것을 제외하고 내가 일상생활에서 습관처럼 항상 하는 5가지 일은 무엇인가?

13 항상 하는 그 5가지 일을 다른 것으로 대체할 수 있다면 어떤 일을 하고 싶은가?

14 내 힘으로 절대 통제할 수 없는 것이 있다고 믿는다면 이 점을 사실로 받아들일 것이다. 통제할 수 없는 것을 받아들이기 위해 나는 어떤 것과 싸워야 할까? 나의 어떤 부분이 나를 다르게 생각하거나 바라보게 만드는 것일까?

15 집 안을 돌아다니며 내가 소유한 모든 물건에 한 번씩 손을 얹는다면 나를 진정으로 행복하게 하거나 마음의 평화를 주는 것은 몇 개나 될까? 그리고 내게 행복이나 평화를 주지 못하는 나머지 물건은 왜 갖고 있는 걸까?

16 다른 사람의 어떤 점이 나를 가장 짜증나게 할까? 다른 사람의 어떤 점을 내가 가장 좋아할까? 나는 나의 어떤 면이 가장 짜증나는 걸까? 나는 나의 어떤 면을 가장 좋아할까? 이 모든 것의 상관관계가 보일 때까지 계속 질문하고 답하며 파고들어야 한다.

무엇을 해야 할지 모르겠다고
말하는 당신에게

젊은 사람들에게 가장 큰 스트레스 요인이 무엇이냐고 물으면 그들은 불확실한 미래라고 대답할 것이다. 이 말을 한 문장으로 요약하면 다음과 같다. '무엇을 하며 살아야 할지 모르겠다.'

하지만 이런 생각이 사회적으로 조작된 헛소리며, 우리 모두 유치원 시절부터 이런 헛소리에 세뇌되어왔다는 사실을 알아야 한다. 그리고 그런 헛소리가 우리 앞길을 가로막는다는 것도 알아야 한다.

우리 중에 '무엇을 하며 살아야 할지' 아는 사람은 없다. 우리에겐 인생의 큰 그림을 한눈에 볼 능력이 없다. 5년 후에 뭘 하면서 살지 모르면서 마치 그것을 예상할 수 있는 척하는 것은 책임감이 있거나 의욕적인 태도가 아니다. 미래를 모르면서 아는 척하는 것은 오히려 자기기만이다.

당신은 어린 시절의 자신에게 아무것도 빚진 게 없다. 한때 어떤 사람이 되고 싶다고 꿈꿨던 일에도 책임이 없다. 하지만 어른이 된 지금의 자신에게는 빚진 게 있다. 당신이 한때 갖고 싶다고 생각했던 것들을 지금 갖고 있지 못한 이유가 뭘까? 당신이 그토록 되고자 했던 사람이 되지 못한 이유는? 더 이상은 그런 것들을 원하지 않기 때문이다. 간절하게 원하지 않기 때문이다. 만약 절실하게 원했다면 당신은 그 모든 것을 가졌을 것이고 당신이 원하던 사람이 되어 있을 것이다.

'무엇을 하며 살아야 할지' 궁금하다는 것은 무슨 의미일까? 당신이 한때 바라던 것을 이제는 원하지 않는다는 사실과 지금 원하는 것을 갖고자 하는 마음 사이에서 갈팡질팡한다는 뜻이다. 무엇을 하며 살아야 할지 안다고 생각하는 순간 갈망이 사라진다. 가야 할 길이 눈앞에 환히 보이면 이제 선택할 필요가 없으니 갈망도 없다.

뭔가를 완벽하게 성취했다는 느낌은 현실에 안주하는 지름길이다. 사람들은 성취감을 느낄 때 더 이상 발전하지 않고, 그냥 그 자리에 눌러앉는다. 그러니 무엇을 하며 살아야 할지 안다는 생각은 접어둬라. 나는 오늘 무엇을 할까? 내가 사랑하는 사람은 누구인가? 내 흥미를 돋우는 건 무엇일까? 원하는 사람과 함께 지낼 수 있다면 나는 오늘 무엇을 할까? SNS가 없다면 무엇을 할까? 나는 이번 주말에 무엇을 하고 싶을까? 이런 것에 관해 생각하라. '내가 원하는 게 무엇일까?' 이것은 매일 자신에게 해야 하는 질문이다. 이 질문을 계속하면 당신 스스로를 진실로 향하도록 할 것이고, 당신은 그 과정에서 계속 떠오르는 것들을 따르게 될 것이다. 비록 또 다른 진실이 옆에 진을 치고 있더라도 가장 중요한 진실이 반드시 승리한다.

귀를 기울이니 이 말이 들린다. '난 지금 무엇을 원하는가?'

몸보다 중요한 것은
정신이다

당신의 오장육부를 꺼내서 탁자 위에 늘어놓는다고 가정해보자. 쿵쿵 뛰는 심장 박동을 느껴보라. 당신의 심장이 몸 바깥에 있다고 상상해보자. 심장을 보며 당신은 '저게 나야'라고 생각하는 대신 '저게 내 심장이야'라고 생각할 것이다. 이번에는 심장 박동과 함께 숨을 느껴보자. 비록 의식하지 않더라도 심장 박동과 호흡 활동은 끊임없이 계속된다. 호흡을 느끼며 당신은 '나는 내 숨결이야'라고 말하는 대신 '나는 숨 쉰다'라고 말할 것이다.

이제 간과 신장, 뼈와 혈액에 관해 생각해보자. 다리, 손가락, 머리카락, 뇌에 관해서도 생각해보자. 자신의 일부를 하나의 객체로 바라보자. 그것은 그저 신체의 한 부위일 뿐이다. 그런 부위는 결국 대부분 몸에서 떼어낼 수 있고 교체 가능한 부품 같은 것이다. 또한 완전히 한시적인 것이다. 그런 신체 일부를 보면서 당신은 그게 '나'라고 생각하는 대신 사물에 불과하다고 여길 것이다. 신체 부위를 하나씩 뜯어보면 결국 세포 덩어리일 뿐이다. 그런 세포 덩어리를 보며 당신은 '저게 나야'라고 생각하는 대신 '저건 내 거야'라고 생각한다.

하지만 그런 신체 부위가 모여 하나의 육체를 이루고, 그렇게 완성된 몸은 왜 세포 덩어리와 다른 걸까? 당신의 가슴과 목에는 집중된 에너지와 묵직한 존재감이 들어 있고 일부는 머리에도 들어 있다. 에너지와 존재감은 바로 그곳에 집약되어 있다. 그래서 당신은 다리에서 존재감을 느끼거나 팔에서 감정을 느끼지 않는다. 모든 에너지와 감정은 몸의 중심에서 나오기 때문이다.

몸의 중심이라는 공간 안에 '나'의 일부인 오장육부와 '나'라고 규정하는 에너지가 공존한다. 그런 에너지를 제거한다면 그 공간에는 과연 무엇이 남을까? 그곳에 뭐가 있을까? 에너지를 그대로 놔두면 어떤 것이 존재할까? 그런 에너지에 감싸여본 적 있는가? 그런 에너지를 받아본 적 있는가? 신체의 각 부분을 느끼면서 그 부위들이 '나'가 아니라는 것을 깨달은 적 있는가? 그런 부위들이 서로 맞물려 하나로 합쳐졌을 때 존재감이 꿈틀대는 것을 느껴본 적 있는가? '나의 것'이라고 부르는 것과 '나 자신'의 차이에 관해 생각해본 적 있는가? 자신이 누구인지를 아는 것은 기본이다. 이는 앞으로 나아가야 할 길을 알려준다.

우리는 가끔 실제로 중요한 본질보다 겉모습에 더 무게를 둔다. 자신의 진짜 모습보다 남의 눈에 비치는 모습에 더 신경 쓰고 매일 하는 일보다 직책에 더 의미를 두며 매일 소소한 사랑을 실천하는 것보다 죽을 때까지 영원히 사랑한다는 거창한 다짐을 받기 위해 더 많은 에너지를 쏟는다. 즉 우리는 실제의 모습과 상반되는 눈에 보이는 것만 생각하며 그런 것에서 더 큰 위안을 얻는다. 우리는 자신을 육체로 규정하길 좋아한다. 그래야 '다른 무엇', 즉 마음이나 영혼 같은 정신적 부분에 대해 생각할 여지를 남기지 않기 때문이다.

하지만 육체가 아니라 정신(생각)이야말로 생각의 끝이 아니라 시작이라면 어떨까? 우리를 구성하는 정신(생각)의 존재를 깨달음으로써 무수한 제약에서 벗어나고 수많은 고뇌를 잠재우며 고통을 덜 수 있다면 어떨까? 자신을 치유하는 방법이 태도를 고치거나 의견을 바꾸거나 미적 가치관을 바꾸는 것이 아니라 자신에 대한 존재감과 인식, 에너지를 바꾸는 것이라면 어떻게 되는 걸까?

만약 그런 경우라면 몸의 일부를 고친다고 해서 존재 자체가 온전히 치유되지는 않을 것이다. 당신과 당신의 삶을 바꿀 수 있는 유일한 길은 신체의 일부가 나 자신이 아님을 깨닫는 것이다. 당신은 신체 하나하나가 모여 이루어진 총체이며 그 사실을 인식하는 것이 치유의 출발점이자 최종 목적지다. 그런 깨달음만이 당신이라는 존재를 구성하고 있는 육체와 정신에 의문을 던지고 내면에 잠들어 있는 '자각의 불꽃'을 활활 태우게 함으로써 진정한 자아를 발견하는 길로 안내할 것이다.

나는 당신에게 이런 개념을 생각해보라고 강요하는 게 아니다. 혹시 이런 느낌을 느끼는지 물어보는 것뿐이다.

다른 사람의 인정은
내 인생에 중요하지 않다

원한다고 생각했던 것을 얻고 난 뒤에 얼마나 행복했는지 생각해보라. 사귀고 싶어 안달하던 사람과 연인이 된 뒤에 어떻게 됐는가? 꿈에 그리던 직업을 얻은 뒤에는 무슨 일이 생겼는가? 돈을 더 많이 벌었을 때는 어떻게 됐나? 상황이 달라졌을 가능성은 있지만 대체로 좋은 일과 나쁜 일이 골고루 생겼을 것이다.

지금까지 살아오면서 불완전하지만 애정을 경험했던 것들의 명단을 작성해보라. 꿈에서나 볼 수 있는 낭만적인 애인과 절친들, 직업을 적어보자. 누가 봐도 매력 없고 정신적으로 불안하며 불완전했던 사람들, 그럼에도 그들이 소유했던 모든 것을 적어보자. 당신이 작성한 명단과 목록은 완전해야만 좋은 사람이 되는 것은 아니라는 사실을 보여주는 증거다.

남들과 공유하는 SNS도 없고 당신이 하는 일을 아무도 모른다면 당신은 과연 어떤 일을 할 것인지 스스로에게 물어보라. 이번 주 토요일에는 무엇을 하고 당장 오늘 밤에는 무엇을 할까? 직장 생활의 목표는 무엇일까? '다른 사람들의 시선'이라는 렌즈를 통해 조용히 자기 자신을 감시하지 않는다면 당신은 누구와 어울리며 어디서 살 것인가?

　　돈에 얽매이지 않고 무엇이든 할 수 있다면 당신은 과연 어떤 일을 할 것인지 자기 자신에게 물어봐야 한다. 이런 질문은 중요한데도 많은 사람이 무시해버린다. 그들은 이 질문의 진의를 이해하지 못하기 때문에 무시하는 것이다. 이런 질문들에 답하는 것은 중요하다. 이 질문들에 답을 함으로써 당신이 어떤 것을 중요하게 여기는지 알 수 있기 때문이다. 그리고 그 답을 알아야 자신이 어떤 사람인지 제대로 이해할 수 있다.

　　멋있게 보이거나 멋진 일을 했음을 증명하기 위해서가 아니라 행복한 순간을 기억하기 위해 사진을 찍어라. 휴대폰에 행복한 순간들을 기록하는 특별한 앨범을 만들어라. 기분이 좋거나 어떤 일을 신나게 즐기거나 특별한 느낌을 받으면 지금 당신 앞에 있는 게 무엇이든 사진을 찍어 올려라. SNS는 그럴 때 쓰라고 있는 거니까 말이다.

　　세월이 흐른 뒤에 대충 찍은 이 사진들을 들여다보면 그 당시에 느꼈던 감정이 고스란히 되살아날 것이다. 또한 자신에게 중요한 순간과 다른 사람에게 중요한 순간이 다를 수 있다는 것도 알 수 있다.

　　당신을 있는 그대로 인정하는 사람과 일일이 따져가며 평가하는 사람들을 구분해야 한다. 당신을 평가하는 사람들이 당신에 대해 하는 말에 귀 기울이지 마라. 그들이 원하는 당신의 모습에 당신을 맞출 필요 없다. 왜냐하면 그들은 실체가 없는 사람들이기 때문이다. 오직 당신만이 자기 자신을 평가할 수 있다. 타인의 시선에서 벗어나는 첫 단계는 당신이 신경쓰는 그 사람들이 실제로 존재하지 않음을 깨닫는 것이다.

당신을 가장 질투하게 만드는 게 무엇인지 생각해보라. 우리가 다른 사람을 질투하고 부러워하는 이유는 자신의 내면에 충실하지 못하기 때문이다. 뛰어난 외모를 가진 사람을 질투하는 이유는 그 사람처럼 되고 싶어서가 아니라 자기 자신에 대한 사랑이 부족하기 때문이다. 성공한 작가를 질투하는 것은 사람들에게 칭송받고 싶어서가 아니라 자신은 성공하기 위해 그만큼의 노력을 기울이지 않았음을 알기 때문이다.

1년 중 가장 중요한 날을 어떻게 보내는지 다시 생각해보라. 대체로 명절에만 보는 친척들이나 유대감이 전혀 없는 사람들 또는 만나면 마음이 불편한 사람들과 중요한 날을 보낸다. 이렇게 중요한 날들은 당신을 사랑하는 사람들을 대접하기 위해 파티를 열고 함께 식사하며 선물을 나누는 데 사용해야 한다. 자신의 감정을 억누르며 도덕적 의무감 때문에 아무 의미도 없는 사람들과 앉아 꾸역꾸역 밥을 먹을 필요는 없다.

의미 없는 물건은 전부 버려라. 우리는 물건으로 존재감을 과시하는 경우가 많은데 특히 자신을 특별한 존재로 보이려는 의도로 어떤 물건을 샀다면 그것은 반드시 버려야 한다. 우리가 지닌 물건이 경험을 만들어낸다. 또한 우리가 보는 것과 느끼는 것을 만들어낸다. 매일 함께하는 물건은 우리를 투영하는 수단이다. 그러니 진정 나다운 물건만을 소유하라.

그렇다고 무소유를 주장하거나 가난하게 살아야 한다는 뜻은 아니다. 자신의 목적에 부합하거나 의미가 있는 물건만 지니고, 허영심을 뽐내기 위한 물건을 소유하지 말라는 뜻이다. 쓸데없는 물건을 버리면 삶이 달라진다. 그리고 그렇게 하려면 큰 결심이 필요하다.

자신에게 물어보라. '아무도 나를 판단하지 않는다는 것을 안다면 나라는 존재는 어떤 의미일까?' 자신이 정한 사회적 기준을 전부 걷어낸다면 애초 당신이 원했던 것이 보일 것이다. 다른 사람의 시선을 염두에 두지 않은 진짜 자신의 모습 말이다.

스스로에게 물어보라. '세상 사람 한 명 한 명에게 하나의 문장만 말할 수 있다면 나는 어떤 말을 할까?' 혹시 "다 괜찮아질 거야."라고 말할 것인가? 아니면 "너무 걱정하지 마?" 또는 "반드시 이길 수 있어."라고 말할까? 아니면 "내 SNS를 구독하세요."라고 말할까? 사람들에게 해주고 싶은 말은 사실 자기 자신이 남들에게 가장 듣고 싶은 말이기도 하다. 결국 남에게 하고 싶은 말이 자신에게 가장 하고 싶은 말이다.

가치 있는 존재라는 것은 그 가치를 지녔음에 감사하라는 뜻이다. 자신의 자존감을 어떻게 측정할지는 스스로 선택한다. 자신의 가치가 어떤 근거에서 나오는지도 본인이 결정한다. 자신이 어떤 일을 할 충분한 가치가 있는지 아닌지도 스스로 결정해야 한다. 그리고 자신이 지닌 가치에 감사할 줄 아는 사람이야말로 가치 있는 사람이다. 그 이상도 이하도 아니다.

삶의 가장 큰 장애물을 이 세상에서 당신 혼자만 극복한 게 아니라는 사실을 깨달아라. 혼자만 완벽할 정도로 자격이 있는 게 아니며 혼자만 다른 사람보다 더 훌륭한 것도 아니다. 오프라 윈프리의 말처럼 "당신은 모든 것을 가질 수 있지만 그 모든 것을 동시에 가질 수는 없다." 그리고 그 사실에 감사해야 한다. 이 말은 눈앞에 있는 것에 감사할 기회가 있고 항상 노력을 기울여야 할 일이 있으며 기대할 것이 있다는 뜻이다.

당신이 하는 모든 것이 최선이라고 가정해보자. 모든 것이 최선이라는 것을 깨닫는 것이 진정한 안식이다. 인생의 모든 것은 다음 3가지 중 하나에 해당한다. '자신을 보여주는 것'이나 '자신의 일부를 치유하는 것' 또는 '자신의 일부를 즐기도록 허락하는 것'이다. 그런 시각을 갖게 되면 더는 두려워할 게 없어진다.

스스로에게 물어보라. '전 세계의 모든 사람이 앞을 볼 수 없다면 내가 감동을 줄 수 있는 사람은 몇 명이나 될까?' 진짜로 앞이 안 보이는 삶을 상상해보라. 그 삶 속에는 당신이 느끼는 감정과 다른 사람들이 당신에게 느끼는 감정만 존재할 것이다. 이런 세상에서 당신은 어떤 사람일까?

지금 당신의 삶은 남들에게 사랑받기 위해 멋지게 포장한 삶으로 만들어진 '가짜' 삶이 아닌지, 진짜 삶은 어디에 있는지 생각해봐야 한다.

내 몸을 바라보는
관점을 세운다

01   **부모님이 자신의 몸을 평가하는 방법. 부모님은 우리가 어렸을 때 듣지 않을 거라고 생각하며 자신의 몸에 대해 불평했다.** 하지만 아이들에게는 그런 사소한 것들이 큰 영향을 끼친다. 그래서 내가 제일 좋아하는 속담은 바로 이것이다. '부모가 아이들에게 말하는 방식이 아이들 내면의 목소리가 된다.'

02   **포토샵이 너무 강력해서 진짜 사진관이 있는 줄도 모른다.** 그리고 이젠 지나친 보정 작업 때문에 무엇이 실제 '정상적인' 사진이라는 인식조차 완전히 왜곡됐다.

03   **처음 사귀었거나 데이트했던 사람의 태도를 떠올려보라. 그리고 그가 당신의 몸매를 끝내준다고 칭찬했는지 여부도 떠올려보라.** 어떤 이유에서든 몸에 대한 콤플렉스는 대체로 초기에 부정적 평가를 경험

했기 때문에 생긴다.

04 **당신은 다른 사람의 외모를 평가하는가?** 당신이 어떤 사람의 신체를 모욕했다면, 그것은 자기 자신의 몸이 마음에 안 들어서 자신에게 퍼붓고 싶은 욕을 상대에게 하는 것이다.

05 **친구들이 자신의 몸을 대하는 태도와 행동방식.** 친구들이 당신에게 또는 스스로에게 하는 말은 중요하지 않다. 그들의 행동을 통해 당신이 무엇을 배우느냐가 더 중요하다. 우리는 가장 많이 어울리는 집단의 사고방식을 무의식적으로 따른다.

06 **당신이 자주 보는 미디어의 종류.** 당신이 읽는 책과 잡지, 주로 방문하는 웹사이트나 몰아서 보는 TV 드라마 등이 모두 결합해 정상과 정상이 아닌 것, 옳고 그름에 대한 잣대를 형성한다. 당신이 가장 많이 동일시하는 캐릭터들조차 이런 미디어의 영향을 받는다.

07 **전통과 고향.** 음식은 문화의 필수적인 부분이며 음식을 통해 우리는 사람들과 사귄다. 음식은 우리가 성장한 문화와 연결되어 있다. 정서적 섭식Emotional Eating(부정적 정서에 대한 반응으로 음식을 섭취하는 것을 의미하며 폭식을 비롯해 다양한 섭식 부적응과 밀접한 관계가 있다-옮긴이)은 어렸을 때부터 시작될 수 있으며 친척들이 당신의 몸에 관해서 무심코 던진 한 마디의 평가가 시간이 흐르면서 당신의 머릿속에 고정됐을 가능성이 있다.

08 **피상적인 관계라고 느꼈을지라도 연애 경험은 중요하다.** 육체적인 매력과 상관없이 누군가를 사랑할 수 있다는 것은 직접 경험하기 전까지는 믿기 힘든 일이다. 하지만 그 사실을 깨닫고 나면 사랑에 있어 외모가 가장 중요한 게 아님을 알게 된다.

09 운동을 건강을 위해서 하는 게 아니라 멋진 몸매를 만들기 위한 수단으로 여기는 것.

10 **우정의 진정성 여부.** 당신이 그들을 위해 무엇을 해주지 않아도 당신을 소중하게 여기는 사람이 있어야 한다. 만일 그런 사람이 한 명도 없다면 당신은 물질적이고 피상적인 관계를 허락하는 데만 관심을 집중하게 될 것이다.

11 **길거리를 지나갈 때 당신의 외모를 보고 사람들이 던지는 시선.** 누구나 편견을 가질 수는 있지만 감히 타인의 생김새에 대한 어떠한 평가도 내뱉을 권리는 없다.

12 **몸이 지닌 지방세포의 수는 절대로 감소하지 않고 크기만 작아진다는 사실.** 큰 것과 작은 것, 무거운 것과 가벼운 것의 개념은 사람마다 완전히 주관적이다. 다른 사람의 몸과 당신의 몸을 비교 측정해 우열을 가리려 한다면 당신은 절대로 마음에 드는 결과를 얻지 못할 것이다.

13 **음식을 좋은 것과 나쁜 것으로 구분하는 것.** 이는 자신을 얼마나 멋지게 보이도록 만드는지, 어떤 느낌을 주는지, 자신에게 얼마나 잘 어울리는지를 바탕으로 음식을 구분하는 것이다. 이런 태도는 당신의 몸에 중요한 음식이 무엇이고 어떤 영양소가 필요한지에 대한 판단을 흐리게 한다.

14 **야외에서 시간을 보내지 않는 것.** 태양은 당신의 몸을 재생해준다. 인간의 신체는 섭취하는 음식만큼이나 태양 에너지를 사용한다. 신체 건강에 필요한 온기와 빛의 원천을 거부하는 것은 기분 좋은 호르몬과 생존을 위해 우리 몸 안에 만들어진 모든 것들을 고갈시

킨다.

15   **자존감을 세우는 것보다 더 중요한 건 없다.** 당신이 세상에 기여할 수 있는 중요한 역할이 없다고 느낄 때 당신은 가장 보기 쉽고 판단하기 쉬운 것에 집착할 수밖에 없다.

16   **짝사랑.** 짝사랑하는 사람에게 관심을 못 받는 이유가 몸매 때문이라고 책임을 전가하기 쉽다. 당신이 10킬로그램쯤 살을 빼야 비로소 사랑한다고 말하는 사람이라면 어차피 그와 평생 함께할 수 없을 것이다.

17   **연예인의 몸매에 대한 끊임없는 관심. 얼마나 자주 그들의 사진을 찾아보며, 얼마나 진지하게 여기는지의 여부.** 연예인들이 출산 후에 날씬한 몸매로 등장하든 말든 절정기와 슬럼프를 겪든 말든 대중은 그들의 몸매를 매의 눈으로 샅샅이 훑는다. 그래서 출산 후에 증가한 5킬로그램 정도를 감량하지 못해 전전긍긍하는 게 마치 정상으로 보일 지경이다. 연예인이라는 직업의 책임은 이런 스트레스를 견디는 것까지 포함되기도 한다. 하지만 당신도 덩달아 연예인처럼 몸무게에 집착할 필요는 없다. 그건 아무에게도 도움이 안 된다. 그저 당신 자신의 기준을 지켜라.

18   **몸이 존재하는 목적을 잊는 것.** 우리 몸은 웃고 놀고 점프하고 껴안고 사랑하기 위해 있는 것이다. 그러므로 날씬한 엉덩이를 갖기 위해 엉덩이뼈를 깎아내는 것은 신체적 기능에 아무 도움도 안 될뿐더러 진화라는 측면에서도 이점이 전혀 없다.

높은 자존감을 만드는
6가지 일상 실천법

우리는 자존감을 정적인 상태로 생각하는 경향이 있다. 그래서 자신의 마음을 긍정 에너지로 가득 채워서 의심이나 혐오가 침투할 수 없는 상태로 만든다. 하지만 자존감과 자만심은 미세하게 다르다. 그런데 문제는 그 경계가 모호하다는 점이다.

미국의 배우이자 극작가였던 애나 스미스는 자존감이 우리에게 행복감을 준다고 했다. 결국 모든 것이 잘될 것이라고 본능적으로 느끼는 이 감정은 우리에게 모든 것을 잘 해낼 능력이 있기 때문에 생기는 것이라고 한다. 이에 대해 스미스는 이렇게 말한다. "자존감은 자신의 진로를 결정하고 그 길을 따라 전진할 수 있는 능력이다. 하지만 혼자 그 길을 가는 것이 아니기에 주체 의식이 필요하다. 즉 모든 것이 무너지면 그것을 다시 짜 맞출 수 있는 능력이 필요하다."

자존감은 다른 사람들보다 내가 훨씬 낫다는 근거 없는 자만심에서 나오는 게 아니다. 자신의 삶을 잘 꾸려나갈 수 있다는 자신감에서 비롯되는 것이다. 진정한 자존감은 자신이 다른 사람들보다 얼마나, 어떻게 우월한지 비교하는 일에서 우리를 자유롭게 해준다. 자신이 삶을 통제하지 못한다고 느낄 때나 상황이 열악할 때 우리는 종종 '그나마 자신의 상황이 다른 사람의 상황에 비해 나쁘지 않다는 것'에 초점을 맞추며 패배 의식을 달랜다. 하지만 이것은 자존감 높은 사람들의 태도와는 거리가 멀다.

미국의 심리 치료사이자 작가 너새니얼 브랜든은《자존감의 심리학》The Psychology of Self-Esteem 에서 건강한 자아감, 즉 자존감을 형성하기 위해 정확히 필요한 것이 무엇인지 개략적으로 설명했다. 그는 사람들이 현실을 직시하는 게 아니라 현실을 대체하는 기분 좋은 접근법, 예를 들어 '나는 아름답고 부유하고 성공적인 존재다'와 같은 접근법을 취하거나 그런 접근법을 취하려고 진지하게 노력한다고 지적한다.

브랜든은 자존감의 기본 요소를 2가지로 요약해 제시했는데 자기 효능감 Self-Efficacy (예기치 못한 상황에 놓였을 때 적절한 행동을 통해 스스로 그 상황에 대처할 수 있다는 기대와 신념을 말한다 – 옮긴이)과 자긍심이 그것이다. 자기 효능감은 '삶의 문제에 직면하는 기본적인 자신감'이고, 자긍심은 '행복할 자격이 있다'고 느끼는 것이다.

자존감은 시시때때로 변하는 일시적 감정이 아니라 자기 효능감과 자긍심을 경험하려는 지속적인 성향이다. 그러므로 자존감이란 필요에 따라 갑자기 급조되는 게 아니며 오랜 세월에 걸쳐 차근차근 형성된다. 또한 현실에 기반을 두고 있다. 따라서 부적절하거나 과도한 칭찬은 그것이 자신에게서 오든 타인에게 오든 절대로 자존감의 기반이 될 수 없다.

이제 브랜든이 자존감을 지탱하는 데 필요하다고 주장하는 6가지 실천법을 소개하려 한다. 일상 속에서 쉽게 해볼 수 있는 이 실천법은 자존감을 가지려면 단편적인 선택으로 해결되는 것이 아니라 끊임없이 수많은 선택을 거치며 많은 노력을 기울여야 한다는 사실을 증명한다.

01 **의식적으로 살기.** 의식적으로 산다는 것은 잠재의식이 만든 편견과 욕망에 휘둘리지 않는 것을 말한다. 그림자 자아로 불리는 숨겨진 속성을 제대로 인지하고 분별하는 것이다. 당신은 주변의 상황을 이해하고, 이해한 것을 바탕으로 정보를 참고하여 의사 결정을 할 수 있다.

02 **자아 수용.** 자신의 외모나 지능을 의도적으로 과장하지 않고 모든 사람이 지닌 특징과 속성의 자연적 균형을 일부러 무시하지 않는다. 이것이 진정으로 자신을 수용하는 태도다. 자아 수용이란 마음에 안 드는 자신의 일부를 평가하거나 비난하지 않고 자신의 전체 자아를 있는 그대로 인정하는 것이다.

03 **자기책임.** 자신의 행복은 자신이 책임져야 한다. "당신이 잘못해서 불행한 건 아니지만 그것은 여전히 당신이 해결해야 할 문제다."라는 말이 있다. 자신의 삶을 통제할 수 있는 이유는 자신의 삶이 다른 것에 휘둘리지 않도록 스스로가 단단히 붙잡고 있기 때문이다.

04 **자기주장.** 굳이 방어적인 태도를 취하지 않고도 자신을 옹호할 수 있다. 방어적인 태도는 두려움에서 비롯되지만 자기주장은 자신

감에서 태어난다.

05 **목적이 있는 삶.** 신중하게 행동하고 계획적으로 사는 것이다. 당신은 지금 그곳에서 어떤 일이든 해야 할 일을 하는 게 당신의 '목표'임을 알고 있다. 이런 생활 속에서 당신은 매일을 목적으로 가득 채운다. 목적이 있는 삶은 스스로 선택하는 것이다. 당신을 위해 누군가 목적을 만들어주거나 만들어준 목적을 발견할 때까지 기다려서는 안 된다.

06 **개인의 성실성.** 당신에게는 어느 정도의 도덕심과 윤리 의식, 책임감이 있다. 그리고 주어진 행동 강령을 무턱대고 따르는 게 아니라 스스로 개발한 행동 강령을 지킨다. 당신은 상황이 어려울 때조차도 여러 가지 선택에 대한 가능성을 객관적으로 판단할 수 있다. '지옥으로 가는 길은 선의로 포장되어 있다'라는 속담의 진정한 뜻을 알아야 한다.

건강한 정서를 가진 사람이
말하고 행동하는 법

다양한 건강 문제 중에서 가장 심각하게 방치되는 것은 아마 정서적 건강일 것이다. 정서적 건강은 정신 건강과는 다르다. 우리가 만성 두통을 대수롭지 않게 여기는 이유는 그 두통이 무엇을 말하려 하는지 느끼지 못하기 때문이다. 만성 두통은 우리가 자신을 어떻게 생각하는지와 아무 연관성이 없다.

하지만 우리가 느끼는 감정은 우리가 자신을 어떻게 생각하는지와 매우 연관성이 크다. 자아라는 관념의 신성함을 지키기 위해 우리는 절망적인 상황에 처해도 자신의 감정을 숨긴다. 아이러니하게도 문제는 여기서 발생한다. 우리가 억압하고 무시하는 부분이 조용하고 음흉한 괴물로 변해 결국 우리를 쥐고 흔든다. 심리학에서는 이 괴물을 앞서 언급했듯 '그림자 자아'라고 부른다.

정서적 건강과 그림자 자아가 어떻게 연결되는가에 관해 설명하자면 책 한 권을 쓸 정도의 분량이므로 여기서는 직접 이야기하지 않고 넘어가려 한다. 대신 정서적으로 건강한 사람들의 10가지 특징을 소개한다. 긍정을 기반으로 혼합된 이 가설이 진짜 존재하는 것은 아니다. 그래도 이 특징들은 귀담아 듣고 실천하려 노력할 가치가 있다.

01 **건강한 정서를 지닌 사람은 타인의 고통에 귀 기울인다.** 감정적으로 스트레스를 받거나 불편함을 느끼는 이유는 뭔가 잘못된 방법으로 일이 진행 중이며 그보다 더 나은 방법이 있음을 알려주는 신호다. 불편한 감정은 우리를 점검하게 하고 항상 우리를 더 나은 쪽으로 인도한다. 나아가 현재의 나를 내가 되고 싶은 모습에 가까이 다가갈 수 있게 돕는다. 이때 가장 힘든 점은 이런 불편한 감정을 애초 무시하게 만들었던 내 안의 모든 요인을 스스로 과감하게 극복해야 한다는 점이다.

02 **건강한 정서를 지닌 사람은 생각을 객관적으로 관찰할 줄 알고 생각과 자신을 구별하는 방법도 안다.** 당신은 자신의 생각과 감정을 관찰하고 그 결과에 반응하고 생각과 감정을 사용하고 생성하며 경험하는 존재다. 무엇을 생각할지 당신이 선택하라. 어떤 것을 포기할 것인지도 당신이 선택해야 한다. 그리고 스스로 포기할 수 없을 때 당신은 자꾸 변명하거나 뭔가를 보여주려고 애쓴다는 사실에 주목하라.

03 **건강한 정서를 지닌 사람들은 다른 사람에게서 발견하는 싫은 점을 자기 내면에서 발견한다.** 이 말을 아직 이해하지 못한 사람들을 위해

다시 설명하겠다. 당신이 다른 사람에게 발견하는 사랑스러운 부분은 당신에게서 볼 수 있는 사랑스러운 부분이다. 그 반대도 마찬가지다. 자신의 일부라는 것을 인정하고 싶지 않아서 내면 깊이 감춰둔 면이 다른 사람에게서 보이면 당신은 그 모습을 증오한다. 자신의 정체성을 정의하려고 연습할 때마다 어떤 사람이나 그들의 행동에 좌절하게 되거나 설명할 수 없을 정도로 짜증난다면 그것은 당신이 성장할 수 있는 도구를 획득했다는 뜻이다. 나아가 자신을 더 평온한 존재로 만들 수 있는 지름길을 발견했다는 뜻이다. 당신은 이제 더 이상 다른 사람들의 행동에 휘둘리지 않는다. 당신을 기쁘게 하거나 화나게 하는 것은 늘 당신 안에 존재한다.

04 **건강한 정서를 지닌 사람은 '무언가를 사랑하는 것'과 '그 대상에 대한 생각을 사랑하는 것'을 구별할 수 있다.** 그들은 어떤 것을 원한다는 단순한 사실 대신 자신이 그것을 왜 원하는지 이유를 알고 있다. 당신이 사랑받을 가치가 없다고 믿는다면 이 생각을 바로잡기 위해 당신이 충분히 사랑받을 만한 사람인지를 증명해주는 헌신적인 파트너의 생각이 필요하다. 자기 내면의 잘못된 생각을 고치기 위해 상대방의 사랑이 필요하다는 것을 이해하지 못한 채 그저 자신이 무척 낭만적인 존재이며 사랑 없이는 행복하게 살 수 없어서 사랑을 간절히 원한다고 착각한다. 하지만 자신이 뭔가를 왜 원하는지 그 이유를 제대로 아는 사람들은 진실하고 건강한 이유에 근거해서 원하는 것을 선택한다.

05 **건강한 정서를 지닌 사람은 친구와 결별할 때를 안다.** 행복하지 않은 관계에 전념하는 것과 자신의 삶에 더는 긍정적인 힘을 발휘하지

못하는 관계를 청산해야 할 때를 아는 것, 이 둘의 경계를 정하는 것은 정말 어려운 것이다. 우리는 종종 진심 어린 친밀감을 느끼지 않는 사람과 친분을 유지하는 것에 죄책감을 느낀다. 그리고 이게 감정적인 갈등을 유발하는 원인이 된다. 정서적으로 건강한 사람들은 다른 사람에게 독설을 퍼붓고 질투심이 많으며 자기의 문제에 얽매여 자신의 본모습을 보여주지 않는 사람을 구분해낼 수 있다. 굳이 그런 사람과 사랑을 나누며 교제할 필요가 있을까? 그런 사람과 교제하거나 사랑하고 있다면 가끔은 한 걸음 물러서는 것이 좋다. 그게 건강한 선택이다.

06 **건강한 정서를 지닌 사람들은 소박하지만 실질적인 삶을 산다.** 정서적으로 건강한 사람들은 물질적인 성취감이 금세 사라지는 순간적인 감정임을 안다. 그래서 그들은 치열한 경쟁을 포기하고 소박한 삶을 살아가는 법을 배운다. 그들은 많은 것을 원하지 않고 낭비하지도 않으며 오직 의미 있거나 유용한 물건만 지니고 산다. 그들은 신중히 계획을 세우고 선택하며 감사할 줄 알고 물건을 지혜롭게 소비하고 간직한다.

07 **건강한 정서를 지닌 사람들은 혼자 지낼 수 있다.** 고독은 새로운 시각을 탄생시킨다. 사람들과 어울릴 때 당신이 극도로 긴장해서 말하고 행동하게 되며, 사람들의 반응에 일일이 신경을 곤두세우고 조심해야 하는 분위기라면 차라리 혼자 있는 편이 낫다. 혼자 있는 것은 긴장을 풀 수 있는 최고의 방법이며 정서적으로 건강한 사람들은 자주 혼자 있는다. 기분을 맞춰줘야 할 사람이 주변에 없을 때 당신은 자신에게 집중하며 혼자만의 여유로운 휴식을 충분히

누릴 수 있다.

08 **건강한 정서를 지닌 사람들은 자신의 감정을 통제하지 않는다.** 어떤 것에 관한 감정을 고스란히 느끼는 것은 나쁜 거라는 신념이 모든 정서적 문제의 핵심이다. 감정을 느끼는 그 자체는 전혀 나쁜 것이 아니다. 오히려 감정을 억누르는 것이 우리를 망친다. 정서적으로 건강한 사람들은 자신이 겪는 모든 것을 느낄 수 있도록 감정을 통제하지 않는다. 그들은 감정이 자신을 죽이지 않는다는 사실을 알 뿐만 아니라 감정을 처리하는 데 시간을 할애할 줄도 안다. 일반적인 통념과 달리 감정을 느끼고 그것을 처리하는 데 시간을 할애하는 것이 통제력을 상실해서가 아님을 안다. 또한 그 방식이 자신의 존재감을 느끼고 자기가 중심임을 깨닫는 방법임을 안다. 이는 인간이 실천할 수 있는 최고의 통제력이다.

09 **건강한 정서를 지닌 사람들은 결과에 '좋다' 또는 '괜찮다'는 꼬리표를 달지 않는다.** 하나의 결과를 옳은 것이라고 결정하는 것은 다른 결과가 잘못됐다고 평가하는 것이다. 어떤 일은 우리가 의도한 대로 결과를 맺지만 어떤 것은 마음대로 안 되는 것도 있다. 원하지 않는 결과를 얻는 것 또한 선물이다.

10 **건강한 정서를 지닌 사람들은 자신이 경험한 모든 것에서 각각의 가치와 목적을 발견한다.** 어떤 일을 하든 그것을 통해 얻는 결과물이 중요한 게 아니다. 그 일을 겪음으로써 내가 어떤 사람으로 발전했느냐가 중요하다. 중요한 것은 결과가 아니라 그 과정이며, 우리가 경험하는 모든 일은 결국 성장과 연결된다. 좋은 경험과 마찬가지로 나쁜 경험도 당신의 성장을 돕는다. 우리는 나쁜 경험을 통해

서 옳지 않음에 대해 배운다. 다시 말해 그 일을 얼마나 잘했느냐가 아니라 그 일을 통해 얼마나 발전했느냐가 중요하다는 뜻이다. 좋은 경험과 나쁜 경험, 끔찍한 경험과 멋진 경험, 혼란스럽고 지저분한 경험과 위대한 경험. 이 모든 경험이 당신을 발전하게 하는 원동력이다. 요하네스 드 실렌티오(철학자 키에르케고르의 필명)는 이렇게 말했다. "삶을 망치는 유일한 길은 중간에 포기하는 것이다."

겉으로 보이는 것보다
인생에서 중요한 91가지

01 당신에게 아무것도 해줄 수 없는 사람에게 얼마나 친절할 수 있을지 생각해볼 것.

02 당신이 죽고 나면 사람들은 당신이 입었던 옷 사이즈를 기억하지 못한다. 즉 당신의 외모를 전혀 기억하지 못한다는 사실을 기억할 것.

03 피부 위에 있는 것(겉모습) 또는 피부 사이에 존재하는 세포층보다 피부 밑에 있는 것(본질)이 진짜라는 사실을 이해할 것.

04 다른 사람들의 판단에 따라서 당신의 몸매가 변하는 건 아니라는 사실을 기억할 것.

05 당신에게 의미 없는 일을 얼마나 잘 수용할 수 있는지 생각해볼 것.

06 당신이 지닌 모든 것을 지키기 위해 얼마나 열심히 싸울 수 있을지 생각해볼 것.

07   다른 사람들의 외모를 있는 그대로 받아들일 것.

08   몸으로 할 수 있는 가장 훌륭한 일은 자신의 몸을 움직여서 누군가에게 도움을 주는 것이다.

09   좋아하는 음식을 맛보고 가능한 한 자주 자신에게 맛있는 음식을 대접할 것.

10   이 세상에서 영원한 건 아무것도 없다는 사실을 아는 것이 중요하다. 특히 신체적인 요소가 그렇다. 몸은 수송수단에 불과하다. 즉 인간의 몸은 자동차처럼 당신이 가야 할 곳으로 데려다주는 역할을 한다. 사람들은 당신의 몸에 관해 마음대로 판단하겠지만 그런 판단은 그들이 해결할 문제지 당신의 문제가 아니다.

11   가장 필요한 것은 다른 사람을 사랑하고 그들의 가치를 무조건적으로 인정해야 한다는 사실을 깨닫는 것이다. 이 세상의 모든 사람을 품을 수는 없다. 하지만 최소한 누군가를 사랑하고 인정할 필요는 있다. 누군가를 사랑하고 인정하는 능력은 아름다운 외모를 능가한다.

12   피자를 마음껏 먹을 수 있다는 것이 멋진 외모보다 중요하다.

13   당신에게는 누군가를 이해할 수 있는 마음이 있다. 그리고 당신이 그들을 이해한다는 것을 몸으로 표현할 수 있다는 사실이 멋진 외모보다 중요하다.

14   반려동물을 껴안을 수 있다는 것.

15   우리 마음속에 수많은 지도가 내재되어 있다는 사실. 그리고 어떤 것에 강렬하게 끌리면 그 지도를 따라갈 수 있다는 사실을 깨달을 것. 우리 마음속의 지도는 우리가 상상할 수 있는 것보다 훨씬 더

많은 것을 알고 있다.

16   어떤 사람들은 전혀 다른 삶을 창조한다. 그런 삶을 선택하는 것
      자체가 놀라운 기적이다.

17   수영하고 달리고 울고 소리 지르고 춤추며 물 위에 둥둥 떠서 무중
      력과 자유를 느낄 수 있다는 것.

18   사랑하는 사람들에게 사랑한다고 말할 수 있다는 것.

19   그리고 그들 중 일부에게 키스할 수 있다는 것.

20   앞으로 더 발전하고 변화할 수 있다는 것.

21   스스로 의식적인 결정을 할 수 있다는 것.

22   마음을 비우고 어떻게 인생을 즐겨야 할지 아는 것.

23   세상에 대한 편견이나 애착을 버리고 모든 것을 있는 그대로 받아
      들일 능력이 있다는 것.

24   아름다움을 숫자로 매길 수 없음을 아는 것.

25   음식은 결코 적이 아니라는 사실을 깨닫는 것.

26   아름다움에 대한 관념이 어떻게 생겼는지, 그런 관념이 어떻게 우
      리 마음에 침투했는지 이해하는 것. 또는 친구, 동료, 스승에게서
      은연중에 배운 것들이 우리 마음에 어떻게 새겨졌는지를 이해하
      는 것.

27   아름다움에 대해 편협하고 배타적인 정의를 인정할 필요가 없다
      는 것.

28   자신을 사랑하면 남들도 당신을 더 많이 사랑한다는 사실을 아는 것.

29   자신을 사랑하더라도 때로는 자신의 일부가 마음에 안 들 수 있다
      는 사실을 아는 것.

30 경험을 통해서든 학습을 통해서든 진실을 이야기함으로써 자기만의 신념을 키울 수 있다는 것.

31 스스로 결정할 수 있고 이미 그렇게 행동하고 있다는 것.

32 아무것도 하지 않은 채 눈치만 보는 태도가 더는 통하지 않을 때 자기 자신을 위해, 또는 타인을 위해 적극적으로 행동할 수 있다는 것.

33 소인배들이나 다른 사람의 외모에 대해 평가하고 싶어 한다는 사실을 아는 것. 그리고 그런 행동은 아주 깊은 불안정성에서 비롯된다. 당신은 그런 사람들에게 화를 내기보다는 사랑을 보여줄 필요가 있다는 것을 알아야 한다.

34 건강한 몸이 있기에 좋아하는 책을 읽고 지금 이 책도 읽을 수 있다는 사실.

35 건강한 몸이 있기에 가장 원하는 일을 마음껏 할 수 있다는 것. 다리가 있으니 가고 싶은 곳에 걸어가고 두 팔로 사랑하는 사람을 안아줄 수 있다는 것.

36 당신 앞에 어떤 멋진 일이 놓여 있는지 모른다는 사실과 불투명한 미래가 두려울 것이다. 하지만 두려워하지 않아도 된다. 어렴풋하게 느꼈던 일들이 눈앞에 현실로 펼쳐질 때 당신은 더 큰 기쁨을 느낄 수 있다.

37 자신에 대해 스스로 얼마나 솔직할 수 있는지 아는 것.

38 다른 사람에게 스스로를 얼마나 솔직하게 말할 수 있는지 아는 것.

39 아이들과 놀아주고 그들에게 사랑한다고 말하고 그 사랑을 보여줄 수 있는 건강한 몸이 있다는 것.

40 행복과 기쁨을 몸으로 느낄 수 있다는 것.

41 슬픔과 고통을 몸으로 느끼면서 이를 통해 배우고 성장할 수 있다는 것.

42 예전에는 불협화음처럼 보였던 수백만 가지의 일들이 알고 보면 당신을 올바른 곳이나 상상했던 곳보다 훨씬 더 높은 경지로 이끌기 위한 우주의 거대한 음모였음을 경험할 수 있다는 것. 아직 그런 경험이 없다면 반드시 경험할 테니 기다려라.

43 매일 세상에 드러나는 전례 없이 끔찍한 일을 측은하게 여기는 능력.

44 인생의 짝을 볼 수 있는 눈과 서로 맞잡을 수 있는 손, 사랑을 속삭일 수 있는 입, 그 사람이 영혼의 동반자임을 알 수 있는 육감 그리고 그 사람을 이해할 수 있는 마음을 가졌다는 것.

45 자신의 본업을 잘할 수 있는 능력.

46 자신의 신념을 단호하게 지킬 수 있는 능력.

47 자신의 소명이라고 느끼는 일을 적극적으로 추구할 수 있는 능력.

48 혼자 배꼽이 빠지도록 웃을 수 있는 능력.

49 자신의 결점을 솔직히 인정하고, 그 결점을 무시하는 게 아니라 그것을 감안해서 무엇을 해야 할지 아는 능력.

50 매일 용기를 내고 작은 친절을 베푸는 것.

51 의무감에 하는 일이 아니라 진정으로 하고 싶은 일을 하기 위해 시간을 내는 것.

52 다른 사람의 불완전함을 판단하고 질책하는 행위를 멈추는 것.

53 좋아하는 음악을 들을 수 있는 능력.

54 좋아하는 음악을 들을 수 없다면 음악의 진동을 느낄 수 있는 능력.

55 특출한 하나의 감각, 재능, 능력이 부족하다고 해도 자신의 존재감
이 줄어들지 않음을 아는 것.

56 육체적인 아름다움을 추구하는 것은 결국 부질없는 짓임을 이해
하는 것. 나이가 들면 결국 피부가 처지고 주름살이 생긴다.

57 건강과 외모를 동일시해서는 안 된다는 것을 제대로 이해하는 것.
자신에 대해서도, 다른 사람에 대해서도.

58 성적 경험을 즐길 수 있는 몸이 있다는 것. 다른 이유가 아니라 오
로지 당신이 원하기 때문에 시간과 장소에 구애받지 않고 만족스
러운 성적 경험을 즐기는 것.

59 다른 사람을 위해 자신의 몸을 소비하지 않는 것. 자신은 행복하
지 않지만 다른 사람들의 만족을 위해 자신의 몸을 소비해서는 안
된다.

60 외모를 바라보는 사회적 잣대는 당신 책임이 아니지만 당신에게
는 그런 잣대를 의식적으로 거부할 책임이 있다.

61 사랑하는 사람들이 상처받아 위로의 말을 필요로 할 때 무슨 말을
해줘야 할지 아는 것.

62 아무 말도 안 하고 누군가의 곁을 묵묵히 지켜줘야 할 때를 아는 것.

63 어쩔 수 없이 지나가야 할 일이지만 그 일을 슬퍼하고 애통해하는
법을 아는 것.

64 예외 없이 지나갈 길이지만 그 길을 인정하고 즐기는 법을 아는 것.

65 당신에게는 필요 없지만 그 물건을 필요로 하는 사람들에게 기꺼
이 기부하는 것.

66 다른 사람의 잔인한 말을 자신의 상처로 받아들이지 않는 것.

67 사랑하는 사람이 곁에 있을 때 매일 다양한 방법으로 사랑한다고 자주 표현하는 것. 그런 표현을 언제 못하게 될지 알 수 없으니 할 수 있을 때 하라.

68 희생이 필요할 때 자신을 희생할 수 있는 것.

69 따뜻함을 느낄 수 있고 어린 시절의 고향 냄새를 기억할 수 있으며 하마터면 잊을 뻔한 사물과 사람들을 떠올리게 하는 감각이 있다는 것.

70 아무리 두려운 사랑일지라도 그 사랑을 포용할 수 있는 것.

71 당신이 정직한 사람이라는 것. 자신이 한 말과 약속을 지키고 진심으로 열심히 일하며 정직한 마음을 갖는 것.

72 사과할 때는 자존심을 내려놓고 진심으로 사과할 수 있는 자세. 진심으로 사과하는 자세는 그 사람에 관해 많은 것을 보여준다는 것을 명심할 것.

73 자신을 최고로 잘 돌봐야 할 때 스스로 잘 돌보는 것.

74 단지 사람들을 미소 짓게 하려고 그들을 위한 선물을 만들고 CD를 굽고 쪽지를 쓰고 편지를 보내는 것.

75 모든 사람을 동등하게 보는 것.

76 원하는 일을 하기 위해 자기 몸을 혹사시킨 것에 대해 미안한 마음을 갖지 않는 것.

77 어떤 것을 추구하기로 선택했다면 자신에게 그것을 추구할 정신력이 무한하다는 것을 깨닫는 것.

78 본능적인 감정이 필요한 일에 전문지식을 대입하고 싶은 강박관념에서 해방되는 것.

79 살면서 진심으로 당신을 행복하게 만들 수 있는 소소한 일이 제법 많다는 것을 깨닫는 것.

80 먼저 양보하고 먼저 화해를 청할 용기가 있다는 것.

81 다른 사람의 성공을 진심으로 기뻐할 수 있는 마음과 다른 사람의 실패를 기뻐하지 않는 마음을 갖는 것.

82 누군가 표정으로 당신을 사랑한다고 고백할 때 당신의 몸이 그 의미를 이해할 수 있다는 것. 그리고 그런 능력이 있어서 당신은 운이 좋다는 걸 아는 것.

83 순간의 행복보다 더 멋진 일을 하기 위해 자신의 삶을 바치는 것.

84 다른 사람을 도우려면 자신을 먼저 도와야 한다는 사실을 깨닫는 것.

85 어떤 것이든 양극단에 놓인 것들은 완전히 반대되는 특성을 보이지만 동시에 서로에게 꼭 필요하다는 사실을 이해하는 것

86 충분히 숙면을 취하는 것.

87 채소를 충분히 먹는 것. 잔소리해서 미안하지만 정말 중요한 것이라 어쩔 수 없다.

88 자신의 몸을 느낄 수 있다는 것.

89 당신의 몸에 관해서 잔인한 평가를 하는 사람들을 용서하고 그들도 누군가에게 상처받는다는 사실을 아는 것. 그리고 사람들은 자신의 마음을 건드리는 것에 대해서만 비난한다는 것을 이해하는 것.

90 자신의 몸을 학대한 것에 대해 스스로 용서할 것.

91 이런 글을 쓰고 메시지를 보낼 수 있도록 몸을 사용할 수 있다는 것.

○

자신이 가장 초라할 때
최고의 친절을 베풀어라

우리는 자신을 학대하는 것이 자신을 보존하는 최고의 전술이라고 착각
한다. 인간은 천성적으로 생존주의자이기 때문에 자신의 약점이나 결점
을 찾아낸다. 또한 남들이 우리에게서 가치 없고 부족하다고 여기는 부
분이 어떤 것인지 알고 싶어 몸이 근질거린다. 그래서 누군가 우리를 괴
롭히고 우리에게 불리하게 사용할 수 있는 '자신의 결점'을 곰곰이 생각
하고 찾아낸다. 하지만 그것이 우릴 더 강하게 만들진 않는다. 자신의 결
점을 먼저 알았다고 해서 남들이 그 결점으로 우리를 괴롭히는 것에 면
역이 생기지도 않으며, 남들이 말하기 전에 자신의 결점을 먼저 까발린
다고 해서 방어막이 되는 것도 아니다.

스스로 괜찮다고 느끼기 위해서는 다른 사람의 허락이 필요하다는 생
각부터 버려라. 남들이 가치 있다고 느끼는 것에 얼마나 잘 부합하느냐

에 따라 자신의 가치가 결정된다는 생각도 버려라. 세상이 당신에게 친절을 베푸느냐 아니냐에 따라 당신이 그런 친절을 받을 자격이 있다고 판단하는 것도 멈춰라. 나야말로 나에게 친절해야 한다. 특히 자신이 그런 친절을 받을 자격이 전혀 없어 보일 때 더욱 더 자신에게 친절해야 한다.

우리 자신에게 불리하게 사용할 수 있는 모든 결점을 자기 입으로 먼저 말한다고 해서 결점에 무감각해지는 것은 아니다. 그런 행동은 자신이 욕을 먹어도 당연할 뿐더러 남들에게 비난받는 게 타당하다고 믿게 만들 뿐이다. 게다가 다른 사람이 당신을 칭찬할지 말지는 사람마다 모두 다르다. 그건 그들의 몫이니 당신이 상대의 반응을 미리 완벽하게 파악하고 대응한다는 착각을 버려라.

사람들은 대개 자신에게 부족한 점이 있고 어떤 일을 해낼 수 없다는 사실을 알면 스스로를 부정적으로 평가한다. 그리고 이런 평가는 대체로 자신이 아니라 타인이 나를 그렇게 볼 것이라는 데서 비롯된다. 이를 깨달으면 마침내 남들의 불안감에 근거해 자신의 가치를 저울질하는 대신 진정한 자기 신념에 근거해 자신의 가치를 평가할 수 있게 된다.

제대로 된 치유와 진정한 만족감을 찾을 수 있는 유일한 방법은 당신을 사랑하는 누군가가 당신의 삶을 설명하는 것이다. 그리고 당신을 가장 사랑하는 사람은 바로 당신 자신이다. 내게는 글쓰기와 관련해 냉철한 말을 해주면서 동시에 나를 격려하고 용기를 주는 친구가 있다. 오늘 그 친구에게 문자를 보내려다 1가지 사실을 깨달았다. '내 친구가 나에게 해주는 격려의 말을 나는 왜 나 자신에게 못하는 걸까? 왜 남들이 그런 말을 해주기만 기다리고 있는 걸까?' 물론 친구의 격려가 고맙지 않다는 뜻은 아니다. 단지 내 자신의 생각보다 다른 사람의 생각과 의견을 더 중요하게 여기는 것에 새삼 의문을 가졌다는 뜻이다.

바로 이런 것이 사고방식의 변화다. 그런 점에서 이런 변화는 선택이다. 도움을 받을지, 멀리 떠날지, 관계를 끝낼지 아니면 관계에 다시 불을 붙일지 등은 전부 당신의 선택에 달렸다. 자신에게 우선 충분한 수면과 영양분을 제공하는 친절을 베풀라. 그리고 나긋나긋한 목소리로 계속 다 잘될 거라고 스스로를 다독여라. 이것은 이상한 망상이나 집단 최면과는 다르다. 우리는 모두 결국 괜찮아질 것이기 때문이다. 남들이 우리에게 괜찮아질 거라고 말해서가 아니다. 스스로 사고방식의 변화를 터득했고 그 변화를 신뢰하는 법을 배웠기 때문이다.

나를 내 인생의
중심에 두는 법

'모든 미움은 자기혐오다. 그리고 모든 것은 그에 대한 피드백이다.'

한없이 주눅 들고 절망과 무력감을 느끼며 끝도 없이 아래로 추락하는 기분이 들 때마다 위의 말을 반드시 기억하기 바란다. 모든 것은 당신을 반영한다. 세상에 존재하는 모든 것은 당신이 얻을 수 있는 것이다. 그리고 결국 얻게 될 것이므로 당신은 이 모든 것을 충분히 인식할 수 있다. 경험의 폭은 의식과 직결된다.

소설가 아나이스 닌의 말을 되새겨보라. "그 자체로 존재하는 것은 아무것도 없고 당신이 존재하기 때문에 그 모든 것이 존재한다."

당신이 꽃을 만지고 향기를 맡으며 봐주지 않는다면 그 꽃은 그저 허공 속에 흔들리는 이름 없는 사물에 불과하다. 당신이 그 꽃을 인식할 때야 비로소 그 꽃은 아름다운 존재가 된다. 당신이 세상 안에 있는 것이 아니라 당신 안에 세상이 존재한다는 것을 기억하라. 이런 말은 추상적이고 진부한 표현처럼 들리겠지만 절대 그렇지 않다. 이는 크고 심오하며 그 무엇보다 충실한 진리다.

어떤 대상을 인식하고 자각하는 이 순간에 우리는 우리가 인식하는 것이 전부가 아님을 알 수 있다. 또한 마음을 무겁게 짓누르며 뭔가 '잘못됐다'고 느끼는 것은 외부에서 발생한 문제 때문이 아니라 나의 내면에 나오는 반응임을 안다. 이런 반응이 나오는 것은 내면에서 변화와 치유가 이루어지지 않았기 때문이다.

자각은 해결 불가능한 것처럼 보이는 많은 문제를 풀 수 있는 해독제다. 인지하고 각성해야 깨달을 수 있으며 깨달음의 기쁨을 통해 당신은 직접 보고 느낄 수 있다. 그리고 다른 사람의 인식에 편승하지 않을 수 있다. 때로는 가장 힘겹고 암울한 것이 당신에게 도움이 된다. 그런 상황에 처하지 않았더라면 절대로 알 수 없는 진리를 깨닫게 해준다.

이 글에서는 마음이 매우 불편하고 언짢을 때 생각하고 반성하고 다시 읽어봐야 할 내용을 소개한다.

01 **남들이 당신에 대해 이야기하는 것보다 당신의 행동에는 더 막강한 힘이 있다.** 무력감에 빠지는 것은 보통 다른 사람들이 당신을 보는 시선을 통제할 힘이 당신에게 없기 때문이다. 하지만 중요한 것은 당신과 당신의 행동이 어느 누구의 말보다 더 강력하고 진실하다는 점이다. 통제력은 사실 당신이 쥐고 있다. 그리고 모든 것을 지휘하는 사람도 당신이다. 다른 사람들이 당신을 어떻게 인식하는지는 그 사람들의 문제일 뿐이며 당신이 어떻게 행동하든 그들은

결국 자신들의 방식대로 당신을 바라볼 것이다. 하지만 그들의 잣대에 얼마나 휘둘릴지 결정하는 것은 당신의 몫이다.

02 **다른 사람들이 당신을 '이렇게 평가할 것'이라는 생각이 그들의 실제 생각보다 더 중요하다. 당신의 생각은 당신의 본모습을 보여주기 때문이다.** 일단 '다른 사람들이 생각하는 것'이라는 개념 전체가 당신이 잘못 이해하고 있는 거대한 환상임을 깨달아라. 그러면 당신의 마음가짐이 변하면서 '다른 사람들이 나를 어떻게 보는지'에 대한 생각도 변하기 시작한다. 인간의 마음이 그런 식으로 작동하다니 정말 웃기는 일 아닌가?

03 **다른 사람의 행동보다는 당신의 반응이 중요하다. 어떻게 반응할지는 스스로 선택할 수 있다.** 당신의 의견·생각·감정·느낌·정신 상태는 당신이 발견한 것에 기초하지 않아도 된다. 사람들이 당신에 관해 말하거나 말하지 않는 것 또는 당신에 관해 생각하거나 믿는다고 스스로 상상하는 것에 기반을 둘 필요도 없다. 현실적으로 사람들의 말과 생각 그리고 그들이 믿는 것을 당신이 속속들이 알 수도 없지만 그런 것들을 전부 알아야 할 이유도 없다. 그들은 당신이 그들의 말과 생각을 알든 모르든 지금까지 그렇게 살아왔고 앞으로도 그렇게 살아갈 것이다. 여기서 달라지는 것은 그 사람들의 가설을 바탕으로 당신이 얼마나, 어떻게 변하고 싶은가 하는 것뿐이다. 사람들은 그들이 원하는 대로 말하고 평가할 수 있다. 마찬가지로 당신은 당신이 원하는 대로 반응할 수 있다. 그들의 평가에 일일이 반응할 것인가? 타인의 시선이나 가설에 자신을 맞추려 하는가? 혹은 자신의 뜻과 의지대로 살아갈 것인가? 다른 사람들

의 시선이나 평가에 반응하는 것은 순전히 당신의 선택이고 당신의 몫이다.

04 **연애와 섹스, 사랑과 체형, 매력 등의 모든 관점에서 볼 때 사랑하고 데이트하고 잠자리를 나눌 가치가 있는 사람들은 당신이 생각하는 것보다 당신을 훨씬 더 흔쾌히 받아들인다.** 어떤 사람의 몸매가 흠잡을 데 없이 완벽해서 진정한 사랑의 꽃을 피운 러브스토리는 역사상 단 한 번도 없었다. 당신은 본질적으로 당신에게 진정한 사랑을 줄 수 없는 누군가에게 끝없이 사랑을 갈구한다. 반면 당신의 결점조차 포용하며 당신을 사랑하려는 사람에게는 사랑을 주지 않는다.

05 **어린 시절의 자신을 부끄럽게 여긴다.** 어린 시절의 자신을 부끄럽게 여기는 것은 발전의 표시이긴 하지만 평생 부끄러워할 필요는 없다. '내가 어떻게 그런 짓을 했을까?'라고 되돌아볼 수 있다는 것은 이제 그런 짓을 하지 않는다는 뜻이며 그런 면에서 부끄러움은 좋은 것이다. 그래서 나는 당신이 어린 시절을 돌아보며 '그때 어떻게 된 건지 이제 전부 이해했어!'라고 생각하며 부끄러움을 정당화하지 않기를 바란다. 그렇게 생각한다는 것은 성장을 멈췄다는 뜻이고, 이는 정지된 삶을 의미한다.

06 **세상에는 대단히 중요한 문제들이 있고 반복되는 문제의 증상도 있다.** 대부분의 사람은 평생 그런 증상만 다루면서 시간을 보낸다. 예를 들어 체중을 감량하는 게 옳은 일이라고 스스로 확신한다고 해도 체중 감량으로 타고난 몸매의 모든 문제를 해결할 순 없다. 살이 빠져 날씬해져도 다리가 짧거나 머리가 큰 건 어쩔 수 없으니까.

결국 겉으로 드러나는 행동이 아니라 그런 행동의 뿌리를 평가하는 것이 중요하다. 물론 행동의 뿌리를 찾아내서 평가한다는 것이 쉽다거나 재미있다는 말은 전혀 아니다. 쉽지 않음에도 그 뿌리를 찾아내야 한다는 뜻이다. 지금 자발적으로 찾아낼 수도 있고 나중에 상황에 이끌려 어쩔 수 없이 찾게 될 수도 있다.

07 **당신이 느끼는 두려움과 걱정, 근심과 공포 또는 불안감은 이미 수백만 명의 사람이 경험했던 감정이다.** 자기혐오는 자신의 본성과 동떨어져 있기 때문에 생긴다. 자기혐오는 당신을 '다른 사람'으로 만들고 모든 사람을 '비판적인 정상인'으로 만든다. 이런 말을 들으면 자존심에 금이 갈지도 모르겠지만 대범하게 받아들이길 바란다. 하늘 아래 새로운 것은 하나도 없다. 당신이 경험하기에 앞서 이미 누군가 어디서 어떤 방식으로든 전부 겪었던 일이다. 인간의 상태는 자연계에서 보면 지극히 보편적이다. 단지 만물의 영장인 인간만이 이 모든 것을 경험한다는 착각이나 스스로에 대한 우월감이 인간의 고통을 심화하고 극대화할 뿐이다. 정말로 재미있는 섭리 아닌가?

08 **당신의 관심은 늘 당신을 바라보는 한두 명에게만 꽂혀 있다.** 우리는 그런 사람들에게 어떤 식으로든 인정받지 못했다는 느낌을 받는다. 그래서 뭔가를 증명하려고 열심히 노력한다. 누군가 우리를 아니꼽게 생각하며 그들에게 일러바칠까 봐 걱정한다. 이런 대상은 주로 우리가 얕은 관계를 유지하고 있는 사람이거나 우리를 살짝 못마땅하게 여기는 부모 또는 좋은 인상을 주기 위해 우리가 몇 년이나 공을 들인 사람들이다. 단지 몇몇 사람들일 뿐이다. 우리

는 사람들의 시선에 관해 걱정하지만 몇 십 명을 우리 삶의 중심축으로 여기며 살아갈 수는 없다. 그런 걱정이 생길 때마다 얼굴을 하나씩 떠올려보라. 그러면 당신에게 아주 익숙한 사람은 한두 명뿐이고 나머지는 전부 얼굴 없는 군중이라는 사실을 알게 될 것이다.

09 **당신이 자신에 대해 생각하는 것만큼 당신을 생각하는 사람은 아무도 없다.** 자신과 나누는 내면의 대화는 항상 남들이 우리를 보는 시선에 대한 공포와 두려움을 잠재우는 데 초점이 맞춰져 있다. 하지만 우리는 문제의 요인을 자신의 시선이 아니라 다른 사람의 사고방식을 통해 본다는 사실을 미처 깨닫지 못한다. 우리는 남의 시선을 통해 만들어진 자신의 모습에 심하게 영향을 받으며 자신에 대해 예측하고 가정을 만들어낸다. 하지만 남들은 당신에 대해 그렇게 열심히 생각하지 않는다. 당신이 자신을 걱정하는 것처럼 그들은 모두 자기 걱정을 하며 허둥댄다.

10 **정말로 위태로운 것은 무엇일까?** 말하자면 영원하지도 중요하지도 않으며 그저 인생에서 기쁨을 느끼지 못하도록 가로막는 방해물을 걱정하느라 시간을 낭비하는 것이다.

11 **공포는 다른 사람이 바라는 모습으로 자신을 바꾸려는 욕망과 직접 연결되어 있다.** 다른 사람을 기쁘게 하려고 애쓰지 않아도 된다. 남들의 기분이 괜찮아야 당신의 기분도 괜찮아진다는 생각에서 벗어난다면 더는 그런 것을 걱정하지 않을 것이다. 당신을 바라보는 사람들의 시선에 대한 두려움과 걱정 때문에 당신은 그들이 생각하는 당신의 모습으로 자신을 바꾸고 증명해야 한다는 생각에 빠

진다. 이것을 좀 더 깊은 차원에서 살펴보면 당신은 자신의 가치관과 목적의식을 겉으로 드러냈지만 이는 타인의 시선에서 형성된 모습이기 때문에 그 모습은 절대로 진정한 당신이 될 수 없다는 뜻이다.

12 **그러므로 이렇게 표면적이고 얕은 수준에서 벗어나고 싶다면 시선을 더 중요한 것으로 돌려야 한다.** 중요한 일에 시선을 돌리는 것은 가장 진실한 해결책이자 가장 효과적인 해독제다. 남들의 시선에서 벗어나 자기 본연의 모습으로 살아가도록 만들어주는 최고의 비결이다. 남들이 당신을 어떻게 보는지 걱정하는 것보다 더 중요한 일을 만들어라. 당신이 신경 쓰고 걱정해야 할 것이 고작 멋진 몸매나 근사한 생활방식 또는 금전적 풍요와 타인의 인정뿐이라면 당신은 최선의 노력을 기울이는 게 아니다. 그런 것이 없으면 다소의 불안감은 느끼겠지만 실상 큰 의미는 없는 것들이다.

남들의 눈에 보이는 것보다 자신이 더 가치 있음을 깨닫고, 자신과 자신의 삶이 더 중요하다는 것을 진정으로 재확인하라. 그 순간 당신은 모든 사람의 사소한 관심사를 망각의 쓰레기통으로 던져버릴 것이다. 이제 그들은 당신의 시야에서 사라지고, 당신은 세상을 위해 반드시 해야 할 정말로 중요한 일에만 관심을 집중하게 된다.

○

자기 자신에게
최악의 원수가 되지 말라

지금까지 해온 이야기와는 반대로 아주 끔찍한 메시지를 들려줄까 한다. 자신에게 스스로 최악의 원수가 되는 방법, 즉 스스로를 망가뜨려 완전히 나락으로 보내버리는 방법 말이다. 이런 것들을 알면 그 위험에서 빨리 자신을 빼낼 수 있다. 자, 이제 시작이다.

자신은 남들과 다르다는 환상에 휘둘려라. 항상 주변 사람들과 경쟁하면서 당신만 다른 사람보다 더 낫다고 믿어라. 당신 자신만이 유일하게 올바르다고 믿어라. 누군가 당신에게 사랑을 느끼게 해줄 때까지 기다리고 기다리고 또 기다리며 살아라. 당신의 인생을 남들에게 맡겨라. 성과가 없을 때는 그들을 원망하라. 당신을 곧 구원해줄 어떤 존재가 이 세상에 있다고 믿어라.

결혼 증명서가 사랑과 인생의 성공, 종교에서 말하는 의무와 경제적

도구를 의미한다고 믿어라. 리더들을 맹목적으로 신뢰하고 그들의 통제를 따라라. 남들이 허락한 감정 외에 다른 감정은 느끼지 마라. 겉에서 보기에 당신의 삶이 근사해 보이면 근사한 것이다. 그 안은 엉망이라고 멋대로 말하지 마라. 다른 사람들이 보기에 말이 되는 행동만 하라. 당신이라는 존재의 가장 중요한 부분을 다른 사람들의 시선과 입맛에 맞춰라. 그런 식의 무감각한 안전이 행복이라고 자신을 속여라.

더는 신경 쓰지 않아도 되는 사람을 여전히 신경쓰는 자신을 미워하라. 자신의 모든 감정을 완전히 억누를 때까지 자신을 부끄럽게 여겨라. 매 순간 남들의 SNS에 새로 올라온 사진을 확인하라. 이성과 감정을 하나로 합쳐서 정신적 혼란에 빠져라. 남을 보살피는 것을 나쁜 짓으로 만들어라. 누군가를 사랑하는 것을 천벌 받을 짓으로 만들어라.

좋은 행실과 나쁜 행실은 각자의 도덕적 관념보다는 종교 또는 인종, 교리 또는 국가가 정하는 것이라고 생각하라. 세심한 것에 열중하는 인간의 보편적 능력을 무시하라. 당신이 욕하는 사람에게 당신과의 공통점이나 그만의 매력이 있을 수 있다는 생각을 집어치워라. 그들은 전혀 다른 유전적 요인이나 관습을 타고난 존재들이며 당신과는 다르게 인식하고 정반대로 길들여진 사람들이라고 믿어라.

당신 또한 외부의 모든 것에 길들여졌다는 사실을 절대 깨닫지 마라. 당신의 생각과 감정을 관찰하는 대신 당신 자신이 생각이고 감정 자체라고 믿어라. 자신과의 대화가 어떤 흐름으로 이동하는지 절대 깨닫지 마라. 당신이 하는 말과 생각의 3분의 2가 자신의 것이 아니라는 사실을 절대 깨닫지 마라. 말과 생각만으로는 행복과 친절, 희망을 품을 수 없다는 사실을 무조건 받아들여라. 당신의 따뜻함을 나눠줄 수 있는 사람들을 골라라. 그걸 받을 자격이 있는 사람과 없는 사람을 결정하라. 다른 사람들의 특성과 습관을 자세히 살펴보고 용납할 수 있는 것과 용납할 수 없는 것으로 분류하라. 누군가가 살아 있다는 이유만으로 사랑과 존경을 받을 가치가 있다고 생각하지 마라.

그 누구도 흉내 낼 수 없을 정도로 자기 자신에게 최악의 적이 되어라. 아무도 당신에게 충격을 줄 수 없을 정도로 최악의 상황을 가정하라. 그리고 그것을 현실적인 사고방식이라고 불러라. 다른 사람이 보기에 마땅하다 여겨지는 삶을 받아들여라. 변화가 진짜로 일어날 수 있다는 것을 믿지 마라. 즉시 감지하고 당장 눈으로 볼 수 있는 것 외에 다른 것은 절대 믿지 마라. 가능성의 기회를 차단하라. 다른 사람들의 기분과 관심에서 비롯된 기분 좋은 상태를 늘 유지하라. 과거의 경험을 통해 자기혐오를 숫자로 매겨라. 현재의 삶에서 과거를 창조하라.

다른 사람들이 당신의 좋은 부분을 깎아내리도록 놔둬라. 그리고 그런 방관적인 태도를 내공의 힘이라고 불러라. 선택하는 게 두려우니 적당한 선에서 타협하고 현명했다고 여겨라. 자신의 본모습과 마주치지 않도록 다른 사람들과 싸워라. 당신 주위의 모든 사람과 모든 것이 당신의 피부를 찢는 고문처럼 보일 때까지 저항하고 거부하라. 마음이 나약하다는 사실을 절대 깨닫지 마라. 당신이 선택하지 않았던 조각들로 결코 원하지 않았던 삶을 창조했다는 사실 또한 절대 깨닫지 마라.

이 모든 것을 지키면 당신은 자기 인생을 망치는 최악의 원수가 될 것이다.

삶을 즐겁게 여행하기 위한
8단계 가이드

우리가 매일 하는 생각의 대부분은 어느 날 갑자기 하늘에서 뚝 떨어진 게 아니다. 인간의 마음은 컴퓨터 프로그램과 같다. 우리 마음은 명령어에 따라 내용을 찾고 반복하고 그대로 믿는다.

자신의 생각이 다른 외부적 요인에 길들여져 있다는 것을 아는 사람은 거의 없다. 우리는 그저 생각과 그에 연관된 감정이 자신의 일부라고 여긴다. 그래서 죽기 살기로 자신을 방어하는 것이다. 하지만 몇 번이나 강조했듯 생각도, 감정도 내가 아니다. 나는 나일 뿐이며 생각과 감정 그 자체가 아니라 그것들의 주인이다. 독립적 사고, 즉 스스로 생각하는 법은 의식적으로 선택해서 학습해야 하지만 그렇게 하는 사람은 드물다. 여기에서는 자신의 생각 또는 의견을 한 번에 하나씩 분석하며 독립적 사고를 키우며 내 삶을 즐겁게 여행하기 위한 8단계 가이드를 소개한다.

01 **당신의 생각 또는 의견의 근원을 파헤쳐라. 그런 생각이 언제 처음 떠올랐는지 생각해보자.** 예를 들어 초등학교 2학년 때 부모님 중 한 명이 동물을 학대하는 사람은 전부 잠재적 살인자라고 말하는 것을 들었다고 치자. 그러면 아홉 살이었던 당신은 그 주제에 관해 굉장히 강한 인상을 받았을 것이다. 당신의 생각과 관념 그리고 신념의 근원을 파헤쳐 들어가 보면 결국 자신이 스스로 깨달은 게 아니라 누군가에게서 영향을 받았다는 사실을 알 수 있다.

02 **당신의 주장이 감정에 근거한 것인지 아니면 이성에 근거한 것인지 구분하라.** 당신의 의견이나 생각을 뒷받침하는 근거는 무엇일까? 감정에 근거한 주장이라면 그 감정은 자신의 감정일까 아니면 다른 사람의 감정일까? 둘 다 아니라면 당신에게 그 신념을 갖게 해준 것은 무엇일까?

03 **당신의 주장이 누구에게 유익한지 스스로 물어보라.** 자신과 인류 전체의 이익 외에 누구 또는 무엇에 유익한 주장인가?

04 **반론이 타당한 이유를 생각해보라.** 어쩌면 이 부분이 가장 중요할지도 모른다. 자신의 생각과 충돌하는 반론에 화내지 않으면서 냉정하게 토론할 수 있는 사람은 극소수에 불과하다. 반론에 화를 내는 사람은 자신의 생각과 자신을 지극히 동일시하기 때문에 화를 낸다. 자기 생각과 다른 생각을 접하면 마치 자신이 거부당한 것으로 착각한다. 비록 화가 나더라도 섣부르게 판단하거나 경솔하게 행동하지 말아야 한다. 진지하게 앉아서 자신의 의견과 충돌하는 반론을 논리적·이성적으로 이해하기 위해 노력하자.

05 **그런 식으로 생각하는 이유를 확인해야 한다.** 어떤 주제에 관해 훈련

된 전문가가 아니라면 그 주제에 대해 당신이 느끼는 강렬한 감정이나 의견은 대개 개인적인 것일 경우가 많다. 그래서 객관적이고 현실적인 시각을 갖기 힘들다. 어떤 미묘한 문제에 대해 강력한 감정을 느낄 정도로 그 문제를 진정으로 이해하는 수준까지 올라가려면 박사 과정 수준의 오랜 연구와 엄청난 양의 전문적인 공부가 필요하다.

06 **연구하라.** 특정한 의견을 주장할 만큼 당신이 열정적으로 빠진 의견이 있다면 보다 더 깊이 연구하라. 그리고 당신의 생각이 근거 없는 것은 아닌지 확인해야 한다. 극단적 이념에 치우치지 않았으며 평판이 좋은 언론 매체나 연구소 등을 찾아 살펴보면서 새로 발견되고 논의되는 최신 내용으로 자신의 의견을 업데이트해야 한다.

07 **세상의 모든 사람이 당신처럼 생각한다면 어떤 결과가 나올지 스스로에게 물어라.** 이는 당신의 생각이 자신에게만 유익한 것은 아닌지를 판단하는 가장 좋은 방법이다.

08 **가장 현실화된 자신의 모습을 상상해보라. 당신이 기대했던 모습이 아니라면 다른 사람들은 그 모습을 어떻게 생각할까?** 어떤 문제에 관해 당신이 생각하는 최선의 자아가 뭐라고 말할지 상상해보는 것은 매우 좋은 방법이다. 이를 통해 당신은 자신의 사고방식을 어떤 방향으로 전환해야 할지 판단할 수 있다.

내면의 목소리에
귀 기울여라

당신이 귀 기울여야 하는 내면의 목소리는 대부분이 말로 표현하기가 어려울 것이다. 그 목소리는 단어를 사용하지 않으며 논리도 사용하지 않는다. 당신이 상상한 줄거리와 맞아떨어지지도 않을 것이다. 또한 그 목소리는 미묘해서 감지하기 힘들지만 부지불식간에 말을 걸어올 것이다.

내면의 목소리가 전달하는 감정은 이치에 맞지 않을 때가 많다. 누군가를 사랑하는 것은 그 사람이 매력적이고 똑똑하고 흥미롭기 때문이 아니라 그냥 당신이 사랑하기 때문임을 알게 될 것이다. 어느 곳에 가서 살고 싶거나 어떤 일을 하고 싶은 것도 마찬가지다. 그곳이 특별히 멋진 곳이거나 다들 당신한테 그 일을 해야 한다고 말해서가 아니다. 그냥 그곳에 살고 싶고 그 일을 하고 싶기 때문이다.

이치에 맞지 않는 것과 비논리적인 것, 아무리 설명하려 해도 설명할 수 없는 것들… 마법은 바로 그런 곳에 있다. 일종의 직감이랄까? 올바른 것은 언제나 우리가 스스로에게 강요하는 환상이자 두려움일 뿐이며 우리 입장에서 이치에 맞고 이해할 수 있는 것이어야 한다. 일일이 그 이유를 다 설명해야만 비로소 마음에 드는 선택을 할 수 있다면 당신은 정말로 당신이 원하는 것에 귀를 기울이지 않는 것이다.

이것이 가장 중요한 사실이다. 내면의 가냘픈 목소리가 당신에게 관심이 없다면 당신이 잘못된 길에 들어섰다 해도 아무 말도 안 할 것이다. 그리고 당신도 그 목소리를 무심히 흘려버릴 것이다.

고통을 주는 것과 기쁨을 주는 것 사이에는 차이가 없다. 그 둘은 무언가를 깨우치게 해주려는 의도를 갖고 있다는 점에서 서로 통한다. 당신이 그 감정이나 상태를 경험하고자 하는 건 거기서 무엇인가를 배우고 싶기 때문이다.

오해나 착각에도 정당성이 있어야 한다. 반쪽짜리 진실도 말이 돼야 한다. 진실한 것과 최고의 것, 가장 옳은 것과 진짜 정의로운 것도 마찬가지다. 우리는 그 모든 경험을 통해 뭔가를 배운다. 애초에 길을 잃기로 선택한 궁극적인 이유가 바로 그것이다.

나는 지금보다 더 많이
행복할 자격이 있다

작은 일이 모여 위대한 일을 이룬다면 결국 위대한 삶은 작은 순간들로 이루어지는 것이라 할 수 있다. 하지만 우리는 인생이라는 장에 상세한 내용 대신 줄거리만 쓰기 때문에 이를 놓친다. 그것은 마치 자기 장례식의 추도문을 쓰기 위해 사는 것과 같다. 우리는 학위와 배우자를 얻고, 멋진 줄거리에 따라 펼쳐지는 극적인 운명을 원하며, 결국 누가 봐도 근사하고 감탄할 만한 인생 이야기를 쓴다. 그러나 오직 자기 자신에게 말할 수 있는 것만 쓴다. 현실 속의 우리는 자신이 어떤 사람이었고 누구를 사랑했으며 어떤 특별한 순간에 느꼈던 느낌 정도만 기억할 뿐이다. 나머지 중요한 일 또는 이정표가 될 만한 일은 별로 신경 쓰지 않으며 그 당시에도 중요하게 여기지 않았을 것이다.

그런 순간을 놓치는 이유는 딴 데 정신이 팔렸기 때문이다. 이는 마치 애인이 어떤 이유로 멀리 있음을 알면서도 혹시나 하는 마음에 군중 속에서 정신없이 그 사람을 찾는 것과 같다. 우리에게는 정말로 하고 싶지만 선택하지 않고 실천하지 않는 소망이 있다. 일과 명예, 책임감 때문이 아니라 진짜 행복해지고 싶어서 소망하는 그런 일 말이다. 하지만 한 번 더 승진하고, 더 좋은 집으로 옮기고, 멋진 사랑을 한 번 더 찾는 일이 늘 그런 소망을 앞지른다.

행복해지는 일을 선택하지 않으니 우리는 행복하지 않다. 행복할 자격이 없다고 생각하며 우리는 계속 엉뚱한 곳에서 행복을 찾고 행복에 관해 이야기한다. 그러곤 마치 거창한 환상과 약속을 실천할 수 있는 내일이 있는 것처럼 살아간다. 하지만 오늘 당장 그런 행동을 멈추지 않으면 영원히 내일의 약속만 믿고 살아가게 될 것이다. 그게 우리의 현실이다. 막연히 소망만 하는 건 그냥 백일몽일 뿐이다. 실제로 존재하지 않는 비전이며 희망이다. 선택하지 않고 행동으로 옮기지 않으면 무슨 의미가 있는가? 실천하지 않고 막연한 소망 속에 놓아두는 그 모든 것이 바로 우리가 놓치면서 사는 '현재'다.

내일은 절대로 우리를 바꾸지 않는다. 우리의 직업 또한 우리를 바꾸지 않는다. 관계도 마찬가지다. 다른 사람의 기억 속에 남기 위해 사는 것을 멈춰라. 다른 사람들이 읽으면 행복할 것 같은 이야기를 자신에게 들려주면서 사는 것을 멈춰라. 세상이 요구하는 뻔한 삶은 멈춰라. 그런 삶은 공허하고 생명력이 없으며 당신이 가장 절실하게 추구하는 것을 빼앗는다. 자신을 행복하게 하는 일을 하는 게 가장 중요하다. 행복은 자신이 원하는 것을 선택하는 데 달렸고 행복을 책임질 사람은 자신뿐이라는 사실을 알아야 한다. 당신이 해야 할 일은 딱 하나뿐이다. 행복한 삶을 가로막는 장애물을 제거하는 것, 즉 자신을 바꾸는 것이다.

당신은 기억조차 못하는 수많은 작은 순간들이 중요하다. 직업이 있느냐 없느냐 혹은 원하는 삶을 사느냐 못 사느냐가 문제가 아니다. 학위가 있느냐 없느냐도 중요하지 않다. 밤에 외로움이 아닌 다른 감정을 느낄 수 있느냐 없느냐가 중요하다. 연애를 하느냐 못하느냐가 아니라 사랑하는 사람과 하나가 되느냐가 중요하다. 다른 사람들이 편안하게 한 줄로 요약할 수 있는 삶을 사는 것이 아니라 수백만 개의 순간이 서로 얽히고 뒷받침할 때 그 순간들을 따라가면서 더 많은 순간을 의미 있게 만드는 것이 중요하다.

당신을 칭송하는 추도문을 듣기 위해 살지 말고 지금 이 순간 이곳에서 당신이 원하는 삶을 살아라. 뭉뚱그려진 줄거리가 아니라 모든 페이지를 자신이 원하는 소중한 순간들로 채워라.

○

내가 가는 길이
바로 나의 길이다

우리가 가진 것은 현재뿐이지만 현재라는 시간은 종종 우선순위에서 맨 마지막으로 밀려난다. 지금 이 순간이 중요하다는 것을 알지만 이 순간을 산다는 게 말처럼 그렇게 쉽거나 간단한 일은 아니다. 세상은 우리의 관심을 자꾸 다른 곳으로 빼앗는다. 하지만 가장 중요한 것, 즉 지금 일어나는 일을 들여다볼 기회를 반드시 가져야 한다. 당신이 꿈꾸고, 원하고, 애쓰고, 소망하고, 기다리는 모든 것은 지금 이 순간에 생긴다. 당신이 지금 하는 일이 당신의 모든 것이다.

여기 소개하는 15가지의 짧은 메시지는 자신을 재정비할 때 반복해서 되뇌면 도움이 될 것이다. 인생은 순간의 연속이며 이와 반대되는 생각들은 당신을 진짜 삶에서 멀어지게 하는 환상일 뿐이다.

01 내 앞에 있는 것이 세상에 존재하는 모든 것이다.

02 발휘되지 못한 잠재력은 고통이 된다.

03 비범한 사람이 되는 유일한 방법은 평범한 것을 어떻게 다루느냐에 달렸다.

04 한 번에 조금씩 하자.

05 내가 가진 것은 오직 현재뿐이다.

06 내가 원하던 대로 살았다면 오늘은 어떤 모습일까?

07 내가 바라던 대로 사랑했다면 오늘은 어떤 모습일까?

08 지금 내가 자리에서 시작하고 가진 것을 사용하며 할 수 있는 일을 할 것.

09 오늘 아침 일어나야 할 가장 중요한 일은 무엇일까?

10 내 인생은 내가 살아가는 나날로 이루어진다. 내 인생을 무엇으로 채울까?

11 내가 이룬 최고의 자아는 오늘을 어떻게 보낼까?

12 내가 지금 정말로 최선을 다하고 있을까?

13 피곤하지 않았다면 난 오늘 무슨 일을 했을까?

14 내가 가는 길이 나의 길이다.

15 나는 지금 이곳에 있다.

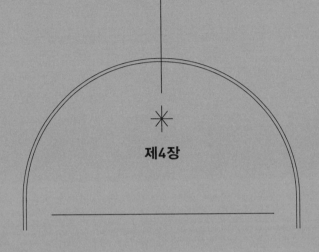

제4장

감정을
내 편으로 만드는 법

: 감정에 대하여

'진짜' 감정과
'가짜' 감정의 차이

어떤 것에 대해 강한 감정적 반응을 보였던 순간을 떠올려보자. 그 반응은 자리에 앉아서 무언가를 경험하며 생긴 감정을 받아들이고 내재화한 다음에 머리부터 발끝까지 어떤 느낌이었는지 판단한 결과물이었을까? 아마 아닐 것이다. 흔히 서로에게 묻는 '그 일에 대해 어떤 기분이 들었어요?'라는 표현은 기본적으로 '그 일에 대해 어떻게 생각하세요?'라는 의미일 것이다.

감정은 단순하면서도 미묘하다. 우리 몸을 잘 살펴보면 감각이라는 것을 발견할 수 있고 인간의 감각은 결국 긴장감과 편안함 중에 속한다. 우리가 경험하는 모든 감각을 긴장감과 편안함으로 구분하기 위해 우리는 그에 맞는 생각을 만든다. 그리고 강렬하거나 즐겁거나 약한 감정 등 우리가 느끼는 모든 감정을 이 2개의 범주로 분리해 억지로 끼워 맞춘다.

다시 말해 우리는 감정에 의미를 부여함으로써 어떤 감정은 좋은 것, 어떤 감정은 나쁜 것으로 분리하는 경향이 있다. 하지만 무언가를 있는 그대로 느끼는 것과 사회적으로 규범화된 틀에 맞춰서 느끼는 것은 다르다. 바로 이런 괴리 때문에 군중심리에 쉽게 휘둘리거나 자신의 솔직한 느낌 대신 사회적 분위기에 편승하는 문제가 발생한다. 때때로 피할 수 없는 감정적 혼란에 갇혀 있다고 느끼는 이유이기도 하다.

어떤 감정도 아주 오랫동안 지속되지 않는다. 감정은 그런 식으로 설계되지 않았다. 단지 무언가를 인식하는 패턴 때문에 우리는 하나의 감정을 계속해서 느끼거나 감정이 이끄는 행동 방향으로 끌려가지 않는 것이다. 또 우리는 감정을 어떻게 느껴야 바람직한 것인지 배운다. 성장하며 배운 교육 방식, 사회문화적 분위기, 종교가 강요하는 방식이 좋은 것과 나쁜 것을 결정한다. 그리고 자아와 생존의 욕구, 우월감과 사랑, 수용 등이 나머지를 채운다.

인간이 오랫동안 다루는 방식을 고민해온 '정신적 감정'은 그 어느 때보다 진화되었음에도 여전히 인생에서 고통받는 이유의 대부분을 차지한다. 우리를 지배하는 것은 한순간의 배고픔이나 성적 욕망이 아니다. 우리의 생각이 우리를 지배한다. 누군가 우리를 사랑하지 않는다면 그게 어떤 의미인지, 그게 사실인지 아닌지에 대해 생각한다. 결국 우리를 지배하는 것은 감정 자체가 아니라 감정에 대한 생각인 것이다.

우리는 삶에서 어떤 방향으로 나아가든 감정적인 삶이야말로 가치 있는 삶이라고 배웠다. 감정적인 삶이란 사랑으로 가득 찼거나 열정이 넘치는 삶 또는 엄청난 수난을 감내한 삶을 말한다. 자신의 의견이 중요한 것처럼 느끼기 위해서 감정적으로 격하게 반응해야 한다고 믿는다. 바로 이런 반응을 통해 우리는 자신과 자신의 삶이 가치 있다고 느낀다. 이것은 정말 심각한 문제다. 격렬한 감정을 느끼고 그에 반응해야만 제대로 사는 거라고 믿는 것 말이다.

불가피한 상황에 처했다고 느끼게 됐을 때 자신의 몸에 어떤 반응이 나타나는지 살펴보라. 직감적으로 느끼는 불안감은 그저 약간의 스트레스일 뿐이다. 그게 전부다. 감정이 당신에게 할 수 있는 일은 약간의 신체적 반응을 일으키는 것뿐이다. 한 시간이나 하루쯤 지나서 다시 확인해보면 그런 감정적 반응은 이미 사라지고 없을 것이다. 당신은 직감 또는 본능조차 압도적이고 거대한 감정의 물결을 일으킬 힘이 없다는 사실을 깨닫게 될 것이다. 그래서 직감(본능)을 내면의 작은 목소리라고 부른다.

때때로 우리는 우리 안에 내재된 고요함이 불편해서 여러 층의 혼돈을 만들어 정신을 분산시킨다. 그런 혼돈에 빠지게 됐을 때에는 무엇을 느껴야 할지 생각하지 말고 가만히 앉아서 자연스럽게 느껴지는 것을 그저 느끼면 된다. 그렇게 자신의 진짜 감정을 느끼면 자신과 소통하는 본래의 감정은 항상 부드럽고 온화하며 사랑스럽고 늘 당신을 도우려고 노력한다는 것을 알게 된다. 또한 당신은 자신의 감정에 대해 반감이 없다는 사실을 깨달을 것이다. 감정은 나쁜 것이 아니다. 우리는 슬픔과 고통뿐만 아니라 그 외의 모든 감정을 적절한 시기에 적절한 범위 내에서 즐긴다. 감정을 있는 그대로 느끼도록 허락하기 때문에 가능한 것이다.

우리의 삶은 생각만으로 창조되는 것이 아니다. 우리가 느끼는 감정의 의미를 분석하기 위해 생각을 사용하고 좋은 것과 나쁜 것, 옳은 것과 틀린 것을 구분하는 방법에 따라 우리의 삶이 창조된다. 그리고 이 모든 것은 처음부터 존재했던 게 아니라 꾸준한 훈련과 노력으로 얻어지는 것이다. 자신의 모든 생각과 감정을 잘 다루고 지휘한 결과로 탄생한 '교향곡'이라는 열매가 당신이 좋은 인생을 사는지 아닌지를 보여줄 것이다.

○

감정지능이 높은 사람은
무엇이 다를까

감정지능은 삶에서 가장 강력하지만 우리 사회에서 과소평가된 특성이다. 우리는 논리와 이성에 뿌리를 두고 일상적인 기능을 수행한다고 믿는다. 하지만 때때로 오랜 숙고 끝에 내린 결론은 눈 깜짝할 사이에 내린 결론과 같을 수도 있다. 사람들은 마치 감정적으로 행동하거나 말하지 않는 게 가장 지적인 일이라고 믿는 것처럼 보인다. 효율적인 존재는 감정을 배제하고 논리와 이성으로 무장해 기계처럼 일을 처리해야 된다는 뜻으로 해석한다. 하지만 감정이 없다는 것은 프로그래밍된 대로 잘 작동하는 로봇으로 사는 것과 같다. 정작 자신이 무슨 일을 하고 있는지를 잘 모를뿐더러 결국에는 문제를 일으키고 고통받을 수밖에 없다.

자신의 느낌과 감정을 제대로 인지하는 사람들의 공통된 습관이 있다. 자신이 통제 대상이면서 동시에 자신의 경험을 표현하고 처리하고 해체하고 조정하는 법을 아는 사람은 평범한 사람과는 분명 다르다. 그들은 진정한 인생의 리더이며 가장 온전하고 진실한 삶을 누릴 자격이 있는 사람들이다. 우리는 그들에게서 힌트를 얻어야 한다. 감정지능이 높은 사람들은 다음과 같은 일을 절대 하지 않는다.

01 **어떤 상황에 대해 자신이 생각하고 느끼는 방식이 현실적이라고 가정하지 않으며 결론 또한 추측하지 않는다.** 감정지능이 우수한 사람들은 어떤 상황에 대해 자신이 느끼는 감정을 기계처럼 정확하게 측정하는 게 아니라 반응으로 인식한다. 그들은 자신의 반응이 눈앞에 마주한 객관적인 상황보다는 오히려 자기 자신의 문제와 관련됐을 가능성이 있음을 인정한다.

02 **감정의 잣대가 자기 내면에 있다.** 그들은 감정이 외부의 영향이 아니며 자신의 문제라는 것을 안다. 어떤 경험의 궁극적 원인이 자신 안에 있다는 것을 이해하고 소심하게 분노하는 함정에 빠지지 않는다. 반면에 평범한 사람은 모든 원인을 외부에 돌린다. 우주가 잘못했으니 결국 우주가 문제를 바로잡아야 한다고 믿는다.

03 **자신을 진정으로 행복하게 하는 것이 무엇인지 안다고 가정하지 않는다.** 우리는 자신을 행복하게 만드는 것이 무엇인지 정확히 알기 어렵다. 참고할 수 있는 유일한 잣대는 항상 과거에 경험했던 일이기 때문이다. 하지만 그것만이 전부는 아니다. 감정지능이 높은 사람들은 어떤 일에든 명암이 공존한다는 것을 알기 때문에 자신들이 살아가면서 겪는 온갖 경험에 마음의 문을 활짝 연다.

04 **행복이 선택의 문제라는 것을 알지만 행복하기 위해 항상 무언가를 선**

택해야 할 필요를 느끼지는 않는다. 감정지능이 높은 사람들은 지속적인 기쁨을 누리는 상태만이 행복이라는 환상에 사로잡혀 있지 않다. 그들은 자신이 경험하는 모든 것을 자신의 것으로 소화하는 시간을 갖는다. 또한 자신을 포장하는 대신 있는 그대로의 상태로 놔둔다. 일부러 뭔가를 선택하지 않고 자신의 본모습에 순응하며 만족감을 찾는다.

05 **자신을 위한다는 명목으로 어떤 생각을 인위적으로 선택하지 않는다.** 감정지능이 높은 사람들은 사회적으로 규범화된 틀과 인류에게 영원히 각인된 불안감 때문에 처음부터 결코 자신의 것이 아니었던 생각과 신념, 사고방식에 종종 휘둘릴 수 있다는 사실을 알고 있다. 이에 맞서기 위해 그들은 자신의 신념을 자세히 들여다보고 그 뿌리를 성찰한다. 그리고 자신이 갖고 있는 기준의 틀이 인생에 정말로 도움이 되는지 아닌지를 숙고한다.

06 **굳건한 평정심은 감정지능이 아니라는 것을 안다.** 감정지능이 높은 사람들은 감정을 감추거나 느끼지 못할 정도로 감정을 억압하지 않는다. 하지만 감정을 발산할 수 있는 환경이 조성될 때까지 자신의 감정을 마음속에 담아 둘 수 있는 능력이 있다. 감정지능이 높은 사람들은 감정을 억누르는 대신 효과적으로 현명하게 관리한다.

07 **아무하고나 친한 친구가 되지 않는다.** 감정지능이 높은 사람들은 당신이 쌓아 올린 진정한 신뢰와 친밀함을 존중하며 당신이 우정을 다른 사람과 공유하고자 하는 마음을 알아차린다. 하지만 그들은 굉장히 조심성이 많아서 자신의 마음을 아무에게나 함부로 털어

놓지 않는다. 감정지능이 높은 사람들은 모두에게 친절하지만 진심을 털어놓는 대상은 소수다.

08   **부정적인 감정과 불행한 삶을 혼동하지 않는다.** 감정지능이 높은 사람들은 지금 이 순간을 가지고 가까운 미래에 투영하며 무언가를 예측하려 하지 않는다. 그들은 매 순간이 스쳐 지나가는 일시적 경험일 뿐 아니라 인생 전체를 아우르는 구성요소일 뿐이라고 믿는다. 그래서 감정지능이 높은 사람들은 별로 좋지 않았던 날조차도 흔쾌히 받아들인다. 그조차 자신의 삶이기 때문이다. 또한 자신이 결국 한계를 지닌 인간이라는 사실도 인정한다. 그 덕분에 그들은 자연의 섭리에 순응하며 그 안에서 최고의 평화를 누린다.

○

억누른 감정은
나와 대화하기를 원한다

감정지능은 나쁜 감정을 얼마나 자주 느끼는지 그 빈도와는 큰 상관이 없다. 또한 당신이 주어진 상황에 얼마나 침착하게 반응하는지에 관한 것도 아니다. 그저 모든 자극과 감정을 철저하게 느끼도록 자신을 풀어놓는 것이다. 그럴 때 진짜로 성숙해진다. 자신에게 일어날 수 있는 최악의 일이란 결국 불쾌한 감정을 느꼈다는 것일 뿐이다. 그리고 그것이 바로 느낌이라는 것이다.

최악의 상황을 상상해보자. 그래봤자 유일하게 나쁜 점이라고는 그냥 그런 기분을 느꼈다는 것뿐이다. 이 최악의 상황을 어떻게 해결할지 또는 이 상황에 반발하면 어떻게 될지 상상해보라. 쓰라림, 두근거림, 따끔거림, 우울함, 외로움, 서글픔, 무능함이나 외로움 등의 감정을 피할 수 없게 된다. 그런 반발이 궁극적으로 자신의 삶에 어떤 영향을 미칠지 생각하면서 자신의 기분을 솔직히 느껴보자.

흥미롭게도 육체와 관련된 느낌은 빠르고 일시적이지만 마음의 고통에 관한 개념들은 늘 우리 주변을 맴도는 것처럼 보인다. 우리는 감정에도 나름의 '생명'이 있다는 것을 알기 때문에 느끼고 싶지 않은 감정도 있다. 마치 한순간이나마 그런 감정에 눈길을 주면 마치 그 감정이 우리한테 들러붙어 영원히 계속 함께 살아가야 할 것 같은 그런 느낌 말이다.

기쁨을 몇 분 이상 느껴본 적 있는가? 분노, 긴장, 우울, 슬픔은 어떤가? 그런 감정들을 몇 분 이상 느껴본 적 있는가? 기쁨보다는 칙칙한 기분이 더 오래 지속되지 않던가? 이런 기분은 일단 시작하면 몇 주를 넘어 몇 달 또는 몇 년씩 질질 이어질 때도 있다. 그런 기분은 감정이 아니기 때문에 오래간다. 나쁜 기분은 감정이 아니라 그저 증상일 뿐이다. 이제 그런 증상이 나타나는 이유를 살펴보자.

우선 고통은 어떤 것을 있는 그대로 받아들이길 거부하는 상태임을 알아야 한다. 어원적으로 '고통'이라는 단어는 라틴어의 '아래에서 견디다'sub, ferō에서 유래되었다. 그 외에 '저항하기', '인내하기', '수용하기'라는 뜻도 있다. 고통의 어원을 보면 알 수 있듯이 고통을 치유하기 위해서는 저항하지 말아야 한다. 스스로 뭔가를 느낄 수 있도록 그냥 놔둬야 한다. 그렇게 되면 마음속 깊이 감춰져 있던 트라우마와 당혹감, 상실감이 겉으로 드러나고 예전에는 어떤 일을 경험했을 때 전혀 느낄 수 없었던 감정을 고스란히 느낄 수 있다. 또한 전진하거나 살아남기 위해 그 당시 억눌러야만 했던 감정을 스스로 느낀 후 그것을 걸러내고 처리할 수 있다.

우리 대부분은 감정이라는 것이 너무 강력해서 쉽게 휘둘릴까 봐 두려워한다. 특히 실제로 어떤 감정을 느끼는 순간에는 더욱 그렇다. 상처 받으면 안 되니까 너무 많이 사랑하지 말고, 왕따를 당하면 안 되니까 너무 똑똑하게 굴지 말고, 겁이 너무 많으면 나약해 보이니까 겁쟁이로 보이면 안 되고… 우리는 지금까지 그렇게 행동했다. 자신이 느끼는 감정 대신 다른 사람들이 우리에게 바라는 감정을 느낀 것이다. 어린 시절 우리는 부모님의 기분에 따르지 않고 징징대거나 울다가 벌을 받기도 했다. 그래서 지금도 그렇게 반응하는 게 어찌 보면 당연하다.

하지만 당신은 이제 다양한 감정을 느끼는 것을 두려워하는 사람이 아니다. 당신을 미친 사람이라고 흉보거나 이상하다고 호들갑을 떠는 사람들이야말로 자신의 진짜 감정을 똑바로 보기 두려워하는 사람이다. 그들은 수많은 감정을 어떻게 감당할지 몰라서 그것을 거부한다. 또한 당신이 자신처럼 계속 아무 감정도 느끼지 않기를 바란다. 하지만 당신은 이제 그런 사람이 아니다. 당신은 모든 감정을 생생히 느낀다.

당신이 지금까지 감정에 무감각했던 건 아무 감정도 느끼지 못해서가 아니다. 당신은 모든 것을 느끼지만 그런 감정을 감당하는 방법을 배우지 못했을 뿐이다. 무감각은 아무것도 느끼지 못하는 게 아니며 이도 저도 아닌 어중간한 상태에 빠져 있는 것이 아무것도 느끼지 못하는 것이다. 그래서 오히려 무감각한 상태는 단칼에 전부 해결할 수 있다. 왜냐하면 당신의 슬픔이 이렇게 말하기 때문이다. '난 여전히 뭔가 다르다는 것에 애착을 느껴.' 당신의 죄책감도 이렇게 속삭인다. '남들 눈에 내가 하는 짓이 나쁘게 보일까 봐 두려워.' 수치심은 '남들이 나를 나쁘게 볼까 봐 겁나'라고 외친다. 우리는 그 속삭임에 귀를 기울이기만 하면 된다.

불안을 느끼는 것은 그 속삭임에 저항하는 것이다. 시간이 지날수록 실제로는 당신의 마음에는 그런 불안감이 없다는 사실을 깨달으며 마침내 자기 감정에 대한 통제권을 움켜쥐게 된다. 피로를 느끼는 것은 당신의 본모습과 당신이 되고 싶은 사람의 모습이 서로 맞서기 때문이다. 또한 짜증은 그동안 억눌린 분노의 표출이다. 우울한 느낌은 억눌렸던 모든 감정이 수면에 떠오를 때 그 감정들을 밀어내기 위해 울부짖는 것이다. 물론 병적인 우울함은 제외하고 말이다.

그 과정을 거치며 당신은 계속 이렇게 살 수 없고 지금 뭔가를 놓치는 중이며 궤도에서 벗어나 방향을 잃고 막막하기 짝이 없다는 결론에 도달한다. 그제야 비로소 당신은 자신의 감정을 바꿀 필요가 없다는 것을 깨닫는다. 그저 당신이 느끼는 감정에 기대는 법을 배우고 감정들이 당신에게 하고 싶은 말에 귀 기울이면 된다.

감정을 바꾸려는 시도는 당신이 가고자 했던 방향과 반대 방향을 가리키는 도로 표지판을 발견하고, 차에서 내려 그 표지판을 반대로 돌리는 행위와 같다. 당신이 해야 할 일은 표지판을 바꾸는 게 아니라 가고자 하는 방향을 바꾸는 것이다. 애써 감정을 외면하지 말고 스스로 느끼도록 그냥 내버려둬라. 당신의 감정을 억지로 바꾸지 말고 자신의 감정에 귀를 기울여라. 표면에 떠오른 감정의 의미를 수용하는 것도 중요하지만 내면 깊숙이 들어가 그 감정들이 하고 싶은 말이 무엇인지 살펴봐야 한다. 그게 자기 자신과 소통하는 방법이다.

모든 감정은 소중하다. 하지만 그 모든 걸 바꾸려고 애쓰거나 감정을 옳은 것과 틀린 것 또는 좋은 것과 나쁜 것으로 구분하려 하면 안 된다. 자신에게 편한 감정만 받아들이고 불편한 감정들을 전부 없애려고 하면 결국 소중한 것들을 놓치게 된다. 그러는 이유는 당신이 알고 싶지 않은 어떤 사실을 그 감정들이 폭로할까 봐 두렵기 때문이다. 가장 심하게 억눌린 감정이야말로 내가 가야 할 길을 제시하는 길잡이 노릇을 한다.

남들에게 인정받는 것을 자신의 감정보다 더 중요하게 여기면 당신은 그들이 요구하는 것에 맞추기 위해 당신 자신의 본능과 싸워야만 한다. 그러는 동안에 당신은 자신의 감정을 듣고, 의지하고, 따르고, 인식하고, 느끼고, 경험하는 세상과 인생을 끊임없이 외면할 수밖에 없다.

슬프다고 죽는 건 아니다. 우울한 감정도 마찬가지다. 하지만 자신의 감정에 대항하는 건 죽음과 마찬가지다. 맞서기보다 도망치려고 애쓰는 것도 마찬가지다. 감정을 부정하는 것 역시 죽음이다. 감정이 질식하면 당신도 죽게 된다. 더는 도망칠 곳이 없어서 깊은 잠재의식 속에 감정을 새겨넣고 자신의 감정을 억제하는 것 역시 당신을 죽음으로 몰고 간다. 물론 이는 비유적인 표현이다. 당신이 실제로 목숨을 끊거나 당신에게 주어진 모든 좋은 것을 파괴할 것이라는 뜻은 아니다. 하지만 감정을 억누르는 태도는 당신이 누리는 삶의 모든 부분을 빼앗아갈 것이고 바로 그런 점에서 당신의 '자아'를 죽인다는 뜻이다.

당신은 스스로 모든 것을 느끼도록 자신을 내버려두거나 아니면 아무것도 느낄 수 없도록 만들 수 있다. 감정 자체는 당신이 선택하는 게 아니다. 단지 흐름에 따라 감정에 순응하거나 반대로 감정이라는 본능에 저항하는 것뿐이다. 결국 어떤 것을 선택할지는 당신의 몫이다.

감정에 관한
9가지 오해

01 **정서적 학대는 신체적 학대만큼 장기적으로 나쁜 영향을 끼친다.** 신체적 학대와 달리 정서적 학대는 겉으로 보이는 게 아니라서 심각하게 여기지 않는다. 하지만 오랜 기간에 걸친 정서적 학대가 미치는 영향의 심각성은 신체적 학대와 다르지 않다. 정서적 학대는 한 사람의 자신감, 가치, 개념 등을 체계적으로 약화시킨다는 점에서 신체적 학대와 유사하다. 정서적 학대는 통제와 위협, 비하와 비난, 고함 등을 포함하지만 이 밖에도 범위를 한정 지을 수 없는 다양한 방식으로 나타날 수 있다.

02 **감정은 그 감정을 만든 기억보다 더 오래간다.** 우리는 과거의 감정을 지금 처한 상황에 투영한다. 때문에 과거에 느꼈던 감정의 골을 메우지 않으면 항상 과거의 상처에 휘둘리게 된다. 비이성적인 두

려움과 일상을 흔드는 심각한 불안의 원인을 찾아 거슬러 올라가야 한다. 그 원인을 찾아 효과적으로 해결하면 나쁜 영향에 휘둘리는 것도 멈출 수 있다.

03 **창의적인 사람이 우울한 이유.** 부정적인 감정의 표현과 경험은 뇌의 오른쪽 전두엽 피질의 활성화와 관계가 있다. 물론 편도체도 감정 영역과 관계가 있다. 현재 어떤 경험을 하든 창의적이고 추상적인 의미를 계속 부여하면 동일한 영역이 활성화되면서 우울감이나 다른 부정적인 감정을 느끼게 된다.

04 **두려움은 도망치고 싶은 욕망이 아니다. 두려움은 관심을 의미한다.** 믿거나 말거나 두려움과 가장 관련 있는 감정은 관심이다. 심지어 두려움은 보이지 않는 2가지 얼굴을 갖고 있다고도 이야기한다. 하나는 어딘가로 도망가고 싶어 하는 얼굴이고, 다른 하나는 원인을 깊게 파고들어 조사하고 싶어 하는 얼굴이다. 다시 말해 어떤 것에 두려움을 느끼는 이유는 그에 대해 이해하고 싶어 하기 때문이다. 또한 우리가 그 대상의 일부라는 것과 그 대상이 우리 경험의 일부가 될 것이라고 느끼기 때문이다. 관심이 없다면 우리는 아무것도 두려워하지 않는다.

05 **감정은 미래를 예측할 수 있다. 다른 말로 육감은 정말로 존재한다.** 컬럼비아대학교의 레너드 리, 앤드류 스티븐, 미첼 팸은 '감정의 오라클 효과'The Emotional Oracle Effect로 불리는 연구를 진행했다. 이 연구는 자신의 감정을 신뢰하는 사람들이 미래의 결과를 예측할 수 있음을 증명했다. 그들은 자신의 감정을 일상적으로 이용하기 때문에 잠재의식 속으로 들어가는 창문을 갖고 있으며 그것은 무의식

적인 정보를 담고 있는 우물이다.

06 **육체적 고통보다 사회적 고통을 체험하는 경우가 더 빈번하며 이 때문에 사회적 고통이 더 해롭다고 믿는 학자들도 있다.** 우리의 뇌는 거부감이나 다른 사회적 감정 또는 굴욕에 우선순위를 둔다. 살아남기 위해서는 집단 안에 머물러야 하기 때문에 이런 고통들에 더 민감하게 반응하는 것이다.

07 **스트레스는 가장 위험한 감정이다. 특히 스트레스가 계속될 때는 더욱 그렇다. 하지만 스트레스는 다른 감정보다 더 쉽게 무시되는 경향이 있다.** 휴식을 무시하지 마라. 휴식은 절대적으로 중요하다. 스트레스는 우리 몸의 모든 부분을 쇠약하게 만들며 사고, 암, 심장병, 자살 등 대부분의 사망 원인과 밀접한 관련이 있다.

08 **소셜 미디어는 감정적 단절을 부채질한다.** 소셜 미디어에 언급된 짧은 글이나 잘 포장된 이미지를 지속적으로 접하면 우리는 현실과 동떨어진 생각, 왜곡된 생각에 빠질 위험이 있다. 소셜 미디어를 통해 타인의 삶을 보는 것에 너무 큰 시간과 에너지를 쏟지 마라. 그것은 그저 잘 포장된 허상에 불과하다. 인간이 살아남기 위해서는 로맨틱한 관계든 아니든 서로 직접적인 친밀감을 필요로 하기 때문이다.

09 **어떤 특정 감정을 일부러 무디게 만들어서는 안 된다. 악감정이 무뎌지면 기쁨과 감사, 행복에 대해서도 무감각해진다.** 심리학자 브레네 브라운은 자신의 책《완벽을 강요하는 틀에 대담하게 맞서기》_{Daring Greatly}에서 1가지 감정만 무감각하게 만들어도 다른 모든 감정도 무감각해진다고 주장했다. 행복을 만끽하기 위해서는 슬픔을 무

시할 수 없다. 다시 말해 좋은 감정과 나쁜 감정을 모두 경험하는 것이 건강에 더 좋다는 뜻이다.

숨긴 마음은
언젠가 반드시 드러난다

감정을 억누르는 것이야말로 가장 효과 없는 감정 조절 전략이다. 이 사실을 알면서도 사람들은 감정에 대처하기 위해 이 방법을 가장 많이 사용한다. 감정을 억누르는 것은 감정을 무시하거나 그 감정이 틀렸다고 믿으며 무효화하는 것이다. 하지만 감정은 인간이 건강하게 잘 살 수 있도록 고안된 본능이기 때문에 감정을 무조건 억누르는 것은 위험하다. 흔히 우리는 잘 알지 못하는 세계를 마주하기보다는 그냥 그것을 피하는 쪽을 선택한다. 그래서 자신이 온전히 이해하지 못하는 감정을 외면하고 싶어하고 쉽게 회피하는 태도를 취한다.

1988년 사회심리학자 다니엘 웨그너는 감정을 억누르는 게 얼마나 끔찍한 일인지 보여주는 획기적인 연구를 수행했다. 이 연구는 '백곰 진압'Suppressing the White Bears이라는 제목으로 《인지사회심리학 회보》에 실렸다. 그는 이 연구를 통해 '생각 억제의 반동효과'를 확인했다. 그 내용을 살펴보면 흰곰을 떠올리지 말라고 지시를 받은 실험군이 흰곰을 포함해 아무거나 마음대로 생각할 수 있는 대조군보다 흰곰을 더 많이 생각하는 경향을 보였다.

이처럼 무언가를 억누르면 더 끈질기게 살아남는다. 쉽게 말해 사람은 자신의 감정을 피할 수 없으며, 자신이 느끼는 것을 부정하거나 무효화하거나 억누를 수 없다. 무시하려고 애를 쓸 수는 있지만 인간의 이해 범위를 넘어서는 여러 이유로 감정은 다양한 방법을 통해 존재감을 드러낸다.

지금부터 억눌린 감정이 표출되는 15가지 방식과 우리가 실제로 경험하는 징후를 소개한다.

01   당신의 자아상은 양극화되어 있다. 당신은 자신을 세상에서 가장 훌륭한 사람이라고 생각하거나 아니면 가장 쓸모없는 쓰레기라고 생각한다. 그 둘 사이의 중간은 없다.

02   자신의 본모습을 그대로 보여주면 당신이 속한 사회나 집단에 파장을 일으킬 것이라 예상하며 불안감을 느낀다. 그러므로 당신은 배우처럼 자신의 모습을 꾸며서 연기한다. 그리고 상대가 누구든 당신을 평가하고 판단할 것이라고 생각한다.

03   최악의 상황을 지레 짐작한다. 동료의 가시 돋친 말 한 마디에 자존감이 와르르 무너져내린다. 또한 파트너와 벌인 단 한 번의 말다툼 때문에 당신은 그 사람과의 관계를 다시 생각한다.

04   자신을 다른 사람과 비교할 때만 존재감을 느낀다. 당신은 자신이

다른 사람과 비교해서 더 매력적이거나 같은 무리 중에서 가장 멋지다고 생각할 때만 자신을 매력적인 사람으로 느낀다.

05 실수는 능력 없는 인간이나 하는 짓이라고 생각하기 때문에 자신의 잘못에 관대할 수 없다.

06 사소한 일에 과하게 분노를 터뜨릴 때가 있다.

07 불평할 이유가 없는 것에 대해서도 끊임없이 불평한다.

08 우유부단하다. 자신의 생각이나 의견 또는 선택이 처음부터 좋다거나 옳다는 확신이 없기 때문에 계속 결정을 망설이며 생각만 하고 있다.

09 할 일을 질질 끄는 것은 자신이 매우 불안한 상태임을 분명하게 표현하는 방법이다.

10 다른 사람들과 교감하기보다는 우월감을 느끼고 싶어 한다.

11 아는 사람이 성공했을 때 당신이 보이는 즉각적인 반응은 칭찬이나 인정이 아니다. 대부분 그 사람의 잘못이나 단점을 먼저 지적한다.

12 애정 관계가 늘 비슷한 이유로 끝나고 늘 비슷한 것에 불안감을 느낀다. 시간이 지나면 이런 감정이나 반응이 약해질 것이라고 기대하지만 그렇지 않다. 이 패턴은 늘 반복된다.

13 자신의 고통과 실패 또는 선택 장애에 관한 책임이 다른 사람에게 있다고 생각하며 그 점에 대해 그 사람에게 화를 낸다.

14 어떤 사람에게는 절대로 마음의 문을 열 수 없을 것 같은 느낌이 든다.

15 예전의 관계를 잊고 다른 사람과 새출발하고 싶지만 두렵다. 정

신적으로는 준비가 되어 있을지 모른다. 하지만 지금까지 지녀온 감정을 완전히 처리하기 전까지는 현재 상태 그대로 남아 있을 것이다.

부정적인 감정에
찌든 마음을 해독하는 법

몸을 잘 돌본다는 의미를 제대로 알려면 아직도 갈 길이 멀다. 그러나 마음을 돌보는 방법에 대해서는 그보다 훨씬 더 뒤처져 있다. 인간의 뇌는 경험을 재구성하고 관점을 왜곡하거나 바꾼다. 이러한 재구성은 무궁무진하다. 여기에서는 상한 마음을 치유하고 잘못된 고정관념을 버리며 과거를 깔끔하게 청산할 수 있는 17가지 방법을 소개한다.

01 **자신이 속한 문화에 동화되기 위해 여행을 떠날 것.** 당신이 알고 있는 '정상'의 기본 개념을 바꿔라. 그러면 그동안 주변에서 얼마나 많은 행동과 가치관, 신념 등을 무의식적으로 받아들였는지가 보인다. 그리고 그 모든 것을 변화시킬 수 있는 방법도 보일 것이다.

02 **정서적인 문제에 맞는 물리적인 해결책을 찾을 것.** 사람들은 하나의

감정이 다른 감정을 상쇄하거나 바꿀 거라는 고정관념을 갖고 있다. 화가 났을 때는 분노를 없애기 위해 기분 좋은 것을 찾는다. 하지만 부정적인 감정을 없애기 위해서는 약간의 정신적 훈련과 수많은 논리적 근거를 통해 그 감정을 진정시키는 행동이 필요하다. 부정적인 감정을 상쇄하기 위해 엉뚱한 해결책을 들이대는 대신 흥분한 감정을 누그러뜨리는 것이 상한 마음을 치유하는 길이다.

03 **정서적 독성, 즉 부정적인 감정에 찌드는 것은 정신적 저항에서 비롯된다는 것을 이해할 것.** '이렇게 하면 이런 기분이 들 거야'라고 짐작하며 특정한 감정을 꾸미려 하지 말고 그 순간에 느끼는 감정을 고스란히 받아들이는 연습을 해야 한다. 정신적 저항은 비록 일시적이지만 감정을 무감각하게 만들어 정서적으로 불편한 상태를 초래한다.

04 **자신의 한계를 확인할 것.** 당신 앞에 놓인 문제들은 사실 당신 뒤에 있다. 그 문제들은 당신이라는 기반에 생긴 틈새이며 발목을 잡는 원인이다. 겉으로 드러난 증상을 파헤치지 말고 뒤로 돌아가서 문제의 근본적인 원인을 파악하라.

05 **먼 길을 운전하면서 길을 잃어볼 것.** 있는지도 몰랐던 동네를 지나며 그 동네 사람들이 사는 모습을 감상하라. 남들이 퇴근하고 집으로 돌아가는 모습과 바깥에서 본 그들의 집이 어떻게 생겼는지 보라. 그러면 망망대해를 바라보며 느낄 때보다 더 실감나게 자신이 얼마나 작은 존재인지를 깨닫게 되며 이것이 위로가 될 것이다. 세상은 넓고 당신이 모르는 것은 무궁무진하게 많다.

06 **집 안의 가구를 이리저리 다시 배치할 것.** 당신의 뇌는 가구와 소품

들이 발산하는 신호를 통해 경험을 구축한다. 뇌가 환경을 처리하는 방법 때문에 살림살이가 어질러진 집 안에 들어오면 당신은 무의식적으로 부정적이거나 정체된 감정을 느낀다. 그러므로 실내 환경과 사고방식을 바꿔라. 외양을 바꿈으로써 그 안에서 느끼는 감정도 바꿀 수 있다.

07 **나쁜 감정을 몰아낼 것.** 이상한 생각이 계속 떠오르거나 아무 관련도 없는 생각의 파편들이 머리를 가득 채울 때는 그런 잡념의 파편들을 종이 위에 적어보라. 그런 생각들을 머릿속에서 꺼내는 것만으로도 마음이 한결 편해질 것이다.

08 **디지털 생활방식을 재구성할 것.** 디지털 세상과 영원히 단절하고 사는 것은 현실적으로 불가능할 뿐 아니라 그리 바람직하지도 않다. 하지만 어쨌든 우리는 SNS에서 자주 접하는 내용에 영향을 받게 되어 있다. 그러니 주의해야 한다. 보고 싶지 않은 채널은 팔로우하지 말고 자신에게 긍정적인 영향을 주는 채널과 그룹, 단체와 게시물만 팔로우해서 보라.

09 **자신의 무의식적인 동작을 살펴볼 것.** 당신은 길을 걸으면서 어느 쪽 발을 먼저 내딛고 어느 쪽 발을 위로 올리겠다고 의도적으로 결정하지 않는다. 하지만 발이 움직이는 방향은 당신의 지시에 따른다. '좋아, 오늘은 이쪽으로 여기까지 가는 거야.' 당신의 발걸음은 그렇게 시작된다. 마찬가지로 아침에 마음속으로 어떤 결심을 하는지도 미리 살펴보라.

10 **정서적 시선에서 공간을 정돈할 것.** 자신이 어떤 물건을 늘 곁에 두며 애착을 느끼는지 생각해보라. 어떤 물건이든 정서적 애착을 느

끼는 것은 놔두고 나머지는 과감하게 버려라.

11 **자신의 현재 상태를 정리해볼 것.** 종이 위에 표를 세 칸으로 나누어
서 그려라. 맨 왼쪽 칸에는 당신이 인생에서 성취했다고 느끼는
것을 적고, 가운데 칸에는 당신이 매일 하는 일, 그리고 오른쪽 칸
에는 당신의 습관이 가져올 결과나 당신이 앞으로 하고 싶은 일을
적어보라. 이런 식의 정리는 인생의 큰 그림에 집중할 수 있게 도
와준다. 사소한 일에 몰두하는 것은 사람을 불안하게 만든다.

12 **부정적인 생각에 빠져들 때마다 몸의 자세를 바꿀 것.** 이런 사소한 변
화가 몸에 새로운 경험을 만들고 그 순간에 했던 일에 정신을 다시
집중하게 해준다.

13 **두뇌의 역량을 확장할 것.** 관심 있는 주제에 관한 책을 찾아서 읽어
라. 그 주제에 관해 더 많이 더 깊게 파고들어라. 당신이 세운 가설
이나 이론에 대해서도 연구해보라. 흥미를 유발하는 일에 적극적
으로 참여함으로써 배움에 대한 사랑을 키워라. 그렇게 하면 최소
한 세상을 조금은 더 알게 될 것이다.

14 **연락처는 알지만 연락이 끊긴 사람과의 관계를 재평가할 것.** 멀리 떨
어져 사는 것도 아닌데 메신저나 이메일로만 소통하는 사람이 있
는가? 그들과 전화 통화나 만남을 가진 지 오래되었다면 당신이
삶에서 사람을 얼마나 우선시하는지에 대해 다시 평가해야 한다.
사람보다 컴퓨터 화면을 선호하는 것은 삶을 불안의 구렁텅이로
몰아넣는 최고의 방법이다. 소원했던 이들을 직접 만나 안부를 묻
고 소통하라.

15 **자신을 산만하게 만드는 중독 성향이 어떤 것인지 확인할 것.** 사람들

은 대부분 뭔가에 중독되어 있으며 그것 때문에 고생한다. 여기서 중독이란 정말로 하고 싶지 않은 어떤 행위를 멈추지 못하고 계속하는 것을 말한다. 중독은 자신과의 단절이며, 이런 단절은 당신이 직면할 수 없다고 생각하는 현재의 어떤 일에서 비롯된다는 것을 알아야 한다.

16 **'그만하면 충분해'라는 표현은 결코 완벽하지 않다는 뜻이 아님을 배울 것.** 그만하면 충분하다는 표현은 정말로 충분하다는 뜻이다. 적당히 대충 하라는 뜻이 아니다. 이 사실을 받아들이면 정신적·정서적으로 안도감을 느낀다.

17 **당신의 삶에서 오로지 실행 가능한 부분만 살피고 분석할 것.** 마음이 답답한 이유는 대체로 불필요한 것에 쓸데없는 노력을 퍼붓기 때문이다. 자신의 취향보다 좀 더 고상하며 다른 사람의 인생보다 더 멋지고 누가 봐도 만족스러운 삶을 만들기 위해 시간과 노력을 낭비하는 것이다. 하지만 이런 낭비는 자신의 의도와 정반대의 결과를 낳는다. 결국 진정으로 행복한 경험, 즉 소소하고 단순한 행복이 우리 삶에 차고 넘친다는 것을 인정하는 것에서 점점 멀어진다. 거창한 생각과 불필요한 집착을 통해 자신을 현실 속 진짜 사람이 아닌 영화 속의 캐릭터로 만들어버리면 진짜 당신은 어디서 찾을 것인가?

불안감을
현명하게 끌어안는 방법

사람들은 대개 자신의 감정을 일부러 의식하지 않기 때문에 자신이 감정 조절에 집착한다고 생각하지 않는다. 대신 껄끄러운 느낌을 갖지 않기 위해 모든 것을 올바르게 해야 한다고 생각한다. 또 인생 최악의 악몽을 상상하며 거기서 벗어나고자 한다. 성공의 반열에 들기 위해 얼마나 많은 돈을 벌어야 하는지, 현재의 몸매를 유지하기 위해 음식을 얼마나 절제해야 할지, 자신의 집이 얼마나 근사하게 보일지, 남들에게 호감을 사기 위해 어떻게 반응해야 할지에 대해 끊임없이 걱정한다. 이런 두려움에서 자신을 좋은 사람으로 포장한다. 이런 행동 방식들은 삶의 신체적, 물리적, 정신적인 부분이기 때문에 이를 감정의 통제라고 생각하지 않는다. 하지만 감정을 통제할 수 없을 때 우리는 삶의 물리적인 것들을 통제할 수 없다. 결국 물리적인 것들을 통제하는 이유는 감정을 통제하기 위해서다. 우리는 진정한 '영혼의 동반자'를 찾으면 가슴이 찢어질 일이 없을 거라고 생각한다. 매력이 넘치면 남에게 존중받을 수 있고, 남들이 우리를 좋게 생각한다면 우리 스스로도 자신을 좋게 여길 수 있다고 생각한다.

감정적으로 고조됐거나 비이성적인 감정과 씨름하는 사람이라면 누구나 알듯이 불안과 공황은 대체로 그 감정 자체에 대한 두려움에서 비롯된다. 감정을 느끼는 것을 거부함으로써 감정을 부정하는 게 아니라 오히려 감정을 피하려고 다른 것을 사용함으로써 감정을 부정한다. 결과를 통제하고 위험을 줄이려고 노력하며 나쁜 것을 경험하지 않는 데 집착하는 것은 온전한 삶을 사는 게 아니다. 이런 식이라면 우리의 자아는 산산조각난 채 잠시 편안한 척할 뿐이다.

이런 감정적 단절은 어린 시절부터 시작된다. 어린이들은 자신이 느끼는 감정을 이해하지 못하기 때문에 감정을 어떻게 조절해야 하는지 모른다. 이것은 마치 자신의 몸이 어떻게 작동하는지 모르고 식사 예절을 지키는 것과 같다. 아이들은 버릇없이 굴거나 말썽을 부리면 벌을 받는다고 배우고 바로 그런 경험에서 억압의 악순환이 시작된다. 아이들은 자신이 착하게 행동할 때 부모가 그들을 더 사랑할 것이라고 배우며 인정받지 못할까 봐 두려워 자신의 일부 모습을 일부러 감춘다.

아이들은 결국 충분히 사랑받는다고 느끼지 못할 때 반응한다. 아이들은 부모의 사랑을 갈망한다. 부모의 사랑이 자연스럽게 주어지지 않는다면 아이들은 부모 앞에서 행동을 조작할 것이고 이를 통해 불안감이 형성될 것이다. 불행하게도 이런 과정을 거치며 아이들은 자신의 중요한 부분과 단절된다. 그리고 이렇게 해서 아이들은 불안감에 빠지고 남에 대해 비판을 잘하며 인간관계에서 제기능을 하지 못하는 불안정한 어른으로 성장한다. 사랑받기 위해 자기 모습의 일부분을 감추며 자란 아이들은 주변의 모든 것을 통제하는 게 중요하다는 사실을 알게 된다. 그리고 어떤 감정을 유발하지 않으면 그에 대해 대처하지 않아도 된다고 생각한다. 때문에 감정을 억압하고 드러내지 않는 것에 익숙해진다.

불안과 싸우지 않는 어른으로 성장하는 방법은 불안을 받아들이는 어른이 되는 것이다. 어른들은 아이들 내면에 아직 자리 잡지 못한 이성의 목소리가 되어야 한다. 특히 가장 두렵고 취약한 순간에 아이들 귀에 들리는 어른들의 목소리는 언젠가 그들의 머릿속에서 울리는 목소리가 될 것이다. 아이들을 불안과 싸우지 않는 어른으로 키우기 위해서는 우리가 먼저 사랑이 넘치고 친절하며 남을 함부로 판단하지 않는 어른이 되어야 한다. 아이들은 어른이 시키는 대로 하는 게 아니라 어른이 하는 대로 따라 한다. 세상이 바뀌길 바란다면 우리 자신부터 바꿔야 한다. 아이들을 통제하고 억압할 게 아니라 자신부터 귀감이 돼야 한다. 자신의 감정에 잘 대처하는 아이로 키우려면 우리 어른들이 먼저 자신의 감정에 대처하는 방법을 배워야 하고, 그것을 아이들에게 보여줘야 한다.

그리고 지금 우리는 그 방법을 배울 수 있다. 불안감에 대처할 수 있는 감정지능이 없더라도 우리에겐 그것을 이해하기 위해 의도적으로 성장할 기회가 있다. 우리는 우리 자녀들과 손자, 손녀들을 비롯해 대대손손에게 '자기 이해'라는 지식을 선물할 수 있는 잠재력을 갖고 있다. 하지만 그런 지식은 우리가 먼저 터득해야만 나온다.

멘탈 붕괴는
감정의 돌파구다

우리는 좋은 감정만 느껴야 한다고 억압받으며 자라왔다. 하지만 우울, 슬픔, 무기력, 분노 등 우리가 흔히 나쁘다고 하는 감정들도 느끼며 살아야 한다. 사실 이런 감정을 두고 '좋다, 나쁘다'로 이분화해 생각하는 것 자체가 무의미하지만 말이다. 어쨌든 우리가 피하고자 했던 감정들을 통해 우리는 내면에 깊이 숨겨진 진짜 자신의 마음과 만날 수 있다. 스스로 애써 감춰두었던 생각과 견해, 믿음과 감정 말이다. 이런 것들은 온통 좋아 보이는 것으로 포장된 당신 삶의 외피를 걷어내고 당신의 진짜 내면과 마주하게 해준다.

01 **모든 것에 대해 질문한다.** 모든 것이 겉모습과 똑같다고 믿거나 자라면서 옳다고 믿었던 것에 전반적으로 의문이 생긴다. 철학과 정

신, 정치와 사상에 대한 새로운 개념들을 탐구하면서 그동안 자신이 몰랐던 것이 아주 많다는 사실을 발견한다.

02 **패턴이 보이기 시작한다.** 관계, 직업, 생각, 감정처럼 당신의 삶에 계속해서 등장하는 것은 당신이 옳다고 믿는 것의 결과라는 사실을 깨닫는다. 그런 결과에는 일종의 패턴이 있으며 그 패턴을 바꾸는 방법을 알면 패턴이 나타나는 방식도 바뀔 것이다.

03 **걷잡을 수 없이 분노가 치민다.** 분노는 좋은 감정이다. 분노는 세상에 화를 내는 것이 아니라 자기 자신에게 화가 났음을 깨닫게 한다. 이것은 보통 삶에서 변화가 일어나기 직전에 발생한다. 분노와 비슷한 불만족, 원망, 짜증, 자기 연민 등은 불쾌한 감정이지만 어떤 행동을 취할 정도로 마음을 심란하게 만들지는 않는다. 하지만 분노는 행동으로 이어진다. 분노의 불길은 당신을 통해 타오르며 당신을 변화시켜 새로운 세상을 열어준다.

04 **'고작 그게 전부야?'라는 질문을 하기 시작한다.** 매일 자고 먹고 일하다 죽는 것이 자신의 진짜 운명인지 궁금해진다. 이런 삶이 당신이라는 존재의 전부인지 아니면 훨씬 더 큰 현실을 위한 작은 틈새인지 궁금증이 생긴다.

05 **끝내주는 아이디어가 떠올랐다. 진짜로 사랑하는 사람도 찾았다. 심지어 일생일대의 기회까지 얻었지만 갑자기 무기력해진다.** 우리는 이것을 '저항'이라고 부른다. 행복하다고 느낄 때 우리는 행복한 만큼 두려움을 느낀다. 저항한다는 것은 자신이 원하는 게 무엇인지 정확히 알고 있다는 뜻이다. 그에 상응하는 만큼의 두려움을 자연스럽게 경험한다는 뜻이기도 하다.

06 **자신의 감정 상태가 부당하게 보인다.** 불안하고 우울한 감정은 당신을 힘들게 만들지만 그런 감정을 느끼는 것은 어쩔 수 없다. 비이성적으로 불안을 느끼는 것에는 이유가 없지만 그런 감정은 분명히 존재한다. 아직은 자신의 감정을 제대로 이해할 수 없다. 그러나 감정을 표출하는 기술을 터득하는 중이므로 그런 감정을 느낀다는 사실을 깨닫는다.

07 **자신이 정말로 어떤 사람인지 잘 모른다.** 당신이 생각하는 자신의 모습은 대개 다른 사람이 당신을 바라보는 시선 또는 당신이 상상하는 자신의 모습을 토대로 규정되는 경우가 많다. 하지만 누누이 강조해왔듯 당신이 되고 싶어 하는 자신의 모습과 당신의 실체 사이에는 약간의 차이가 존재한다.

08 **어린 시절에 느꼈던 감정과 두려움을 경험한다.** 마음속에 잠재돼 있던 옛날 감정이 전부 수면으로 떠오르는 걸 보면서 당신은 그런 감정이 애초에 사라진 게 아니었음을 깨닫는다. 사실 그동안 감춰두었던 생각과 견해, 믿음과 감정이 당신의 삶을 묵묵히 이끌어왔다. 당신만 그 사실을 몰랐을 뿐이다.

09 **지금 당장 소중한 것을 잃을까 봐 두려워한다.** 어떤 식으로든 자신을 구원해줄 것이라고 생각하는 특별한 1가지를 잃게 될까 봐 두려움을 느낀다. 이는 그 어느 것도 당신을 구원할 수 없음을 깨닫기 시작할 때 느끼는 감정이다. 당신은 상실을 두려워하는 게 아니다. 자신은 아직 준비가 안 됐다고 생각하는데 주어진 현실을 강제로 받아들여야 하는 상태를 두려워하는 것이다.

10 **포기해야 할 것을 포기한다.** 당신은 자신의 꿈을 포기하지 않는다.

사람들과의 관계도 포기하지 않는다. 단지 이런 것의 실체에 더 큰 의미를 부여하는 것을 포기하는 것뿐이다. 자신에게 맞지 않는 것을 포기하는 것이다. 포기라는 단어는 어떤 면에서 부정적으로 들리지만 정말 필요할 때 포기하는 것은 바람직한 선택이다.

11 **더는 자기 마음의 피해자가 되지 않기로 결심했다.** 사람들은 돌파구의 벼랑 끝에 서지 않는 한 멘탈 붕괴나 신경쇠약을 겪지 않는다. 신경쇠약 또는 강렬한 정신적·정서적 혼란은 항상 당신이 처한 어떤 상황이 변화 중이라는 신호다. 그런 신호가 없다면 모든 사람은 어떠한 흔들림도 없이 매일 평탄하게 살 것이다. 정서적 혼란은 한때 평온한 상태에만 머물던 과거의 당신을 인정하고, 이제는 더 크고 높은 행복을 향해 나아가고 있다는 것을 알려주는 일종의 신호다.

고통은 성장을 위한
윤활제다

수많은 시인과 사상가, 철학자들이 고통의 목적에 관해 말해왔다. 시인 루미는 고통으로 생긴 상처를 통해 빛이 들어온다고 말했다. 정신과 의사이자 베스트셀러 작가 엘리자베스 퀴블러 로스는 아름다운 사람이 되기 위해서는 패배와 고통을 알아야 하고 감사와 공감과 이해를 알기 위해 고군분투해야 한다고 했다. 소설가 칼릴 지브란 또한 가장 놀라운 인물들의 마음을 사로잡은 것은 고통의 흔적이라고 말했다. 도스토옙스키도 위대한 지능과 심오한 정신은 고통을 통해 탄생한다고 주장했다.

고통은 인간의 성장을 방해하는 요소가 아니라 인간의 마음과 영혼을 성장시키는 촉매제다. 당신은 분명 지금까지 살아오면서 여러 고통을 경험했을 것이다. 어떤 과정을 거치기 위해 반드시 필요했던 고통, 무언가를 얻기 위해 다른 것을 잃어야만 했던 고통, 지금의 당신을 만들기 위해 감내해야 했던 고통. 수많은 사람이 고통이라는 현상에 관해 이야기하지만 대부분은 고통이 무엇인지 제대로 정의하지 못한다. 고통은 당신의 마음과 정신을 여는 촉매제이며 아름다운 삶을 쌓아 올리는 토대다. 고통은 인간의 성장에 반드시 필요한 것이기에 결국 우리가 겪은 고통에 감사하게 될 것이다. 고통은 인간을 변화시키는 원동력이며 빛에 대비되는 어둠 같은 존재다. 하지만 어둠이 있기에 빛은 더욱 눈부시다.

고통이 필요한 이유를 이해한다면 우리는 고통을 조금 더 우아하게 참을 수 있으며, 최소한 고통이 가해지기 전에 고통이 외치는 소리에 귀 기울일 수 있다. 지금부터 인간의 성장에 고통이 필요한 이유가 무엇인지 함께 살펴보도록 하자.

01 **자신이 겪는 일이 고통이 아니라는 것을 깨달을 때 비로소 고통은 사라진다. 하지만 그 사실을 깨닫기 위해서는 결국 고통의 시간이 필요하다.** 통증과 고통은 같은 것이 아니다. 인간은 통증을 사랑한다. 고문을 당할 때도 오르가슴을 느낄 때와 비슷한 표정을 짓는다. 눈물을 흘리는 것은 감정을 정화하는 카타르시스이며, 통증이라는 생리적 감각은 우리를 살아 있게 만든다. 결국 인간이 싫어하는 것은 통증이 아니라 고통이다. 고통은 통증에 대한 저항이고 우리는 이런 저항 속에서 고통을 겪는다. 통증은 우리가 선택하는 것은 아니지만 그렇다고 나쁜 것은 아니다. 하지만 고통은 우리가 선택하는 것이고 그래서 통증보다 더 좋은 것이다. 고통은 항상 우리의 자발적인 의지에 좌우되기 때문이다.

02 **인간은 행복을 추구한다고 생각하지만 사실 인간이 가장 열심히 추구**

하는 것은 편안함과 익숙함이다. 인간은 무엇이 자신을 행복하게 만들 수 있는지 예측할 수 없다. 우리가 아는 것은 고작 우리가 이미 알고 있는 것뿐이기 때문이다. 하지만 세상은 미래를 위한 계획과 행복을 선택하고 그것을 추구하는 것에 큰 의미를 둔다. 행복을 추구하기 위해 우리는 그저 옛날부터 알고 있던 것, 전혀 행복하지 않았지만 익숙한 것들을 선택한다. 다시 말하지만 인간이 진심으로 바라는 것은 편안함이다. 편안하고 익숙한 안전지대에서 불편을 느끼지 않는다면 인간은 한때 최선이라고 생각했던 것에서 결코 벗어날 수 없다. 그리고 진정으로 더 위대한 것을 추구하기 위해 자신을 채찍질하지도 않는다.

03 **행복해지기 위해서 외부세계를 바꾸려 하지 마라. 그것은 필름을 재생하는 영사기가 아니라 필름이 투영된 화면을 바꾸려는 행위와 같다. 우리는 고통을 통해 이를 깨닫는다.** 세계적인 영적 멘토 바이런 케이티는 "얼룩이 묻은 곳을 알면 렌즈를 깔끔하게 닦으면 된다. 그런 행위는 고통의 끝이며 낙원에서 누리는 소소한 기쁨의 시작이다."라고 말했다. 물론 케이티는 렌즈에 인간의 마음을 비유한 것이다. 어두운 터널로 깊이 들어간 후에야 비로소 내면으로 시선을 돌려야 한다는 사실을 깨닫게 된다는 뜻이다. 당신의 마음은 세상을 인식하는 렌즈다. 그러니 삶을 바꾸려면 렌즈의 초점을 조정하면 될 뿐 자신을 렌즈에 맞출 필요는 없다.

04 **종종 고통은 우리에게 실패의 형태로 다가온다. 이는 우리가 아직 보지 못한 다른 면으로 향하는 돌파구에 불과하다.** 우리는 자신에게 무엇이 최선인지 모른다. 그런데 어찌된 일인지 잠재의식 깊숙이 자리

한 본능적인 자아는 우리에게 무엇이 최선인지 알고 있다. 이 말은 내가 감히 신의 섭리에 대해 무언가를 안다는 뜻이 아니다. 지금까지 살아오면서 나 역시 마음이 찢어지는 고통을 당했던 적이 있다. 그 당시에는 내 인생의 더 큰 그림을 알지 못했다. 하지만 그런 쓰라린 경험이 나를 더 큰 일을 감당할 수 있는 그릇으로 만들어주었다.

05   **기쁨을 느끼는 능력은 고통을 아는 능력과 균형을 이루어야 한다.** 우리의 세계는 음양의 양면으로 이루어졌고 양면성에 의해 존재한다. 이것은 자연 세계의 기본이다. 즉 어둠을 볼 수 있는 능력이 클수록 더 많은 빛을 볼 수 있다. 감정적 자아의 음양은 항상 균형을 이룬다. 이는 어떤 관점으로 사물을 바라보느냐 하는 것과도 관련 있다. 우리에게는 동전의 양면처럼 음과 양이 똑같이 존재하며, 어느 것을 선택할 것인지는 결국 우리 자신에게 달려 있다.

06   **통증은 뭔가 잘못됐다는 신호다. 그리고 고통은 우리가 잘못된 일에 주의를 기울이지 않을 때 발생한다.** 이는 생리적으로뿐만 아니라 감정적으로나 정신적으로도 맞는 말이다. 우리는 자신이 아주 끔찍한 존재라서 고통을 당해도 싸다는 잘못된 믿음에 스스로 문제를 일으킨다. 하지만 그런 고통은 우리가 자초한 것이므로 그런 고통을 당할 이유가 없다는 것을 깨달아야 한다. 그리고 그 과정에서 세상이 보는 내가 아니라 나의 내면에 자리한 진정한 자아를 되찾아야 한다.

○

자기 마음도 모르는 사람들을 위한
감정 안내서

기쁨은 고통을 치유할 수 없다. 기쁨이 고통을 치유한다는 것은 사회에서 통용되는 가장 큰 심리적 오해 중 하나다. 기쁨이 고통을 치유할 수 없는 이유는 고통과 기쁨이 같은 스펙트럼의 정반대편에 존재하기 때문이다. 기쁨과 고통에 대한 반응은 생물학적으로 모두 뇌의 같은 부분에 기반을 두고 있다. 우리를 기분 좋게 하는 '기쁨의 화학 물질' 도파민은 통증 반응에도 관여한다. 앨런 와츠는 그 사실을 가리켜 인간의 의식을 높이기 위해 지불하는 대가라고 말한다. 쉽게 말해 우리가 1가지 감정을 특히 민감하게 느끼면서 다른 여러 감정들을 동시에 그것과 똑같은 수준으로 느낄 수는 없다는 것이다. 비 오는 날이 없다면 해가 쨍쨍한 날의 고마움을 느낄 수 없을 거라고 사람들은 말한다. 사실은 비 오는 날이 없다면 해가 쨍쨍한 날도 존재하지 않는다. 이것을 이원성二元性이라고 부른다. 우리는 이원성 속에서 살아가며 이원성 때문에 존재한다. 마치 무슨 유행어나 수학 용어처럼 들리지만 이원성은 우리가 반드시 이해해야 할 매우 중요한 개념이다.

우리 몸은 이원성 때문에 존재한다. 폐와 심장, 생식선 모두 정확히 똑같이 생긴 반쪽을 반대편에 갖고 있기 때문에 제대로 기능한다. 자연도 마찬가지다. 자연은 인간의 삶과 마찬가지로 창조와 파괴의 순환을 통해 스스로 지탱한다. 우리는 우주의 한 부분이며 우주에서 동떨어져 있지 않다. 나쁜 것이 없으면 좋은 것도 없고 낮은 것 없이는 높은 것도 없다. 고통이 없으면 삶도 없다. 따라서 고통이 존재한다는 게 문제가 아니라 고통의 목적을 알 수 없다는 것이 문제다.

우리는 행복을 기분이 좋은 상태가 지속되는 것이라고 오해한다. 이는 우리가 행복하지 않다고 믿기 때문이다. 항상 좋은 기분을 느끼는 사람들이 행복한 사람은 아니다. 행복한 사람들은 부정적인 감정을 외면하기보다는 그 감정을 이용해 앞으로 나간다. 행복이란 얼마나 기분이 좋은가가 아니라 왜 그런 기분을 느끼느냐에 관한 것이다. 의미와 목적에 따라 사는 삶은 기분 좋은 삶이지만 탐욕과 이기심에 바탕을 둔 삶도 마찬가지다. 전자는 더 어려운 반면 가치와 보람이 있다. 후자는 자기 파괴적이고 성취감이 없다.

이처럼 둘 중 하나가 다른 하나보다 더 우월하다. 욕심과 이기심은 고통을 없애기 위해 무엇이 최고인지를 찾는 사람들의 본질적인 특성이다. 인생의 의미를 찾고 목적을 향해 나아가는 태도는 자신의 고통을 받아들이고 고통을 거부하지 않으며 함께 일하기로 선택한 사람들의 특성이다. 고통은 우리에게 도움이 된다. 고통은 인생을 발전시키는 힘이다. 고통은 우리가 고통에 귀 기울이지 않을 때 번성하기 시작한다. 뜨거운 난로에 손을 대면 어떤 일이 일어날지 상상해보라. 심각한 화상을 입기 전에 손을 치우라고 몸이 신호를 보내기 때문에 통증을 느끼는 것이다. 뜨거운 난로에 계속 손을 대고 있으면 어떤 결과가 생기는지 우리는 모두 알고 있다. 감정적인 삶도 이와 다르지 않다. 하지만 우리는 감정적 고통이 보내는 신호에는 무감각하다. 그리고 우리를 어디로 안내하고 어떤 결과를 얻게 해주는지 여전히 이해하지 못한다.

우리 눈에는 고통이 행복을 만드는 핵심 요소가 아니라 행복을 방해하는 악당처럼 보인다. 하지만 그렇지 않다. 이 문제를 어떻게 해결해야 할까? 가장 먼저 할 일은 고통을 피하지 않고 이해하는 것이다. 우리가 원한다고 생각하는 많은 것이 사실 우리가 진심으로 원하는 게 아니다. 정서적으로 공허하고 상실감이 큰 사람 중에는 우리가 부자라고 부르거나 성공했다고 우러러보는 사람들도 많다.

두 번째로 필요한 것은 고통을 초월하는 목표 대신 좀 더 중립적인 감정의 농도를 지향하는 것이다. 이를 '기준치의 이동'이라고 부르는 사람도 있다. 우리는 보통 정신적·감정적 수용 능력을 조절하는 작업을 피하는 경향이 있다. 수용 능력의 기준치를 낮추면 겉에서 보는 '최고'에 도달할 가능성이 사라지기 때문이다. 기준치를 이동한다는 것을 우리가 상상해왔던 꿈과 희망을 포기한 것으로 여긴다. 하지만 실제로 우리가 포기하는 것은 그런 꿈과 희망이 우리에게 영원한 행복을 보장해줄 것이라는 환상이다.

이런 환상을 포기하는 대가로 우리는 인식의 변화를 얻을 수 있다. 이것을 최대한 단순하게 표현하면 '평온'으로 부를 수 있다. 평온은 최고를 추구하려는 욕망이나 보잘것없는 것을 억누르지 않는 상태를 말한다. 기준치를 '생존'에서 '번성'으로 바꾸고 결과에 집착하지 않으면 당신은 매일 열리는 인생의 소소한 열매를 즐길 수 있다. 손에 잡히지 않는 행복을 끝없이 추구하는 경주에서 일단 벗어나면 그동안 더 나은 가치를 향해 달려간 게 아니라 그저 자신을 앞지르려고 했을 뿐이라는 사실을 깨닫는다. 또한 고통을 통해서 그것을 이해할 수 있었다는 사실도 깨닫게 될 것이다. 고통은 그동안 묵묵히 동행하며 당신을 깨달음과 이해의 세계로 이끄는 안내자 역할을 해왔다.

부정적인 생각을 잘 쓸 때
얻게 되는 것들

감정에서 자유로워지고 싶다면 이것 하나만 이해하면 된다. '당신이 지금 겪는다고 생각하는 문제는 사실 진짜 문제가 아니다.' 진짜 문제는 당신이 자신의 문제에 대해 올바르게 생각하는 방법을 모른다는 것이다. 이런 진부한 말은 너무 많이 들어서 넌덜머리가 날 것이다. 진부하다고 해도 중요한 것이니 무시하지 말아야 한다. 이 말은 특정한 상황에서 특정한 사람들에게만 적용되는 조언이 아니라 우리 모두에게 해당된다.

어떤 일을 경험하고 난 뒤 그 일에 관해 다르게 생각하는 방법을 배우는 게 중요하다. 다르게 생각하는 법을 배우지 않으면 생각하던 대로 생각하고, 결국 살던 대로 살아가기 때문이다. 우리는 더 많은 것을 경험할수록 다양한 관점과 차원에서 생각하게 되고, 전에는 상상하지도 못했던 가능성을 고려하게 된다. 즉 다양한 렌즈로 세상을 볼 능력을 갖게 된다는 의미다. 진정한 교육은 무엇을 생각해야 하는지를 배우는 것이 아니라 어떻게 생각해야 하는지를 배우는 것임을 기억하자.

부정적인 생각은 긍정적인 생각만큼이나 우리에게 많은 것을 가르쳐준다. 그래서 부정적인 생각을 두려워하기보다 그것을 올바른 방향으로 이끌어주는 신호로 보는 것이 좋다. 그러면 부정적인 생각을 무엇이, 왜, 얼마나 중요한지를 결정하는 척도로 사용할 수 있다. 부정적인 생각의 힘은 바로 거기에 있다. 스토아학파가 시각화를 통해 가능한 한 최악의 결과를 상상하고 그에 대비하는 것을 실천했듯이 생각하는 법을 깨우치는 것은 삶의 의미를 찾는 간단한 기술이다. 무엇이 중요하고 어떤 것이 중요하지 않은지를 스스로 판단하고 결정할 수 있어야 성숙한 삶을 살 수 있다.

주류 심리학은 긍정적인 것에 초점을 맞추는 게 해결책이라고 주장한다. 하지만 마음속에 도사린 그림자 자아를 변화와 성장을 촉진하는 힘으로 전환하는 방법을 배우는 것이 더 중요하다. 부정적인 생각과 감정이 생길 때 무엇을 해야 하는지 알면 감정에서 자유로워지고 내면을 감싸는 평화를 얻을 수 있다. 그게 그들의 역할이기 때문이다.

미국의 작가 조나 레러가 설명하듯이 우리는 감정에 대해 생각함으로써 감정을 조절한다. 인간은 전두엽 피질을 통해 자신의 마음에 대해 생각할 수 있다. 인간의 뇌도 자신에 대해 생각한다. 심리학자들은 이를 '메타인지'Metacognition 라고 부른다. 우리는 화가 났을 때 화가 났다는 것을 스스로 인지한다. 각각의 감정 상태는 어느 정도의 자기 인식을 동반하기 때문에 왜 그런 감정을 느끼는지 알 수 있다. 그런 인식이 없다면 야생에서 우리를 향해 달려오는 사자를 보면서도 두려움을 느낀다는 사실을 모를 것이고, 사자를 피하려 도망치지도 않을 것이다. 도망칠 것이 아니라면 애초에 두려움을 느끼는 것이 무슨 소용이겠는가?

하지만 그것보다 더 중요한 것은 어떤 감정을 이해할 수 없다면, 즉 편도체가 '손실 프레임'에 반응한다면 그 감정을 무시할 수 있다는 것이다. 전두엽 피질은 감정적인 뇌를 무시하도록 의도적으로 선택할 수 있다. 즉 의미를 부여해도 아무 소용 없다고 판단하면 그 감정을 무시할 수 있다는 말이다.

이 말은 어떤 것이든 당신이 문제라고 '생각'하는 것이 문제가 아니라 당신이 그것을 문제로 '인식'하는 것 자체가 문제라는 뜻이다. 독립적인 존재로서 제대로 살고자 한다면 자신의 감정에 대해 생각하는 법을 배워야 한다. 당신을 얼어붙게 만드는 불안과 용감하고 가치 있는 일에 수반되는 두려움의 차이를 분별하는 것은 통찰력이며 이런 통찰력을 가지려면 훈련이 필요하다. 장애물을 기회로 바꾸는 사람과 자신의 불확실성에 짓눌린 사람 사이의 차이점은 지식과 의식이다.

불편함을 통해 우리는 편안할 때는 상상할 수 없었던 다양한 선택지를 떠올릴 수밖에 없다. 고통이 인간의 성장에 중요한 이유가 바로 여기에 있다. 장애물이었던 것이 길이 된다. 긍정적인 것들은 누구나 즐길 수 있지만, 부정적인 것을 받아들이고 이를 통해 삶에서 훨씬 더 심오한 가치를 찾을 수 있는 사람은 오직 극소수다.

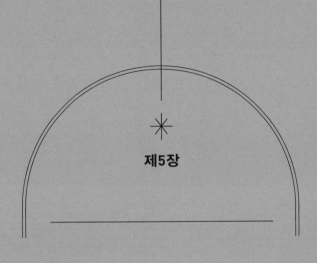

제5장

나를 중심에 둘 때
사람도, 사랑도 바뀐다

: 관계에 대하여

○

내가 바꿀 수 있는 건
오직 나 자신뿐이다

우리는 자신에게는 한없이 너그러우면서 남들에게는 야박한 경우가 많다. 때로는 똑같은 상황에서 똑같은 행동을 하면서도 다른 사람은 힐난하고 자신이 그러는 것은 괜찮다고 생각한다. 우리는 왜 나와 남에 대해 이중 잣대를 들이대는 것일까? 정작 자신은 하지 못하면서 남에게만 바라는 것에는 어떤 것이 있는지 살펴보자.

01 **많은 사람이 상대가 먼저 사랑 고백을 해주기를 기대한다.** 이처럼 다른 사람들이 우리에게 먼저 진심을 털어놓기를 바라면서 남에게 먼저 진심을 보일 생각은 잘 하지 않는다. 그저 편하다는 이유만으로 누군가에게 끝없이 마음을 요구하고 진심을 보여달라고 요구하는 것은 아닐까? 자신은 그렇게 하지 못하면서 말이다.

02 당신은 조건 없이 친절을 베풀지 않는 사람에게 화를 낸다. 아이들이 친절하지 않을 땐 벌을 주면서 친절을 가르친다. 이것은 지극히 폐쇄적이고 사랑스럽지 않은 방식이다. 화를 내는 방식으로 남에게 마음을 열고 사랑스럽게 행동하라고 가르치는 것의 모순을 생각해보라.

03 누군가 당신에게 관심이 있다면 그들이 먼저 행동할 거라고 예상한다. 당신은 멋진 사람이 나타나서 당신에게 데이트를 신청하기를 기다리거나 그 사람이 당신의 매력에 푹 빠질 때까지 가만히 앉아 있기를 바란다. 하지만 그 멋진 사람 역시 가만히 앉아 기다리기만 하는 당신에게 먼저 데이트를 신청하거나 당신의 매력에 빠지고 싶어 하지 않을 수 있다. 다음 질문을 자신에게 던져보자. 자신의 안전지대에서 벗어나 누군가에게 사랑한다는 말을 한 게 언제였을까? 부담 없이 어울리자는 말 대신 진지한 마음으로 누군가에게 데이트 신청을 한 것은 언제였을까? 남들이 당신에게 해줬으면 하는 일들을 당신이 누군가에게 마지막으로 해준 건 언제였을까?

04 당신은 자신이 중요하다고 느끼는 대의명분에 남들이 동의하지 않는 것을 이해하지 못하겠다고 투덜댄다. 그러면서 아이스 버킷 챌린지처럼 SNS에 올라오는 다른 이들의 열정이나 정치적 견해가 당신 마음을 불편하게 만든다고 욕한다.

05 사람들이 당신을 보자마자 신뢰해주기를 바라면서도 당신이 다른 사람을 신뢰하지 않는 데는 항상 정당한 이유가 있다고 생각한다.

06 알아서 당신 곁에 머물러주거나 말하지 않아도 당신에게 그들이 필요하다는 것을 눈치채지 못하는 사람을 무례하고 이기적이라고 생각한다. 하지만 당신은 곁에 머물러주는 사람들의 행동과 욕망, 그들의

마음을 이해하려는 노력을 얼마나 하고 있을까?

07 **당신 삶의 전체 내막을 모르고 일부분만 보고 당신을 평가하는 사람들에게 시야가 좁은 사람이라는 꼬리표를 붙인다.** 하지만 당신 자신은 어떤가? 일상의 대화를 통해 우리는 낯선 사람들과 동료, 친구들에게 편견 가득한 말을 얼마나 많이 할까? 당신 자신과 당신이 처한 상황을 사람들이 제대로 안다면 당신을 이해해준다는 것을 안다. 그런데도 당신을 다른 사람들에 대해 잘 알지도 못하면서 그들을 마구 평가하며 돌아다닌다.

08 **당신 눈에 훤히 보이는 애정 문제를 당사자가 제대로 해결하지 못할 때 답답함을 느끼며 '상대가 완벽하지 않으면 그냥 헤어져' 또는 '네가 바꿀 수 없는 문제는 넘어가' 등의 훈수를 둔다.** 하지만 살면서 당신 자신은 과연 그런 일을 제대로 처리할까? 남들이 엉망인 꼴은 못 견디면서 자신이 상처받으면 스스로 해결하지 않고 그들의 어깨에 기대어 위로받기를 원한다.

09 **당신은 사람들이 모든 종교를 수용하기를 기대한다.** 그러면서도 누군가 당신의 교리나 신앙 체계, 종교적 배경을 이해하지 못하면 무조건 믿으라고 우긴다. 모든 길이 나름대로 옳다고 주장하면서도 사실 사람들은 내심 자신의 길이 더 옳다고 믿는다.

10 **당신은 사소한 일로 남을 평가하는 사람들을 나쁘게 생각하지만 그 사람들을 평가하는 건 바로 당신 자신이다.**

11 **당신은 남들에게 웃음거리가 되지 않기를 바라면서도 다른 사람을 저격하는 값싼 농담에 배꼽을 쥐며 웃는다.** 그리고 조금이나마 마음을 풀고 싶을 때면 잽싸게 남들에 대한 험담을 떠올리며 그들을 웃음

거리로 만든다.

12 **당신은 사람들이 하루아침에 바뀌기를 기대한다.** 좋은 음식을 먹고 건강을 위해 절제하며 해로운 관계나 직업에서 벗어나는 등 극적인 변화를 기대하는 것이다. 사람들이 자기 파괴적 행동을 할 때 당신이 건네는 약간의 충고가 그들에게 도움이 되고 행동의 변화를 가져올 것이라 기대한다. 하지만 그런 경우는 거의 없다. 자신의 해로운 습관을 직접 눈으로 봐야만 변화를 일으킬 수 있다.

13 **당신은 자신의 입장만 생각하거나 사려 깊지 못하고 부적절한 방식으로 행동하는 사람들, 예를 들어 공공장소에서 시끄럽게 떠들거나 지각하거나 단정하지 못한 사람들에게 불쾌감을 드러낸다.** 하지만 당신이 피곤할 때나 스트레스를 받아 일정이 밀렸을 때는 커피를 사려고 줄을 선 채 큰 소리로 업무 전화를 받으며 민폐를 끼친다. 심지어 종업원을 기다리게 하거나 계산원에게 손가락으로 이런저런 지시를 하기도 한다. 당신이 브런치를 먹으며 기분 좋아서 큰소리로 웃거나 이야기를 나누는 건 괜찮지만 다른 사람이 똑같은 행동을 할 때는 배려심이 없다며 짜증을 낸다.

14 **당신은 다른 사람들이 당신에게 완전히 정직할 것을 기대한다. 하지만 그 '정직'이 당신이 듣고 싶지 않은 것일 때는 '거짓'으로 여기며 받아들이지 않는다.** 그리고 당신이 진실을 말할 차례가 되면 정직하게 말하는 것을 피한다.

15 **당신은 가장 가까운 사람들에게 무조건적인 사랑을 기대한다.** 남들에게 무조건적 사랑을 받으면 자기 자신을 사랑하지 않아도 된다고 생각하는 모양이다.

모든 인간관계는
자신과의 관계다

자기 자신과 관계를 맺는 것은 인간만이 할 수 있는 일이라는 점에서 굉장히 흥미롭다. 더구나 인간이라는 존재가 다른 사람을 통해 자신과 관계를 맺는 유일한 종이라는 사실 역시 흥미롭다.

인간은 남들의 사고방식에 따라 자기 자신을 보는 시선이 달라진다. 그렇다면 무엇이 우리를 사랑, 신뢰, 우정으로 묶이게 해줄까? 정답은 친숙함이다. 본능적으로 서로를 이해하는 느낌이다. 친숙함은 다른 사람에게서 자신을 볼 수 있게 해준다. 하지만 이보다 더 중요한 것은 자신의 상태가 어떻든 간에 인간은 누군가 자신을 있는 그대로 사랑하고 인정한다는 것을 알고, 보고, 느낄 때 자신의 내면을 바꿀 수 있다는 점이다. 당신도 남들에게 똑같이 할 수 있다. 그리고 나는 이 사실이 인간의 생존 메커니즘이라고 확신한다.

사람은 자신에게 의미가 있는 관계에 가장 큰 영향을 받는다. 마음을 여는 것이 인간관계의 역할이기 때문이다. 우리는 보통 거창하고 불가항력적이며 마음에 상처를 주는 관계를 통해 이런 사실을 느끼지만 모든 관계는 다 영향을 미친다. 그리고 이것은 우리가 고민하는 이 문제의 핵심이기도 하다. 자신에게 '다른 사람과 어떤 관계인가?', '나 자신과는 어떤 관계인가?'라는 질문을 던져보자.

우리가 사랑받는다고 느끼는 순간은 언제일까? 누군가 나를 이해해주고, 내가 듣고 싶거나 믿고 싶은 것을 상대방도 똑같이 원한다고 생각할 때다. 또한 누군가 나를 높이 평가한다고 생각할 때 우리는 가장 사랑받는다고 느끼며, 상대방의 역할은 나를 향한 그들의 노력과 애정을 증명하는 것이라고 믿는다. 그렇기 때문에 아무나 우리에게 괜찮다고 말할 수 없다. 오직 우리가 의미를 부여한 사람들만 그럴 수 있다. 우리가 신체적·정신적 유대감을 느끼는 사람들만 우리에게 용기를 줄 수 있다. 내가 동반자로 보는 사람과 내가 믿는 사람, 나를 이해하는 사람만이 나에게 괜찮다고 단언할 수 있다.

바로 그 이유 때문에 '자신을 먼저 사랑하라'는 말이 어쩌면 가장 흔하고 애매하면서도 누군가에게 해줄 수 있는 가장 심오한 조언인지 모른다. 자신을 사랑한다는 것은 자기 혼자 할 수 있는 일이 아니기 때문이다. 자신을 사랑하는 것은 자신의 사고방식이 다른 사람들의 이야기에 휘둘리지 않을 정도로 충분히 안정감을 느낄 때만 가능하다.

자신을 어떤 대상과 동일시할 때 상처받는 이유 역시 바로 여기에 있다. 모든 증오는 자기혐오다. 바로 이 때문에 누군가를 잃으면 그토록 가슴이 아픈 것이다. 우리는 그 사람을 잃는 게 아니다. 그 사람의 생각 속에 존재하던 우리 자신을 잃는 것뿐이다. 남들의 관점을 통해 좋은 쪽이든 나쁜 쪽이든 자신이 어떤 사람일 거라고 결정했기에 상대방의 마음이 바뀌고 우리 대신 다른 누군가를 사랑한다는 것을 알게 되면 그동안 느꼈던 안정감도 사라진다.

이런 불안정한 상태에서 벗어나 자유를 찾는 길은 우리가 하나의 파편에 불과하며 서로 빛을 반사해 함께 더 큰 빛을 만들어야 함을 이해하는 데 있다. 그리고 그 빛은 바로 나 자신이라는 사실을 깨달아야 한다. 결국 우리가 맺은 모든 관계는 나 자신과의 관계다. 고향에 돌아온 듯 편안한 느낌은 자기 자신으로 돌아간다는 뜻이다.

그 여정의 끝에는 언제나 나 자신이 있다. 스스로를 빨리 마주할수록 공허함을 채워줄 다른 사람을 덜 필요로 한다. 마음의 빈자리에 아무나 집어넣는다고 공허한 마음이 채워지는 것은 아니다. 또한 자신을 빨리 마주할수록 다른 사람의 행동에 부정적인 영향을 받지 않는다. 더는 남들에게 휘둘리지 않기 때문이다.

이제 우리는 다른 사람들의 시선에 의지하지 않는다. 인간관계는 우리에게 영원한 행복을 보장해주지 않는다. 인간관계는 그저 우리가 자신을 더 잘 알 수 있게 해주는 역할을 할 뿐이다. 자신을 빨리 자각할수록 우리가 마주하는 모든 일이 쉬워진다.

○

내가 싫어하는 사람은
나의 거울이다

인간관계의 목적은 타인에게 완벽하게 또는 영원히 사랑받는 데 있지 않다. 또한 인간의 변덕과 소망을 전부 충족시키기 위한 것도 아니다. 인간관계는 완성되는 것도 아니고, 호르몬 자극에 사랑이라고 느끼는 감정으로 마음과 심장에 불을 지피는 것도 아니다. 인간관계의 목적은 당신이 가치 있는 존재임을 드러내고 다른 이를 통해 그 가치를 증명하는 데 있지도 않다.

인간관계의 목적은 자기 자신을 철저하게 들여다보는 데 있다. 특히 다른 방법으로는 절대 의식할 수 없는 자신의 일부분을 보게 한다. 타인과의 관계에서 느끼는 분노와 기쁨을 통해 무엇이 우리를 화나게 하고 설레게 하며, 자신의 어느 부분을 사랑해야 하는지 알려주는 것이다.

인간관계는 우리 내면의 어느 부분이 망가졌으며 어디를 고쳐야 하는지 보여준다. 그리고 자기 자신 말고는 아무도 이 일을 할 수 없으며, 다른 이들은 결코 자신을 행복하게 만들 수 없다는 사실을 보여준다. 우리를 싫어하는 사람들을 사랑하기로 마음먹는 것은 이를 통해 스스로가 사랑받을 가치가 있는 존재라는 것을 깨우치기 위해서다.

하필이면 우리가 자신을 싫어하는 사람들을 사랑하기로 선택한 이유는 우리가 미워하는 자신의 일부를 그 사람들이 대변하기 때문이다. 그게 아니라면 내가 건넨 사랑을 되돌려주지 않는 사람들에게 아까운 시간을 낭비할 이유가 있을까? 나를 싫어하는 사람을 사랑하는 이유는 마음속 가장 어두운 구석들을 일깨우고 밝혀줄 정도로 깊은 유대감을 공유할 수 있는 유일한 사람들이기 때문이다. 또한 언제든 나를 떠날 수 있고 내가 이곳에서 해야 할 일을 하게 내버려둘 수 있는 사람들이기 때문이다. 내가 할 일은 결국 사랑할 수 없는 자신의 모습을 인식하고 사랑함으로써 치유하는 것이다.

고통은 사랑의 본질이 아니라 사랑의 목적이다. 사랑 때문에 울고불고하며 난리를 치는 이유는 무엇일까? 우리 마음이 열릴 때까지 사랑이 계속 가슴을 찢을 것이며, 끝도 없이 그 사랑에 자신의 몸을 던져야 한다는 말을 듣지 못했기 때문이다.

인생의 동반자는 충분한 사랑을 주고 받으며 우리 마음이 열린 뒤에야 등장하는 사람들이다. 위대한 사랑은 이미 사랑을 잃었다고 생각할 때 나타난다. 진정한 사랑은 상처로 찢어진 마음의 파편을 전부 치우고 자기 자신을 사랑하는 것의 의미를 깨달은 다음에 찾아온다. 이 모든 과정을 거치고 나면 사랑이란 우리가 이미 갖고 있는 것을 서로 공유하는 것이지, 누군가에게 의지하고 상대방이 부족한 부분을 채워주기를 바라는 것이 아님을 깨닫게 된다.

그리고 그런 상태에 이를 때 아무리 사랑을 퍼부어도 우리를 사랑할 수 없는 사람들을 사랑하는 것이 얼마나 중요한 일인지 깨닫게 된다. 그들에게는 나를 싫어할 의도가 없었다는 사실을 깨닫는 데 시간이 걸린다. 하지만 이 깨달음을 통해 사랑할 수 없는 자신의 일부와 상처받고 치유되지 못한 부분도 해결될 수 있다.

○

사회지능이 높은 사람들의
16가지 태도

예절이란 문화사회적 지능이다. 하지만 이제 전통적인 예의범절은 서서히 매력을 잃어가는 듯하다. 오늘날엔 예절을 지킨다는 게 개성을 죽이고 남들과 똑같이 행동하는 거라고 오해하는 것 같다. 하지만 교양 있게 고개를 끄덕이거나 우아하게 미소를 짓는다고 해서 자신의 진짜 감정이 희석되는 것은 아니다. 예절과 진짜 감정은 서로 배타적인 관계가 아니기 때문이다.

사회지능이 높은 사람들은 문화적으로 수용되는 범위를 넘어서는 방식으로 생각하고 행동할 줄 안다. 그런 사회적 능력 덕분에 그들은 다른 사람들과 수월하게 소통하고 상대방에게 편안한 느낌을 주지만 그 과정에서 자신의 정체성을 잃거나 자기 의견을 희생하지 않는다. 그리고 이것은 당연히 관계의 기본이며 우리의 뇌는 이런 관계를 추구하게끔 설계되어 있다. 또한 이런 능력을 통해 우리는 개인적으로 발전할 수 있다. 다음은 사회지능이 높은 사람들의 공통된 16가지 태도다.

01 **상대에게서 격한 감정적 반응을 얻으려고 애쓰지 않는다.** 사회지능이 높은 사람들은 소통할 때 상대에게서 칭찬을 이끌어내려고 자신의 업적을 과장하거나 공감을 얻기 위해 자신이 겪은 고난에 관해 허풍을 떨지 않는다. 과장과 허풍은 대화의 주제가 신통치 않아 강한 반응을 유도하기 힘들 때 나타난다. 이런 경우에는 감정을 과장해서 반응해야 한다는 심리적 부담을 주기 때문에 그 말을 듣고 있는 상대방을 불편하게 만든다.

02 **사람과 정치, 사상에 관해 단정적으로 말하지 않는다.** 무식하다는 걸 증명하는 가장 빠른 길은 다른 사람의 생각을 틀렸다고 단정하는 것이다. 당신이 보기엔 틀렸을지 몰라도 누군가에게는 옳은 생각일 수 있다. 지적인 사람들은 이렇게 말한다. "개인적으로 저는 그것을 잘 이해하지 못하겠습니다." 또는 "저는 그 생각에 동의하기 어렵습니다." 어떤 한 사람 또는 아이디어에 관해 단정적으로 말하는 것은 그 사람 또는 그 생각을 둘러싼 다양한 관점을 제대로 보지 못하기 때문이다. 우리는 그런 표현을 폐쇄적이고 근시안적 태도라고 말한다.

03 **비판에 발끈하지 않으며 상대가 질려버릴 정도로 격하게 반박하지 않는다.** 관계를 맺기 가장 어려운 사람 중 일부는 의견에 대한 사소한 반박을 인신공격으로 느끼며, 반박한 사람에게 화를 냄으로써 문제를 더 크게 만드는 사람들이다. 반면에 사회지능이 높은 사람들

은 비판에 반응하기 전에 먼저 비판에 귀를 기울인다. 그 자리에서 감정적으로 반응하는 것은 사려 깊지 못한 방어적 행동일 뿐임을 알기 때문이다.

04 **타인에 대한 자신의 의견과 그 사람에 관한 사실을 혼동하지 않는다.** 사회지능이 높은 사람들은 어떤 사람에 대해 "그 사람은 멍청이야."라고 사실을 단정 짓듯 말하지 않는다. 대신 "나는 그 사람과 부정적인 경험을 했고 그래서 마음이 아주 불편했어."라는 식으로 의견을 말한다.

05 **행동을 통해 다른 사람을 극도로 일반화하지 않는다.** 사회지능이 높은 사람들은 요점을 설명하기 위해 '당신은 항상 그렇잖아' 또는 '당신은 절대로 이해 못 해'와 같은 표현을 사용하지 않는다. 마찬가지로 자신의 견해를 내세울 때도 '당신이 어떻다'가 아니라 '나는 이렇게 느낀다'를 바탕으로 대화를 시작한다. 위협 대신 편안함을 느낄 수 있는 단어를 선택하면 상대가 마음의 문을 열고 당신의 견해를 경청하도록 돕는다. 이를 통해 당신은 상대와 진솔한 대화를 나눌 수 있으며 이는 바람직한 변화를 이끌어낼 수 있는 최고의 방법이다.

06 **말을 정확하게 한다.** 사회지능이 높은 사람들은 문제를 빙빙 돌리지 않고 그들이 말하고자 하는 것을 분명하게 말한다. 차분하고 이해하기 쉽고 간결하며 조심스럽게 말한다. 또한 단순히 반응을 유도하는 것이 아니라 서로 소통하는 것에 집중한다.

07 **자신의 기대와 타인의 관점을 건강하게 분리한다.** 사회지능이 높은 사람들은 세상이 자신을 위해 돌아가는 게 아니라는 것을 안다.

그들은 다른 사람의 이야기를 경청하며 자신이 했던 말 때문에 무시당하면 어쩌나 하는 걱정을 하지 않는다. 그들은 자신의 예상과 타인의 관점을 분리할 능력이 있으며 최소한 다른 사람의 관점을 이해하려고 노력한다.

08 **상대방이 무지해도 그 점을 지적하지 않는다.** 누군가를 잘못했다고 비난하면 그 대상은 오히려 마음의 문을 닫아걸고 다른 의견을 들으려 하지 않게 된다. 하지만 상대의 입장을 수용하고 인정한 다음 당신의 의견을 제시하고, 그런 후에 다시 상대에게 의견을 묻는 방법도 있다. 그러면 상대방은 마음의 문을 열고 대화에 적극적으로 참여한다. 이런 식의 열린 대화를 통해 당신과 상대는 각자의 입장을 방어하는 대신 서로에게서 새로운 것을 배울 수 있다.

09 **다른 사람의 감정을 수용한다.** 다른 사람의 감정을 받아들인다는 것은 논리를 이용해 그들의 생각을 무시하거나 부정하고 바꾸려는 대신 그 사람이 느끼는 그대로의 감정을 고스란히 수용한다는 뜻이다. 하지만 감정을 받아들이는 것과 어떤 생각을 인정하는 것의 차이를 모르면 큰 오해가 생긴다. 예를 들어 슬프다고 말하는 사람에게 "이런, 넌 슬퍼하면 안 돼. 너만큼 멋진 삶을 사는 사람도 없으니까!"라고 해서는 안 되는 것이다. 사람의 감정은 당연히 표출되어야 하고 인정받고 존중돼야 한다. 누군가의 감정을 수용하는 것은 그 사람의 실체를 받아들이는 것이다.

10 **자기 마음속 어두운 그림자가 자신을 깎아내리는 특성이자 부정적으로 발동하는 패턴임을 알고 조심한다.** 잘못된 정보를 듣고 어떤 정치인을 오해하고 혐오하는 것은 자신이 아둔하고 자격 없는 존재라

는 두려움을 표출하는 것이다. 특히 소극적인 친구를 엄청 답답하다고 여기는 것은 남에게 힘을 주고자 하는 자신의 성향을 드러내는 것일 수도 있다. 그런 연결고리가 항상 분명한 건 아니지만 강한 감정적 반응이 수반되는 경우에는 그런 연관성이 뚜렷하게 보인다. 어떤 것을 진심으로 싫어한다면 아무 관심도 주지 않고 그냥 무시해버릴 테니까 말이다.

11 **배우지 않고 이기려고만 하는 사람과 싸우지 않는다.** 사람들과 매번 논쟁하려 들고 어설픈 논리에 의지해 마치 자신이 우위에 있는 것처럼 보이려고 하는 사람이 있다. 사회지능이 높은 사람들은 이런 태도를 경계한다. 그리고 모든 사람이 소통하고 배우고 성장하고 관계 맺는 걸 원하는 게 아니라는 것을 알고 있기에 다른 사람에게 자신의 생각이나 방식들을 강요하지 않는다.

12 **들으려고 듣는 것이지 반응하려고 듣는 게 아니다.** 다른 사람의 말을 듣는 동안 사회지능이 높은 사람들은 어떻게 반응할 것이냐가 아니라 그 사람이 무슨 말을 하는지에 초점을 맞춘다. 이는 '홀딩 스페이스'Holding Space(자신의 몸과 마음, 감정을 다해 다른 사람을 지지한다는 뜻-옮긴이) 또는 자비로운 '포용'의 실천으로도 알려져 있다.

13 **부모와 자녀, 직장 상사에게 보여주면 부끄러울 만한 내용물은 절대 SNS에 올리지 않는다.** 전부는 아니더라도 그중 하나가 언젠가는 난처한 상황을 몰고 올 것임을 알고 있다. 큰 의미도 없는 물건과 이야기를 자꾸 SNS에 올리는 것은 남들에게 인정받고 싶은 욕구를 표출하는 행위일 뿐이다.

14 **진실을 가려내는 심판처럼 행동하지 않는다.** 사회지능이 높은 사람

들은 "당신은 틀렸어."라고 말하지 않고 "내 생각엔 네가 다시 생각해봐야 할 것 같아."라고 말한다.

15 **'우물에 독 뿌리기'와 인신공격이라는 오류에 빠지지 않는다.** '우물에 독 뿌리기'는 어떤 사람의 인격을 공격함으로써 타당성이 있는 논점에서 시선을 분산시키는 행위다. 예를 들어 초콜릿 바를 하루에 3개씩 먹는 사람이 "어린이들이 매일 단 것을 너무 많이 먹는 것은 건강에 좋지 않다."고 말한다고 해보자. 사회지능이 높은 사람은 "초콜릿 바를 3개나 먹은 당신이 무슨 자격으로 그런 말을 해?"라고 면박을 주지 않는다. 그들은 상대가 그렇게 말하는 이유를 먼저 찾고 이해하려 한다.

16 **가장 중요한 건 자기 자신과의 관계이며 이를 위해 끊임없이 노력한다.** 사회지능이 높은 사람들은 자신이 다른 사람과 맺은 모든 관계가 결국 자기 자신과 맺은 관계의 연장이며 이 사실이 매우 중요하다는 것을 알고 있다.

최악의 상처를 준 사람을 고마워하라

01 **가장 사랑했던 사람에게 제일 큰 상처를 받을 수 있다.** 피상적인 관계를 유지하는 사람한테는 사실 심각한 영향을 받지 않는다. 마음속 깊이 품고 있는 사람만이 우리에게 깊은 상처를 줄 수 있다. 당신의 삶에서 누군가 그토록 중요한 의미를 차지했다는 것은 아주 멋진 일이며 비록 그 관계가 엉망진창이 되더라도 그 사실은 변하지 않는다. 당신에게 진정으로 영향을 줄 수 있는 누군가를 알게 된 것은 특별한 선물이다. 하지만 처음에는 최고의 선물처럼 보이지 않았을 것이다.

02 **힘든 관계를 통해 당신은 자신의 행동을 더 나은 방향으로 바꾸려고 애쓴다.** 관계에서 무력감을 느낄 때 당신은 스스로를 어떻게 돌봐야 할지 배운다. 누군가에게 이용당했다고 느끼게 되면 자신이 소

중한 사람이라는 사실을 깨닫는다. 학대를 당하면서 스스로에게 동정심이 생긴다. 선택의 여지가 없는 상황에 놓이면 자신에게 늘 선택 가능성이 있었음을 깨닫는다. 일단 당신이 당한 일을 인정하면 그 누구도 그 일을 통제할 수 없었다는 것을 알게 된다. 결코 가질 수 없는 것에 대한 욕심을 포기하면 마음의 평화를 찾을 수 있다. 우리가 처음부터 얻고자 했던 게 바로 그런 마음의 평화다.

03 **힘든 관계를 통해 무언가를 배우는 것, 그리고 어떤 사람이 되느냐가 일시적인 기분보다 중요하다.** 당시에는 어려운 관계를 견딜 수 없을 것처럼 보이겠지만 힘들고 괴로운 느낌은 금세 사라진다. 하지만 그 관계를 통해 쌓은 지혜와 포용력과 지식은 절대 사라지지 않는다. 얻은 가치들은 당신이 살아가는 동안 당신을 지탱하는 단단한 기반이 되어줄 것이다. 목적이 수단보다 훨씬 중요하며 자신이 겪은 일에 감사하는 것은 그 사실을 절대적으로 인정하는 태도다.

04 **당신은 자신에게 상처 주는 사람들을 우연히 마주친 게 아니다.** 그들은 사실 당신을 성장하게 하는 스승이자 촉매제였다. 미국 작가 C. 조이벨 C.에 따르면 우리 모두는 자신을 그저 '죽어가는 별'이라고 생각하는데 이는 수명을 다한 별이 붕괴해 초신성으로 폭발한다는 사실을 모르기 때문이다. 사실 초신성의 폭발은 별의 생애에서 가장 아름다운 모습이다. 우리가 가진 것에 진심으로 감사하기 위해서는 고통을 겪어야 하고, 자기 인식을 성장시키기 위해서는 증오가 필요하다. 때로는 상처가 우리 마음에 빛을 비추는 통로가 되어준다. 우리는 상처를 통해 더욱 단단해지고 그만큼 성장한다.

05 **당신 잘못에서 비롯된 게 아니더라도 아픔을 겪는 것은 당신의 문제다.**

그 여파로 무엇을 어떻게 하느냐도 당신의 선택이다. 당신에게는 상처 준 사람을 향해 분노하고 고함치고 증오할 권리가 있지만 동시에 마음의 평화를 얻을 권리도 있다. 당신에게 상처 준 사람에게 감사하는 것은 그들을 용서하는 것이며 그들을 용서하는 것은 원망의 뒷면에 도사린 지혜를 선택하는 일이다. 고통 속에서 지혜를 찾는 것은 자신의 고통을 인정함으로써 초신성처럼 더 멋진 존재로 거듭난다는 뜻이다.

06 **누구보다 지혜롭고 친절하고 행복한 사람들이 더 심한 고난을 겪는 경우가 많다.** 그 이유는 그들이 자신의 고난을 '통과'했거나 '극복'해서가 아니라 그 고난을 처절하게 '경험'했기 때문이다. 그들은 고통스러운 감정을 완전히 받아들였고 이를 통해 배우며 성장했다. 자신이 경험한 고난을 통해 연민과 자기 인식도 함께 발전시켰다. 그들은 자신의 삶에 어떤 사람을 포함시킬 것인지에 대해 더 많이 신경 쓴다. 또한 더 적극적으로 자신의 삶을 창조하고 가진 것에 감사하며 갖지 못한 것이 있다면 그 이유를 찾으려고 노력한다.

07 **고통은 당신이 더 좋은 것을 받을 자격이 있음을 보여주는 신호다.** 고통스러웠던 관계가 실제로 당신에게 상처를 준 것은 아니다. 그런 관계는 아직 치유되지 않은 상처, 즉 진정으로 사랑받는 것을 방해하는 당신의 묵은 상처를 드러낸 것뿐이다. 가슴 아픈 경험과 끔찍한 관계를 마침내 끝내고 나면 가슴속에 도사리고 있던 해묵은 상처 또한 치유될 수 있다. 그래서 자신이 더 가치 있는 사람임을 깨닫고 더 많은 것을 선택한다. 마음의 상처를 통해 우리는 삶에 대한 선택권이 자신에게 있음을 깨닫는다. 최악으로 보이는 경험

을 통해 마침내 자신은 더 훌륭한 것을 받고 누릴 자격이 있으며 누군가에게 휘둘리는 것은 잘못된 것임을 인정하게 된다.

08 **자신을 아프게 한 모든 것과 진심으로 화해했다면 이렇게 말할 수 있다. "그런 경험을 해서 정말 감사하다."** 가슴 아픈 경험에서 완전히 벗어나려면 그 일이 당신을 더 나은 사람으로 성장하는 밑거름이 됐음을 인정할 수 있어야 한다. 그 단계에 도달하기 전에는 아픈 경험이 상황을 더 악화시켰다는 것만 곱씹을 것이다. 이는 아직 고통의 이면에 있는 지혜의 세상으로 들어서지 못했다는 뜻이다. 자신의 삶에서 일어나는 모든 우여곡절을 온전히 받아들여야만 모든 것에 감사할 수 있으며 좋은 경험보다는 나쁜 경험이 당신에게 더 좋은 스승이었음을 깨달을 수 있다.

인간관계를 깊이 있게 만드는
15가지 일상 조언

01　**사람들과 함께 일요일을 보낼 것. 정신없이 바쁘고 시끄럽고 사교적인 분위기가 넘치는 토요일 밤은 피할 것.** 피곤과 숙취에 시달리며 아무 계획 없이 일요일을 함께 보내라. 머리가 헝클어진 채로 같이 아침을 먹어라. 꾸미거나 잘 보일 필요 없이 서로의 모습 그 자체를 경험하라.

02　**편안한 마음으로 침묵을 즐길 것.** 함께 장시간 운전하면 자연스럽게 말수가 적어진다. 침묵 속에서 누군가와 함께 있다는 것은 그 사람의 삶에서 가장 친밀한 부분을 공유하는 것이다.

03　**아프거나 우울할 때 사람들에게 전화할 것.** 그리고 무슨 일이 있어도 당신 곁에 있겠다는 약속을 받아내라. 당신의 상태를 솔직하게 말하라. 그리고 그들에게 위로받아라. 그들에게도 당신이 필요하면

언제든 곁에 있겠다고 말하라. 그리고 그 약속을 지켜라.

04 **사람들에게 마음을 내어줄 것.** 상대방이 말하고 싶은 것을 전부 말하게 하고 열심히 들어라. 상대방의 이야기에 어떻게 반응해야 할지 생각하거나 전화기를 들여다보거나 시선을 돌리지 말고 온마음을 다해 경청하라. 딴짓하지 말고 당신의 모든 에너지를 그들에게 쏟아라. 이보다 더 소중하고 거룩하고 귀한 것은 없다.

05 **당신이 무엇을 믿고 어떤 생각을 하는지 이야기할 것.** 당신이 생각하는 삶이 어떤 것인지 또는 앞으로 5년 안에 당신에게 어떤 운명이 닥칠지 등에 관해 이야기를 나눠라. 일상적인 사건이나 다른 사람에 관한 이야기, 사소한 불평을 넘어서는 보다 깊고 진지한 대화를 나눠라.

06 **좋아하는 책을 서로 바꿔서 읽어볼 것.** 여러 번 읽어서 너덜너덜하고 여기저기 강조 표시를 하거나 밑줄을 그어 놓은 책이어야 한다. 당신의 마음을 열어주고 마음에 양식을 제공한 것들을 사람들과 나눠라.

07 **함께 무언가를 만들 것.** 작은 사업을 시작하거나 함께 이야기를 쓰거나 재미 삼아 그림을 그려도 좋다. 봉사활동을 같이 하거나 커피 테이블을 만들거나 서로의 주방을 다시 꾸밀 수도 있다. 대의를 위해 팀워크를 다질 수 있는 일을 하라.

08 **작은 일에도 주의를 기울일 것.** 그들을 성가시게 하는 게 무엇인지 또는 어떤 아이스크림을 가장 좋아하는지 파악하라. 피자나 햄버거, 치킨 등의 취향을 파악해서 좋아하는 음식을 주문해 상대를 놀라게 해줘라. 모든 사람이 사소한 것을 파악할 수 있는 능력을 선

천적으로 타고나는 것은 아니므로 이런 능력을 갖기 위해서는 의도적으로 노력해야 한다. 그러면 사람들은 상상 이상으로 당신에게 고마워할 것이다.

09 **종교 활동이나 영적 경험에 함께 해볼 것.** 서로를 이해하기 위해 주일 예배에 따라가거나 명상하는 방법을 보여달라고 하거나 그들에게 어떤 종교를 믿고, 왜 그 신앙을 가지게 됐는지 물어보라. 그러면 당신은 그들을 통해서 전혀 몰랐던 세상을 알게 될 것이다. 타인의 문화나 종교적 믿음, 생활 습관을 배우고 실천하는 것은 아름다운 공존의 의미를 알려주는 매우 특별한 경험이다.

10 **짧은 여행을 계획할 것.** 굳이 화려하거나 비싼 여행이 아니어도 괜찮다. 함께 근처 도시를 탐험하거나 등산하는 것도 좋은 기회가 된다. 미리 계획하고 설레는 마음으로 그날을 기다려라.

11 **지인들을 당신이 활동하는 다른 사교 모임으로 불러들일 것.** 기존의 멤버들과 공통점이라고는 전혀 없을 거라고 확신하더라도 당신이 알고 지내는 친구들을 전부 모아 포도주 파티를 열어라. 이리저리 흩어져 있는 자신의 인생 조각을 전부 한곳에 모으는 것은 매우 특별한 의미가 있다.

12 **베이비 샤워나 미술 전시회, 졸업식, 이사하는 날 등 특별한 자리나 행사에는 절대 빠지지 말 것.** 억지로 좋은 친구나 애인 노릇을 하라는 게 아니다. 중요한 행사 자리에 참석하는 것이 자신의 행복만큼이나 다른 사람의 행복을 소중히 여기는 자세이기 때문이다.

13 **마음을 터놓고 얘기할 수 있는 날을 미리 잡을 것.** 나이가 들수록 새벽 3시까지 이야기하는 게 점점 힘들어진다. 처리해야 할 일도 많

고, 장도 봐야 하고, 부모님께 안부 전화하는 등 일상에 쫓겨 시간적 · 심리적 여유가 사라지기 때문이다. 그러니 필요하다면 미리 계획을 세워 시간을 만들어라. 학창 시절처럼 하룻밤 같이 지내면서 느긋한 마음으로 친구들과 밤새 이야기를 나누고 늦잠을 자면서 서로의 우정을 확인하라.

14 **가족에 관한 이야기와 성장할 때의 사연 등에 관해 이야기를 나눌 것.** 친구나 애인의 친척으로부터 이야기를 전해 듣는 것과 당사자에게 직접 듣는 것은 전혀 다른 일이다. 상대방이 감추고 싶어 하는 치부를 쓸데없이 들추라는 게 아니다. 상대의 진심을 진정으로 이해할 수 있는 토대를 만들라는 의미다.

15 **일방적으로 걸러내지 말 것.** 부연 설명 없이 단도직입적으로 말하거나 상대의 마음에 들기 위해 의견을 재단하거나 받아들일 수 있다고 느끼는 부분만 편집해서 제시해서는 안 된다. 당신의 원래 모습 전체를 원하지 않는 사람들은 결국 당신에게 맞지 않는 사람이다. 하지만 진정성을 보이는 사람에게는 누구든 자기도 모르게 그 사람을 진심으로 대하게 된다.

사랑은 받는 것이 아니라
주는 것이다

우리는 사랑을 얻는 방법에 대해 많은 이야기를 나눈다. 사실 우리는 사랑에 대해 끊임없이 이야기한다. 데이트 신청하는 것부터 누군가의 애를 태우는 방법, 상대에게 존중과 찬사를 받는 법, 성공한 사람처럼 보이는 방법 등 온갖 이야기를 다 나눈다. 또한 상대를 설득해서 자신만 바라보게 만들고, 결혼하고, 애정을 유지하는 방법에 관해서도 이야기한다. 하지만 이 모든 것은 우리가 받는 사랑을 교묘하게 조작하기 위한 방법일 뿐이다.

우리는 주로 사랑을 얻는 방법에 대해 이야기할 뿐 사랑을 주는 방법에 대해서는 거의 이야기하지 않는다. 자신이 먼저 사랑을 받아야 누군가에게 사랑을 줄 수 있는 것처럼 이야기한다. 사랑받기 전에 사랑을 먼저 주면 나약해진다고 여긴다. 심지어 인격적으로 훌륭한 사람이 되려면 자신을 사랑하지 않는 사람에게도 친절을 베풀어야 한다고 생각한다. 누군가를 사랑하는 것은 강하고 정직하고 진실하며, 그 사람에게 자신을 전부 바치는 것으로 착각한다.

나를 사랑하지 않는 사람을 설득해서 억지로 사랑하게 만들 능력이 당신에게는 없다. 다른 것을 다 떠나서 이 사실은 그냥 불변의 법칙이다. 남의 마음을 당신 마음대로 조종할 수는 없으니 말이다. 사랑은 다른 사람에게서 '얻는 것'이 아니다. 다른 사람이 가진 것을 당신이 얻어내야 하는 것이 아님을 기억하라. 사랑은 당신 외부에 존재하는 것이 아니다. 누군가 당신에게 애정과 사랑, 존경을 표현하고 싶어 하지 않을 때 당신은 다음 둘 중 하나를 선택할 수 있다. 상대가 당신을 사랑하지 않는다는 사실을 바꾸려고 애쓰며 그 상태에 갇히거나 계속 사랑을 주면서 다음 단계로 넘어가는 것이다.

하지만 사랑은 누군가 당신에게서 빼앗을 수 있는 것이 아니며 누군가 당신에게 주는 것도 아니다. 사랑은 '얻는' 것이 아니라 '경험'하는 것이다. 그리고 사랑을 교환하려면 서로 동등한 위치에서 정직하게 자발적으로 자신을 내어줘야 한다. 사랑은 누군가 당신을 위해 대신 책임지는 것도 아니고 당신에게 평생 빚을 지는 것도 아니다.

사랑을 누군가 당신에게 주는 것이라고 생각하며 살아간다면 당신은 평생 제대로 된 사랑을 경험할 수 없다. 하지만 사랑을 당신이 주는 것으로 생각한다면 당신은 모든 것에서 사랑을 찾을 수 있다. 지하철에서 마주친 낯선 사람과 3일짜리 연애든, 6년간의 연애든 거의 모든 것이 '사랑'이다. 형태와 기간은 다르지만 이 모든 사랑은 하나같이 중요하다. 비록 누군가를 사랑하다 헤어질지라도 당신은 상실의 고통을 통해 영원히 당신을 사랑하겠다고 맹세하는 사람보다 더 중요하고 아름다운 것을 발견할 수 있다.

누군가를 사랑하면 당신의 삶은 상대를 더 능숙하게 사랑하고 더 많은 사랑을 주며, 자신의 본모습으로 당당하게 살아가는 방법을 배우게 될 것이다. 당신이 무엇을 좋아하고 싫어하는지 자신에 대해 더 잘 알게 될 뿐 아니라 우아하게 헤어지는 법도 알게 된다. 자신을 진정으로 존중하고 자신의 직감에 귀 기울이는 법도 알게 된다. 당신이 얻은 사랑이 작다고 느끼며 자신을 불쌍히 여기고 있다면 잠시 멈춰 서서 이 질문에 대답해보라. '그렇다면 나는 얼마만큼의 사랑을 그 사람에게 주고 있는 걸까?'

진정한 사랑을 원할 때
던져야 할 30가지 질문

01 당신은 자격이 충분해야 연애를 할 수 있다고 생각하는가? 아니면 마음을 열 수 있을 정도로 감정이 강할 때 연애를 하는 것이라고 생각하는가?

02 당신에게 사랑은 어떤 의미인가? 그냥 당신을 기분 좋게 하는 감정인가? 아니면 동료애인가? 편안함인가? 미래를 향해 나아가는 감정인가?

03 당신이 아직 잘 알지도 못하는 사람이 당신에게 먼저 영원토록 변치 않을 마음을 선언하는 일은 어떻게 일어날까? 어떤 소속이나 의무적인 만남을 통하지 않았음에도 어떻게 당신은 사람들과 우정을 쌓을 수 있었을까?

04 사랑하는 사람이 치유되지 않은 당신의 상처와 결점, 마음속 깊은

곳의 불안감을 전부 겉으로 끌어낼 때 당신은 그 사람과 함께할 준비가 되어 있을까?

05 당신은 다른 사람들과 관계를 맺으려고 노력하는가? 아니면 남들에게 우월감을 드러내려고 애를 쓰는 편인가? 사람들과 친해지길 바라는가? 아니면 인상적으로 보이고 싶어 하는 것인가? 토론에 참여하는 이유는 무엇인가? 뭔가를 배우기 위해서인가, 아니면 자신의 사고방식을 드러내서 자신이 옳다는 것을 증명하기 위해서인가?

06 실제 연애는 하지 않으면서 막연히 연애에 대한 꿈만 꾸고 있는가? 당신이 학수고대하는 사랑을 찾고 또 얻기 위해 구체적으로 계획을 세운 적이 있는가?

07 사랑을 찾기 위해 계획을 세웠다면 그 계획은 어떤 모습일까? 당신이 해야 할 일은 무엇인가? 어떤 것을 시도할 수 있을까? 어디로 갈 수 있을까?

08 온라인 데이트와 친구들이 주선한 소개팅에서 남들에게 자신을 내보이는 일이 불편한가? 그래서 차라리 몇 년 혹은 더 오랜 기간 혼자 지내는 것이 더 마음 편하다고 느끼는가?

09 당신은 연애 상대를 찾는다는 사실을 털어놓는 편인가? 싱글로 지내는 것을 더 멋진 삶으로 포장한다면 당신은 친구의 친구들을 만날 수 있는 수많은 기회를 놓칠 것이다. 당신이 사랑할 사람을 찾는다는 사실을 그들이 모르기 때문이다.

10 다른 사람에게 사랑받는 것을 제외하고 무엇이 당신을 행복하게 만드는가?

11 연애 운명이 숙명적인 사건으로 발생하는 것이 아니라면, 그리고 당신이 그 운명을 통제하기로 결심한다면 어떤 것부터 다르게 행동하기 시작할까?

12 훌륭한 관계는 당신이 찾아내야 하는 것이라고 생각하는가? 아니면 시간이 지남에 따라 발전하면서 끈끈해지는 것이라고 생각하는가?

13 당신보다 더 아름답고 성공하고 똑똑하고 재능이 있거나 다른 면에서 우월한 사람들이 더 많은 사랑을 가질 자격이 있다고 생각하는가?

14 주변에서 진정한 사랑을 하는 사람들을 바라보면서 그들이 지닌 매력과 지성, 우월감을 평가해본 적 있는가?

15 만약 그런 경험이 있다면 당신은 그런 평가에서 무엇을 찾았는가?

16 인간관계는 단순히 좋은 것만은 아니며, 이 빌어먹을 세상에 흩어진 조각들을 하나로 묶어주는 실과 같다. 인간으로서 가장 중요한 목적을 성취하기 위해 그 어떤 것보다 더 많은 시간과 에너지를 인간관계에 쏟는다는 사실을 깨닫는다면 당신은 깜짝 놀랄 것인가?

17 친구들에게 둘러싸여 행복한 관계를 누리는 것처럼 보이는 사람들 또는 명절마다 가족과 함께 지내는 사람들 역시 여전히 극도로 외로워한다는 것을 알면 깜짝 놀랄 것인가?

18 오래 사귄 사람과의 관계에서 당신이 진정으로 필요로 하는 게 무엇인지 알고 있는가?

19 그러한 욕구가 충족되지 않는다면 그 관계를 기꺼이 지속할 의향이 있는가? 아니면 파트너의 마음에 들기 위해 충족되지 않은 당

신의 욕구를 포기할 것인가?

20 꿈꾸던 연애 상대를 찾았는데 뭔가 삐걱거린다면 당신은 어떤 계획을 세울까?

21 행복하고 건강한 관계에서 가장 무시되는 것이 있다. 그 관계가 깨진다 해도 당신은 여전히 유능하고 발전적인 사람으로 살아갈 수 있다는 믿음이다. 이것을 안다면 놀랄 것인가?

22 당신이 지금 혼자인 이유는 시련을 당했거나 사랑받지 못해서가 아니다. 당신이 발견해야만 하는 심오하고 신성한 어떤 것이 있고, 그것은 오직 고독을 통해서만 깨달을 수 있기 때문에 혼자인 것이다. 이 사실을 믿을 수 있는가?

23 꿈꾸던 연애 상대가 지금 당신에게 온다는 것을 알고 있으며, 당신의 삶에서 혼자만의 시간은 일시적이라는 사실을 안다면 당신은 혼자만의 밤을 어떻게 보낼 것인가? 당신의 노력을 무엇에 투자할 것인가? 책을 쓰거나 SNS를 할 것인가? 친구들과의 관계를 발전시키거나 사랑하는 사람들을 부러워할 것인가? 명상하는 법을 배우거나 마음이 불편할 때마다 포도주를 마실 것인가?

24 다른 사람들이 당신을 사랑해주고 함께 시간을 보내는 것이 당신에게 호의를 베푸는 것이라고 생각하는가?

25 다른 사람들도 사랑에 굶주려서 당신에게 호의를 베푸는 것이라고 생각해본 적 있는가?

26 다른 사람과의 관계에서 뭔가를 얻는 대신 당신이 상대방에게 무엇을 줄 수 있는지 생각해본 적 있는가?

27 당신은 누군가와 함께 나란히 성장하는 삶을 사는 데 몰두하고 있

는가? 아니면 당신이 생각하는 사랑의 모습은 그저 현실에 안주하는 삶을 무조건 인정하고 지지하고 받아들이는 모습인가?

28 사랑이 어떻게 다가올지, 어떤 모습으로 보일지, 당신의 연애 상대는 어떻게 생겼는지에 관해 당신이 기존에 갖고 있던 모든 선입견을 버릴 의향이 있거나 준비가 되어 있는가?

29 지금의 삶에서 당신은 무엇을 위해 기꺼이 고통을 감수하는가? 모든 것을 바치고 몇 번 실패한 다음에 사랑이나 헌신 같은 마지막 목표에 도달했다. 그러고 보니 연애라는 게 고작 달리기하기 전의 몸풀기 정도이며 진짜배기 삶을 위한 시작에 불과하다는 것을 깨닫는다면 어떻게 할 것인가?

30 자신의 속을 꽉 채워서 당신이 되고자 했던 사람으로 발전할 준비가 되어 있는가?

○

사랑의 방식은
저마다 다르다

긴장감이 갈등으로 바뀌고 갈등이 관계의 단절로 이어지는 이유는 대체로 사랑을 인식하고 기대하는 방식, 그리고 사랑을 주고받는 방법이 서로 다르기 때문이다.

사람들은 누군가를 사랑하느냐 아니냐 그 자체보다 사랑에 동반되는 미묘한 감정을 중요하게 여긴다. 그들은 그 감정과 사랑에 빠진다. 아직 어려서 사랑이 뭔지 잘 모른다는 생각. 이런저런 문제가 없는 사람을 만나면 지금보다 더 나아질 거라는 느낌. 세상에 나가면 더 좋은 기회가 널렸지만 전에 사귀던 사람이 더 편하다는 기분. 거리감이나 헌신에 대한 두려움. 완벽한 타이밍과 기분 전환 혹은 뭔가 다른 걸 해보고 싶은 충동 등. 이런 식으로 누군가를 사랑하는 것과 다른 선택을 원하는 것 사이에 갇힌 채 수많은 생각 사이에서 갈팡질팡하는 게 어떤 기분인지 우리 모두 잘 알고 있다. 문제는 마음이라는 것이 한 번 쓰고 버리는 게 아니라는 사실을 우리가 모른다는 점이다. 상처 입은 마음을 치유하고자 아무나 내 삶에 끼워 넣고 그 상처가 치유되기를 기대할 수는 없다.

사랑하면서 헤어지고, 사랑하면서 싸우고, 사랑하면서 잘못된 행동을 하는 이유는 상대방을 충분히 사랑하지 않아서가 아니다. 이 모든 것이 우리 마음속에 공존할 수 없기 때문이다. 한 사람을 사랑한다고 해서 다른 사람에 대한 사랑이 저절로 사라지는 것은 아니라서 그런 고통이 수반된다는 사실을 알아야 한다. 하지만 그 사실을 안다고 상처를 근본적으로 치유할 수 있는 것은 아니다. 그 상처를 잠시 가리는 역할을 할 뿐이다.

마음속에 하나 이상의 것, 한 명 이상의 사람, 한 가지 이상의 감정을 품을 수는 있다. 하지만 그 모든 것이 완벽하게 균형을 이루며 공존하는 것을 기대할 수는 없다. 사랑은 당신을 안에서부터 바깥으로 성장시킨다. 사랑은 당신을 발전하게 하지만 그 발전이 예전부터 마음속에 존재했던 모든 것을 없애지는 못한다.

그래서 사랑이 늘 바람직한 모습으로 보이지는 않는 것이다. 우리 내면에는 다양한 공간이 숨어 있고 각 공간의 깊이도 다르다. 그래서 사랑은 우리의 일부인 그 공간들을 거치며 때로는 결이 다른 메아리로 흘러나온다. 어떤 사람은 소리 없이 사랑한다. 자신이 사랑에 빠진 줄도 모르고 사랑하는 사람도 있다. 사랑이 전혀 사랑스러워 보이지 않을 때도 있다. 사랑은 두려움으로 자신의 모습을 가리고 강제로 열정을 누그러뜨리며 분노와 실망으로 가득 찬 것처럼 날뛰기도 한다.

떠나간 사람을 다시는 볼 수 없게 될 때도 있고 사랑을 도무지 멈출 수 없는 상태일 때도 있다. 하지만 둘 중 어느 쪽이 진짜 사랑의 모습이라고 말하기는 힘들다. 사랑은 마치 자녀를 복종시키려고 벌을 주는 부모님의 모습처럼 나타날 때도 있다. 그러나 사랑의 모습이나 형태가 어떻든 간에 당신 내면의 빈 공간을 채워줄 수 있는 사람은 세상에 존재하지 않는다. 그 공간은 자기가 스스로 채워야만 한다.

당신은 사랑과 사랑이 뒤틀어놓은 모든 것에 필요 이상으로 휘둘리기도 한다. 하지만 결국 지금의 당신을 만든 건 잃어버린 사랑의 파편이 아니라 사랑 그 자체라는 것을 깨닫는다. 그리고 사랑은 누군가 당신에게 주는 것이 아니라 자신에게서 스스로가 직접 찾아야 한다는 사실도 깨닫게 될 것이다. 유일한 문제는 사랑이 제 역할을 할 수 있게 놔두는 것이다. 즉 자기 자신에게 더 많은 사랑 더 특별한 사랑을 주어야 한다. 스스로 사랑을 찾아야 한다는 뜻이다.

가끔 우리는 자신의 숨겨진 부분을 보여주는 사람을 선택한다. 상처줄 사람이라는 걸 뻔히 알면서도 그 사람을 선택할 때도 있다. 비록 이런 메커니즘을 제대로 이해할 수는 없지만 때로는 그런 결정이 자신의 내면을 들여다볼 수 있는 유일한 방법이다. 그리고 가장 정직하고 아름다운 방법이기도 하다.

서로 다른 사랑의 유형에는
이유가 있다

세상에 대한 믿음은 대체로 어린 시절에 형성되며 성인이 되었을 때 경험하는 문제의 대부분은 어린 시절의 경험과 관련이 있음을 누구나 안다. 그리고 로맨틱한 관계, 즉 연애도 이와 마찬가지다. 이성과의 관계는 결국 어렸을 때부터 쌓아온 유대감과 남녀에 대한 이해, 부모님을 통해 배운 상호작용 관계의 연장선상에 놓여 있다. 여기에서는 어린 시절과 관련된 4가지 애정 유형을 살펴볼 것이다. 이를 통해 자신의 애정 유형을 파악하고 연애의 고통에서 해방되기를 바란다.

01 **안정형.** 안정적인 애정 유형은 부모가 어린 자녀의 욕구에 적절히 대응함으로써 형성된다. 이런 유형의 사람은 어렸을 때 부모에게서 사람을 신뢰하는 법을 배운 덕분에 거절이나 거부에 예민하게

반응하지 않는다. 그래서 애정 관계에서 고통을 가장 적게 경험할 것이며 누군가에게 거절 또는 거부당하는 것도 크게 두려워하지 않는다. 하지만 연애로 속을 끓이는 경우라면 그 원인은 아마도 현 상태에 만족하며 주저앉아 있기 때문이다. 이런 유형은 '이만하면 됐다'는 생각으로 잘못된 관계를 오랫동안 유지한다. 동시에 '올바른' 관계에 전념하는 게 더 위험하다고 생각한다. 그런 관계가 당장은 편하겠지만 이는 결국 자신이 진정으로 바라는 것을 손상시킨다. 이제 당신이 해야 할 일은 사랑이 무섭다는 현실에, 특히 위험을 감수할 가치가 있는 사랑에 마음을 여는 것이다. 천천히 느긋하게 마음의 문을 열되 쉬운 길은 절대로 선택하지 마라.

02 **회피형.** 회피적 애정 유형은 부모가 자녀의 욕구에 둔감해서 상호 감정적 교류가 원활치 않았을 때 형성된다. 이런 부모 밑에서 자랐다면 어린 나이에 '애늙은이'가 되어 부모에게 자신의 고통을 말하거나 도움을 요청하기 어려웠을 터다. 그리고 부모는 당신의 독립성을 지나치게 높이 평가했을 것이다. 그래서 혼자 모든 것을 해결하고 혼자 있을 때 가장 편안함을 느낀다. 부모는 당신이 행복 이외의 다른 감정을 표출하면 벌을 주거나 면박을 주고 창피함을 느끼도록 했을 가능성이 높다. 이는 친밀감에 관한 문제로 이어질 가능성이 높으며 당신은 수많은 사람 속에서 혼자 존재하기 위해 고군분투할 것이다.

당신이 만약 애정 관계에서 어려움을 겪는다면 이는 불완전함을 거절로 받아들이도록 배웠기 때문이다. 어렸을 때부터 자신의 감정을 진솔하게 표현하는 것은 위험하다고 배웠기 때문에 자신의 마음을 활짝 열어 상대방에게 다 보여주면 사랑받지 못하거나 거절당할 것이라고 생각한다. 이런 유형의 사람은 다른 사람의 결점을 지나칠 정도로 잘 수용하지만 자신의 결점은 절대 용납하지 못한다. 당신은 친한 친구를 대상으로 다른 사람에게 진심을 보여주는 연습을 시작해야 하며 본모습을 보여준다고 해서 거절당하는 게 아니라는 사실을 알아야 한다. 다른 사람을 신뢰하는 태도를 기른다면 그들과 친해지는 것은 점점 더 쉬워질 것이다.

03 **불안정형.** 불안정한 애정 유형은 부모가 어린 자녀의 요구에 일관성 없이 반응했기 때문에 형성된다. 자녀에게 무한한 사랑을 베풀 때도 있지만 때로는 지나치게 간섭하거나 무시했을 터다. 그런 부모 밑에서 성장했다면 사람들이 당신을 어떻게 대할지 잘 모르기 때문에 당신은 우유부단함과 불안감에 시달릴 가능성이 높다. 그래서 남을 신뢰하는 데 어려움을 겪는 동시에 누군가의 생각에 지나치게 애착을 갖고 쉽게 집착한다. 이는 '안전하다'고 확신할 수 없는 모든 것에 두려움을 느끼기 때문이며 잘 모르는 것을 수용하는 대신 익숙한 것에 매달리려는 습성 때문이다.

당신이 현재 애정 관계에 어려움을 느낀다면 그 이유는 자신을 고통에서 '차단'하기 위해 자신의 마음을 읽고 가정하고 투영하며 결과를 예측하는 데 시간을 너무 많이 소비하기 때문이다. 또한 지금 사귀는 사람 말고는 다른 사람을 절대 찾을 수 없을 것이라는 두려움에서 벗어나기를 거부하기 때문이다.

당신은 마음보다는 머릿속 생각에 더 몰두하며, 성취하는 것보다는 피하고 싶은 것에 질질 끌려간다. 고통 가득한 애정 관계를 개선하려면 당신이 느끼는 불안과 절박한 감정은 가슴이 아니라 머릿속에 있다는 것을 배워야 한다. 자신의 생각에 다시 집중하고 현실과 두려움을 구별하며 신뢰할 수 있고 배려심이 많은 사람과 어울리려고 노력하라.

04 **산만형.** 산만한 애정 유형은 부모가 어린 자녀를 학대하거나 겁을 주거나 심지어 생명을 위협했기 때문에 형성된다. 어린 자녀는 그런 부모에게서 탈출하고 싶었지만 자신에게 상처를 주는 부모에게 자신의 생사 여부가 달려 있어서 성인이 될 때까지 부모의 손아귀에서 벗어날 수 없었을 것이다. 당신의 애착 대상은 고통과 상처의 주요 원인이었기 때문에 그저 살아남기 위해 자신이 원하는 것을 철저히 무시했을 가능성이 크다.

당신이 현재 애정 관계에 어려움을 느낀다면 아직 감정의 방향타에 귀 기울이는 법을 배우지 못했기 때문이다. 당신은 자신을 믿을 수 없는 존재로 여기며 성장했기 때문에 진정으로 아끼는 파트너를 선택하지 않거나 자신의 본능을 무시한다. 물론 고통스러웠을 테지만 살아남기 위해서 당신은 그런 고통을 무시하고 모든 게 괜찮다고 자신을 설득해야만 했다. 이제 당신은 과거의 트라우마를 떠올리고 그동안 있었던 일을 되돌아보는 등의 정신적·감정적 과정을 진지하게 거쳐야 한다. 또한 당신이 가야 할 방향을 알려주는 내면의 방향타와 조화를 이루며 문득 떠오르는 생각이나 아이디어보다 그 방향타를 더 신뢰하는 법을 배워야 한다.

사랑도 이별도
삶을 여행하는 과정이다

한때 자신에게 전부였던 사람을 어떻게 다시 아무것도 아닌 존재로 만드는지를 생각해보면 참 흥미롭다. 잊는 법을 배우는 것도 그렇고 강제로 잊게 하는 방법도 흥미로우며 그 자리를 메우기 위해 다른 대상을 끼워 넣는 것도 신기하다. 사랑하던 사람과의 이별은 서로 사랑했을 때보다 항상 더 많은 것을 이야기해준다. 기쁨보다 슬픔이 더 많은 것을 가르쳐 주는 선생 노릇을 하기 때문이다.

한번 맺었던 관계를 끊고 생판 남으로 돌아간다는 건 대체 어떤 의미일까? 하지만 실제로 그런 식으로는 한때 사랑했던 사람을 전혀 모르는 사람으로 되돌릴 수 없다. 당신이 매일 걱정하는 일과 벌거벗은 모습까지 훤히 알고 있으며 무엇이 당신을 울게 하고, 당신이 그를 얼마나 사랑했는지를 속속들이 아는 그 사람을 과연 깨끗이 잊을 수 있을까?

당신의 삶이 한번 누군가를 중심으로 돌게 되면 그 사람과의 관계가 끝나고 추억만 남아도 그 사람을 향하는 관성은 절대 멈추지 않는다. 그래서 항상 감정의 찌꺼기가 남는다. 그 사람과 함께 갔던 곳, 그가 당신에게 했던 말, 함께 들었던 노래, 자주 먹던 음식처럼 감명 깊었던 추억들은 항상 마음에 남아 있다.

당신은 정말로 당신이 사랑하는 사람의 생일이나 그 사람과 처음으로 함께했던 일, 그리고 사랑이 넘쳤던 순간을 까맣게 잊은 적이 있는가? 아니면 소중하게 여겼던 기념일을 아무 의미도 없이 그저 평범한 날로 여겨본 적이 있는가? 사랑하는 사람을 위해 당신이 했던 모든 일과 약속이 아무 의미도 없이 퇴색해버린 걸까? 이별 때문에 허전함을 느끼거나 다른 선택의 여지가 없어서 모든 감정을 완전히 무시하는 것은 아닐까?

당신은 어떤 식으로든 누군가를 영원히 사랑하거나 아니면 누군가를 사랑했지만 진심으로 사랑한 게 아니었을지도 모른다. 하지만 사랑이라는 속성을 미루어볼 때 일단 두 사람이 만나 화학 작용을 일으키면 그 둘은 변하게 마련이다. 때로는 사랑이 남긴 상처가 너무 아파서 다시 사랑에 빠지는 짓은 하지 않으려는 것처럼 보일 때도 있다. 나는 사귀던 사람들이 서로에게 더는 중요하지 않아서 서로를 단념하는 거라고 믿고 싶지 않다. 사랑은 일시적인 소모품이 아니기 때문이다. 헤어질 수밖에 없어서 어쩔 수 없이 헤어지는 거라고 생각하고 싶다.

우리 모두는 자신이 만들어낸 작은 우주의 중심에 있고 가끔 다른 사람들의 우주와 겹치기도 한다. 그렇게 생긴 교집합이 서로의 우주에 작은 변화와 파동을 일으키는 것인지도 모른다. 두 우주가 충돌하면 완전히 망가질 수도 있고, 변화할 수도 있으며, 다른 자리로 이동할 수도 있다. 때때로 서로의 우주는 하나로 합쳐지기도 하지만 무언가 맞지 않아서 결국 헤어지기도 한다.

합치든 헤어지든 간에 사랑을 하고 나면 당신의 감정은 확장될 수밖에 없다. 헤어져 혼자 남더라도 당신은 사랑이 무엇이며 사랑이 어떤 일을 할 수 있는지 사랑하기 전보다 더 많이 알게 된다. 또한 가슴에 남은 허전함과 침대 옆의 빈자리, 그리고 텅 빈 의자를 바라보며 고통에 대해 이전보다 훨씬 더 많이 알게 된다. 마음에 구멍을 낸 그 사람과 다시 잘될 수 있을지 그건 알 수 없다. 당신에게 깊은 인상을 남긴 사람을 대신할 다른 사람이 있을지에 대해서도 잘 모르겠다.

우리는 모두 처음에는 서로 낯선 사람이었다. 사랑이라는 관점에서 우리가 내린 결정은 대개 어쩔 수 없는 선택들이다. 우리는 종종 말도 나오지 않을 만큼 매력적인 사람을 발견한다. 자신에게 딱 맞는 영혼을 가진 사람을 찾아내기도 한다. 또한 가족, 학교 친구, 동료, 이웃들을 발견하며 세상이 무너져도 절대 헤어질 수 없을 것처럼 그 사람들과 교감한다. 그리고 그런 모습은 정말 사랑스럽다. 하지만 우리가 원하는 건 쉽게 다가가고 쉽게 얻을 수 있는 관계가 아니다. 내가 지금 쓰는 글도 그런 관계에 관한 것이 아니다. 관계가 끝난 뒤에 미련이 남아 서로의 주변을 맴도는 것에 관한 이야기도 아니다. 우리 모두는 그저 다른 우주가 '나'라는 우주와 충돌하기를 기다리며 스스로는 바꿀 수 없는 어떤 부분이 그 충돌로 인해 변하기를 바라는 중이다. 충돌한 뒤에는 별을 새로운 눈으로 보게 된다.

우리 모두 처음에는 낯선 사람으로 시작하지만 서로 영향을 주고받은 뒤 낯선 사람으로 끝나는 경우는 드물다는 사실을 잊고 산다.

○

왜 사랑은
마음대로 되지 않을까

01   당신은 누군가 당신의 삶 속에 들어와서 사랑을 찾아내고 창조하고 그
      사랑에 불을 지펴서 당신이 사랑받고 누군가를 사랑할 수 있다는 확신
      을 갖도록 모든 일을 대신해주기를 바란다. 혼자서는 아무것도 할 수
      없다고 배운 것을 다른 사람이 실천해주기를 바란다. 다른 사람들
      이 당신에게 뭔가를 해주기를 바라고 생각하고 소망하고 상상하
      며 그 일이 일어날 것을 꿈꾼다. 왜 당신이 바라는 대로 해주지 않
      느냐고 불평하며 집착할 때마다 실은 타인이 아니라 바로 당신이
      자신에게 그런 것들을 주지 않았음을 깨달아야 한다.

02   **과거를 돌아보면 우리가 살아온 방식은 우리가 생각했던 방식과 다르**
      다. 내 뜻대로 될 거라고 생각하거나 그렇게 되어야 한다고 생각하
      는 방식이 우리 삶에 적용되지 않기 때문이다. 사랑이 어떤 모습

이어야 하는지 생각할 때 우리는 불안감을 잠재우고 현실에서 나를 구원하거나 자신의 가치를 다른 사람들에게 증명하도록 도와줄 수 있는 어떤 것에 애착을 느낀다. 하지만 사랑은 결코 우리가 상상하는 모습 그대로 보이지 않는다. 사랑은 어떤 특정한 모습으로 보여서는 안 되기 때문이다. 우리가 상상하는 사랑의 모습은 실제로 우리가 사랑을 경험하지 못하도록 눈을 가리고, 사랑에 대한 이상적 추구는 진정한 사랑을 찾지 못하도록 방해한다.

03 **당신은 사랑이 그저 좋은 감정이라고 생각하지만 사랑은 몸과 마음 영혼이 모두 교감하며 만들어내는 한결같은 상태다.** 소소하고 실용적이며 조심스러운 방법을 통해 누군가를 사랑하는 게 진짜로 어떤 의미인지 매일 배워야 한다. 누군가에게 마음이 살짝 끌릴 수도 있고 누군가와 친밀하게 지낼 수도 있지만 그런 변수와 상관없이 누군가를 사랑하고 이해하기로 결심하는 것은 당신이 선택할 수 있는 불변의 가치다. 하지만 사랑은 자신에게 줄 수 없는 것이고 다른 사람에게 받아야 하는 것이라고 믿기 때문에 결별과 이혼 등이 수도 없이 발생한다.

04 **당신은 사랑이 '확대경'이라는 사실을 모른다.** 사랑은 당신의 삶에서 가장 많이 등장하는 것을 확대하고 그것을 선명하게 보여준다. 자기 회의와 상실감, 불안감 등이 가장 많이 보인다면 당신은 점점 더 그런 것만 갖게 될 것이다. 사랑은 당신의 삶 자체가 아니다. 사랑은 당신의 삶을 공유하는 통로이며 자신을 보여주는 거울이다.

05 **당신은 상황이 무르익으면 사랑도 만발할 것이라고 믿는다.** 이것은 마치 서로 반응하는 2가지 물질을 함께 놔두면 즉시 발생하는 물

리적·화학적 반응이 평생의 진실한 사랑과 똑같다고 가정하는 것과 같다. 호르몬은 서로 반응한다. 뭔가를 기대하는 마음도 반응을 보인다. 사랑은 그런 것들 때문에 성장하지만 사랑을 키우는 데는 서로 이해하고 존중하는 마음이 더 효과적이며 더 중요하다.

06 **당신은 자신의 진짜 모습을 찾고 그런 당신의 모습을 이해하는 사람을 매혹시켜야 한다. 그런데 주변 모든 사람에게 당신의 매력을 어필하려는 노력에 사로잡혀 있다.** 남녀를 불문하고 수많은 어린이들이 어른들의 지시에 따라 특정한 방식으로 자신을 표현하는 것을 보면 정말 슬프다. 그 지시라는 게 결국 '매력적인 게 무엇인가'를 일방적으로 규정하고 있기 때문이다. 대부분의 사람이 좋아하는 것이 자신을 표현하는 데 도움이 된다고 생각하는 것은 정말 바보 같은 짓이다. 그런 생각은 진정한 자신의 모습을 회피하도록 함정에 빠뜨린다. 자신이 모든 사람의 마음에 들 정도로 충분히 매력적인 존재가 아니라고 생각하게 만들기 때문이다. 결국 우리는 함께 둘러앉아 별을 보며 왜 우리를 있는 그대로 사랑해줄 사람을 찾을 수 없느냐고 울부짖는다.

07 **어떤 것을 바라면서도 왜 원하는지 자신의 의도를 잘 모른다.** 그렇기 때문에 당신은 여전히 다른 사람들을 달래고 감동시키고 그들의 허락을 이끌어내기 위해 자신이 바라는 것을 이리저리 편집하고 살을 붙인다. 다른 말로 당신은 자기 자신에 대한 진실을 마주하는 게 불편해서 솔직할 수 없다. 그런 마음가짐으로 살아간다면 그 속에 사랑이 보이든 말든 당신은 자신의 '이미지'에 얼마나 잘 어울리는지 아닌지를 잣대로 당신의 삶을 걸러내게 될 것이다.

08 **당신이 맺은 모든 관계에는 당신 자신도 포함되어 있다는 사실을 깨닫지 못하기 때문에 다른 사람들을 비난한다.** 사랑은 거지 같지 않으며, 연인도 형편없는 존재가 아니다. 그저 당신이 엉망인 것이다. 관계는 결국 우리를 성장하게 하는 교육적 도구이고 가장 강렬한 치유의 기회이며, 내면에 해결되지 않은 문제를 비춰주는 가장 폭발적이며 아름다운 거울이다. 같은 문제에 부딪히고 똑같은 잘못을 저지르고 같은 부류와 인간관계를 맺으며 같은 고통을 겪는 이유는 그 모든 것이 당신 안에 있기 때문이다.

09 **마찬가지로 당신은 부정적인 감정이 치유를 위한 기회라는 것을 모른다. 더는 나쁜 감정을 느끼고 싶지 않아서, 뭔가를 바꿔보려고 노력하지 않고 그냥 무시한다.** 우리가 느끼는 감정은 자신과 소통하는 방법이다. 치유는 우리의 마음을 열어 좋은 것을 보게 하고 희망을 갖고 그 희망을 지속하며 더 많은 사랑을 창조하게 한다. 부정적인 감정은 다른 사람들의 잘못을 보여주는 게 아니라 우리가 잘못된 방향으로 향하고 있거나 뭔가를 착각하고 있음을 보여준다. 또한 과거의 경험과 두려움에서 비롯된 잘못된 신념에 휘둘린다는 사실을 보여준다.

10 **당신은 마음과 정신을 동시에 사용하는 법을 모른다. 마음은 지도이며 정신은 나침반이다.** 우리는 서로 상반되는 2가지 계명을 받았다. 논리와 상관없이 당신의 마음을 따르되 당신과 인생을 함께할 사람을 선택하는 문제에 관해서는 터무니없이 행동하지 마라. 간단히 요약하면 당신의 마음은 당신이 얻어야 할 것을 알려주고, 정신은 그것을 얻는 방법을 알려줄 것이다. 그 둘이 자신의 전문 분야에

서 각자 일하도록 놔둬야 한다.

11 **내면의 어린 자아를 존중해야 한다.** 당신의 진짜 모습을 보고 싶다면 자신의 어린 자아에게 말을 거는 모습을 상상하라. 자신의 내면 아이를 행복하게 해주려면 무슨 말을 하고 어떻게 행동해야 할까? 그 아이에게 하고 싶은 말은 어른이 된 자신에게 해줘야 할 말을 반영하며, 이는 사랑을 추구하는 사람들에게 아주 큰 도움을 준다. 좀 이상하게 들리겠지만 자신을 사랑하는 것은 당신의 내면 아이를 존중하고 존경하며 사랑하고 인정하는 법을 배우는 것과 같다. 당신 안에 존재하는 그 아이가 가장 본질적인 자아이기 때문이다.

12 **삶의 변화를 위해 사랑을 원한다.** 당신이 사랑을 원하는 이유는 안정 감과 안도감, 희망과 행복 등을 스스로 자신에게 줄 수 없다고 생각하기 때문이다. 사랑이 원래 그런 것이라고 믿는 한 당신은 '사랑'을 외부에 있는 어떤 것으로 여기게 된다. 하지만 실제로는 자기 안에 없는 것을 외부에서 찾거나 보거나 만들거나 경험할 수는 없다. 이 사실을 명심하자.

13 **다른 사람의 모습 중 가장 마음에 드는 부분이 자신의 모습 중 가장 사랑하는 부분이라는 사실을 모른다.** 자신의 기쁨에 마음을 열수록 다른 사람에게 더 감사하게 된다. 불안감이 치유될수록 자신을 고치려고 남들과 싸워야 할 필요가 줄어든다. 누군가를 사랑하면 그에게 감사해야 할 것이 보이는 것처럼 자신을 사랑하면 자신에게 감사해야 할 것도 보인다.

14 **친절이 사랑의 원천임에도 당신은 친절을 잊었다.** 진심으로 사랑하는 사람들보다 서로에게 더 잔인한 사람들은 없다고 생각한다. 그

들은 서로의 모습을 통해 자기 자신을 지긋지긋하게 봐서 자신을 거부하는 방식으로 상대에게 보복한다! 행복한 관계와 삶의 기본은 애인이든 배우자든 간에 상대방을 조건 없이 친절하게 대하는 것이다. 친절은 사랑과 동의어지만 효과는 더 강력하다. 친절은 사랑에 대한 막연한 느낌이나 기대가 아니라 사랑을 행동으로 직접 보여주는 것이기 때문이다.

15 **문제의 바깥에서 해답을 찾는 중이다.** 여러 번 반복했으니 이 말 뜻을 잘 알 것이라 믿는다. 당신이 진심으로 원하는 사랑은 바로 자신을 사랑하는 것이다. 다른 사람에게서 사랑을 찾는 이유는 당신이 자신에게 사랑을 주지 않기 때문이다. 당신에게 기쁨과 희망을 주는 것은 이미 당신 안에 있다. 당신을 발전시킬 수 있는 멋진 관계를 찾고 모든 것을 공유할 수 있는 사람을 찾는 일은 당신 자신에게서 시작된다.

사랑이라는
착각

○

남의 생각 때문에 사랑을 잃게 되는 상황은 보통 두 갈래로 나뉜다. 첫째, 무언가를 잃고 다른 것으로 상실한 것을 대체한다. 그런데 대체한 것이 잃어버린 것보다 더 괜찮아서 행복하다. 둘째, 뭔가를 잃고 다른 것으로 대체했는데도 원래 가졌던 것의 느낌이 사라지지 않는다. 잃어버린 것의 존재감을 여전히 느낀다.

잊을 수 없을 만큼 소중한 것은 마음에 간직해야 한다고 배웠다. 이를테면 누군가를 진심으로 사랑한 다음 찾아오는 후유증 같은 것 말이다. 거의 당신의 것이 될 뻔했던 어떤 것이나 누군가를 마음에 간직한 채 미련을 버리지 못하는 일 말이다. 뭔가를 잃고도 마음에서 지울 수 없는 것은 그만큼 사랑했기 때문일까? 나는 아니라고 생각한다.

우리는 가슴앓이를 좋아하고 그런 슬픔을 자신에게 덧씌우는 것도 좋아한다. 현재 가진 것에 고마워하기보다 일어나지 않은 일에 대해 더 짙은 그리움을 느낀다. 우리 것이 아닌 것들을 그리워하며 마음속으로 잃어버린 것들에 대한 환상을 만들어낸다. 거짓된 다른 현실 속에서 말이다. 머릿속을 맴도는 어떤 것은 마음에서 지울 수 없는 '운명적인' 것이 아니라 여전히 자신에게 만족하지 못하는 부분을 보여주는 것일 뿐이다.

조건 없는 사랑이란 무엇일까? 조건 없는 사랑이란 누군가 당신을 사랑하지 않더라도 그 사람을 한없이 사랑하는 것이며 가식 없는 순수한 애정이다. 우리는 그런 사랑을 추구한다고 주장하지만 조건 없는 사랑의 진정한 의미조차 잘 모른다. 우리는 자신에게 깊은 영향을 줄 수 있는 사람들을 좋아한다. 이렇게 자신이 원하는 사람의 유형과 기준에 대해 특정한 잣대를 가졌다는 것은 그 역할을 담당할 특정한 사람을 찾고 있다는 증거다.

가슴앓이란 다른 사람들이 그 특정한 잣대를 벗어날 때 당신이 느끼는 후유증이다. 우리가 기대했던 역할을 상대방이 하지 않으면 우리는 그들을 나쁜 사람이라고 생각한다. 미련을 버리지 못하는 것은 포장이 그럴듯해 보였고 내용물도 구색이 맞는 것처럼 보여서 자신의 잣대에 어긋나는 것을 알면서도 여전히 미련을 버리지 못한다는 뜻이다.

우리는 진정한 애정 또는 진실한 사랑을, 자아를 만족시키는 가볍고 즐겁고 자유로운 기분과 혼동한다. 그런 기분은 기껏해야 몇 초나 며칠 또는 몇 달 동안만 지속되는 일시적인 것이다. 사랑이라고 느꼈던 착각은 오래가지 않는다. 그래서 우리는 과거의 어떤 것과 앞으로 기대하는 뭔가에 집착한다. 누군가에 대한 기억의 조각과 정신을 흐리는 요란한 꿈에 집착할수록 우리는 그 갈증을 희망으로 둔갑시킨다. 그리고 모든 조각을 끼워 맞춰 자기 자신을 사랑할 수 있게 만들 정도로 사랑한다고 생각했던 사람에게 기댄다.

하지만 조심하지 않으면 그 사람은 당신의 일부가 될 것이다. 당신 인생의 좋은 부분은 물론 전체를 차지하고 평생 사랑해야 하는 존재가 될 것이다.

사랑을 잃어본
사람들만 아는 것

사랑을 잃어본 사람은 당신을 향한 상대방의 사랑이 당신 자신의 것이 아니라는 것, 그리고 그 사랑은 당신이 통제할 수 있는 게 아니라는 사실을 알고 있다. 당신은 그저 그 사람의 사랑을 경험하는 것뿐이다. 그 이상의 의미를 둔다면 옛날에 품었던 생각과 희망, 원대한 꿈에 집착하는 것이다. 사랑을 잃어본 사람들은 사랑을 잃는 그 순간에 자신마저 잃는다는 것도 알고 있다. 당신은 상대방과 헤어질 때 그들이 당신의 일부를 갖고 떠난다고 믿는다. 또한 당신 스스로가 아니라 누군가 당신을 구해줄 것이라고 믿으며 벗어나야만 하는 그 사람에게서 구원을 찾는다.

사랑을 잃어본 사람들은 자신이 갖지 못한 것도 잃을 수 있다는 것을 안다. 그리고 시작도 못한 관계를 끝내고 스스로 품었던 모든 꿈과 계획을 실행하지 못했다는 것도 안다. 또한 자신 곁에 있지도 않았던 사람들을 위해 애도할 수 있다는 것도 안다. 사랑을 잃어본 사람들은 텅 빈 침대 한쪽을 베개로 채우는 심정이 어떤 것인지 안다. 사소한 일이나 가벼운 데이트 또는 인정과 슬픔으로 삶의 빈자리를 채우는 것이 어떤 의미인지도 안다. 그들은 자신이 처한 현실을 받아들이는 것이 치유의 한 방법이라는 것도 안다. 그들은 또한 자신이 사랑했던 그 사람만큼 다른 누군가를 사랑할 방법은 없을 거라고 확신하는 게 어떤 의미인지 안다. 그들은 논리와 감각, 정의와 공정에 대한 개념이 완전히 뒤바뀌는 게 무엇인지도 알고 있다.

사랑을 잃어본 사람들은 자신이 가장 사랑하는 사람과 평생 함께할 수 없다는 사실과 그 사실을 마음속으로 받아들이려고 노력하면서 평생을 보낼 수 있다는 사실도 안다. 그리고 이 모든 것보다 더 중요한 것은, 미련을 버리는 것이 의도적인 선택이 아니라는 것과 그런 의도적인 노력을 멈출 때 비로소 미련에서 벗어난다는 것을 안다.

자기 자신에 대해 생각하기 시작하면 아픈 과거를 잊는다. 사랑을 잃어본 사람들은 결코 극복할 수 없을 거라 생각했던 일들을 되돌아보고, 아무리 힘든 일도 시간과 함께 사라진다는 것을 안다. 이 모든 것을 깨달을 때 비로소 과거의 아픔에서 해방될 수 있다는 사실을 안다.

그들은 최악의 상황을 겪음으로써 자신에게 강력한 힘이 생겼다는 것을 안다. 사랑을 잃어본 사람들은 타인에게 무모한 행동을 하기 전에 자신의 행동을 먼저 점검한다. 그들은 부주의가 가져오는 결과가 어떤 것인지 알고 있다. 그래서 사랑을 잃어본 사람들은 다정한 애인이나 신중한 구혼자가 된다. 이런 신중함은 소심함이나 주저함과는 다르다. 그들은 인간이 마음 깊이 사랑할 수 있다는 사실을 존중하며 한 사람의 자아가 심하게 망가질 수 있다는 사실도 이해한다.

　사랑을 잃어본 사람들은 가슴과 목, 다리 등이 저미고 따가우며 찌르는 것과 같은 통증이 어떤 느낌인지 알고 있다. 또한 자신에게 선택의 여지가 남아 있지 않을 때 심한 공황 상태에 빠질 수 있다는 것도 알고 있다. 그들은 영혼의 동반자가 사람들이 막연히 생각하는 이상적인 존재가 아니라는 것을 안다.

　영혼의 동반자는 자신의 모든 부분을 밝혀주고 치유되지 않은 상처의 두께를 드러내는 사람이다. 진정한 영혼의 동반자는 당신의 실체를 있는 그대로 보여주는 사람이다. 그리고 사랑을 잃어본 사람들은 그런 사랑이 가장 소중하다는 것을 안다. 그들은 자신이 어떤 사람을 사랑할 수 있지만 헤어진 다음에도 평생 그 사람만 그리워할 정도로 무한히 사랑할 순 없다는 사실 또한 알고 있다. 또한 어쩔 수 없이 주어진 순간을 살아가야 하는 게 어떤 것인지 알며, 매시간 자신을 정신적으로 단련해야 한다는 사실도 알고 있다.

　그렇게 하지 않으면 자신에게 무슨 일이 일어났는지 가늠할 수도 없고, 앞으로 무슨 일이 벌어질지를 걱정할 수도 없으며, 자신의 현재 상황을 파악하고 싶어도 제대로 파악할 수 없기 때문이다. 사랑을 잃어본 사람들은 뭔가를 잃은 다음이 아니라 그것을 갖고 있을 때, 그 순간을, 그때 갖고 있는 것을 소중히 여길 줄 안다.

　그들은 사랑하는 사람이 다른 사람과 사랑에 빠지는 것을 바라보는 것보다 더 심한 고통은 없다는 것도 알고 있다. '내 사랑'이라고 생각하던 사람이 갑자기 '남의 사랑'이 됐을 때 느끼는 고통 말이다. 두 사람 사이에 바다 같은 깊은 사랑이 흐를지라도 그 관계는 단 한 방울의 물로도 끝날 수 있다.

사랑을 잃어본 사람들은 헤어진 사랑을 우연히 마주치는 공상이 어떤 것인지 잘 안다. 그래서 헤어진 연인을 떠올리며 옷을 고르고, 방에서 혼자 대화하는 연습을 하고, 머리를 자르고, 달리기를 하면서 외모를 바꾸면 그 사람이 다시 자신과 사랑에 빠질 것이라고 상상하는 게 어떤 기분인지도 잘 안다. 그들은 하필 자신이 다른 사람과 함께 있을 때 헤어진 연인과 우연히 마주치는 당황스러운 기분도 안다. 특히 현재 자신과 함께 있는 사람이 여러 면에서 헤어진 연인보다 훨씬 별 볼 일 없다고 느낄 때 그 기분이 얼마나 찜찜한지 잘 알고 있다.

이런 엄청난 고통을 통해서 그들은 자신을 향한 누군가의 사랑이란 그들이 누군가를 얼마나 사랑하는가에 따라 줄어들거나 커지는 것이 아님을 배운다. 사랑이란 단 한 번만 사용할 수 있는 소모품이 아니다. 그리고 이것을 배우는 게 무엇보다 가장 위대한 교훈이다.

사랑을 잃어본 사람들은 과거에 가질 수 있었고 가져야 했던 것의 그림자와 여전히 함께 사는 것이 어떤 기분인지 잘 안다. 혼자 길을 걸으며 계속 그때 어떤 말을 해야 했고 어떤 생각을 해야만 했다고 중얼거리며 그때로 돌아가기를 바라는 그런 기분 말이다. 술집에 앉아 정신없이 떠들다가 갑자기 잃어버린 사랑이 지금 자신 곁에 있으면 좋겠다는 아련한 생각에 빠진다. 마트에서 바구니를 들고 계산대 앞에 줄을 서 있다가 헤어진 애인이 좋아하던 노래가 흘러나오면 그에 관한 모든 추억이 떠오르고, 그 사람이 이제는 자신과 나눴던 똑같은 생각을 다른 사람과 나누고 자신과 나눴던 문자를 다른 누군가에게 보내는 것을 상상하는 기분이 어떤 것인지 안다.

사랑을 잃어본 사람들은 한때 자신에 대해 모든 것을 알았던 사람이 낯선 사람이 된다는 게 어떤 기분인지 안다. 그들은 어떻게 해서라도 자신에게 필요한 것, 다른 말로 가장 고통스럽고 가장 변화무쌍한 것을 자신의 삶에 불러들인다는 것을 안다.

그들은 자신이 절대로 사랑을 잃지 않는다는 걸 안다. 그들은 자신이 무엇을 경험하고 어떻게 성장하는지, 즉 실연의 아픔을 통해 새로운 것을 경험하고 배우며 그것을 행동으로 옮기는 게 핵심이라는 것을 안다. 그런 아픔은 영원한 게 아니며 단지 자신을 단련시키기 위해 필요한 촉매제일 뿐임도 안다.

사랑을 잃어본 사람들은 마음에 남아 있는 사랑을 어떻게 처리해야 할지 고민하느라고 시간을 허비한다는 것을 안다. 그리고 그 남은 사랑을 결국 자신에게 주어야 한다는 것도 알고 있다.

남에게 사랑받기 위해
완벽해지려 애쓸 필요 없다

다른 사람을 사랑하기 전에 먼저 자기 자신을 사랑해야 한다는 전제는 다음과 같은 의미다. 당신이 자신의 삶을 고치거나 나아갈 방향을 제시하거나 기분을 좋게 하려고 무의식적으로 어떤 관계를 추구한다면 결국 끊임없이 잘못된 사람을 선택할 것이다. 그리고 결코 자신이 원하는 종류의 관계를 맺을 수 없을 것이다. 불행하게도 이 말은 당신이 자기 자신과 삶의 모든 측면을 사랑하기 전까지는 자신을 헌신할 가치가 있는 올바른 사람을 절대로 찾을 수 없다는 뜻이다.

마치 당신 마음속에 사랑이 없다면 그건 당신의 잘못이라는 말처럼 들린다. 당신이 부족한 사람이고 충분히 숙달되지 못했으며 아직 사랑받을 자격이 없다는 것처럼 들린다. 또한 스스로 준비되었다고 생각하기 전에는 사랑받을 수 없다는 말처럼 들린다. 하지만 그런 의미가 아니다. 사랑받을 자격이라는 것은 존재하지 않는다.

당신이 꿈꾸던 사람이 나타났을 때 당신은 어차피 그 사람에게 사랑받을 준비가 되어 있지 않을 것이다. 그런 일에 준비된 사람은 아무도 없기 때문이다. 그리고 그 사람의 사랑을 받기 위해서 당신이 더 열심히 노력해야 했으며, 그러지 않았기 때문에 사랑받을 자격이 없다는 생각으로 그 관계를 부인하지 마라. 그러면 당신은 가장 효과적인 성장의 도구를 놓치는 셈이다.

사랑은 거대한 돋보기와 같다. 이 돋보기는 당신 자신과 당신의 삶은 물론 당신이 무엇을 좋아하고 싫어하는지를 분명하게 보여준다. 올바른 관계는 당신이 그 관계를 충분히 감당하고 매진하도록 격려한다. 또한 올바른 관계는 당신이 자신을 사랑하는 법을 배우도록 도와준다. 올바른 관계는 모든 것을 변화시키는 도구이며 항상 그렇게 해왔다.

그러니 사랑이 찾아오는 동안에 자신을 발전시키는 방법을 배워야 한다. 혼자 보내는 나날을 자신을 위해 사용하고 당신만의 시간을 갖고 혼자 할 수 있는 일을 하라. 남들은 당신이 자신에게 친절한 만큼만 당신에게 친절을 베푼다. 그러므로 자신을 발전시킨다는 의미를 사랑스러운 존재가 되기 전에는 사랑받을 수 없다는 생각과 혼동하지 마라. 또는 사랑이 찾아올 때 당신은 사랑받을 준비가 완벽하게 되어 있어야 한다는 생각과 혼동하지 마라. 당신이 자신을 대하는 방식을 보며 다른 사람들도 당신을 어떻게 대할지 결정한다. 당신이 찾던 그 사람이 마침내 당신 앞에 나타났을 때 당신이 그 사람과의 관계를 통해 자신을 옹호하고 존중받으며 사랑하고 전진하고 발전할 수 있는 방법을 배우는 것이 중요하다. 자신을 사랑하는 것이 사랑받는 존재가 되는 가장 좋은 방법이다.

나의 모든 오늘은
내 최고의 하루를 위한 선물이다

인생을 살아가는 태도의 변화든 나의 행복은 나의 책임이라는 냉혹한 깨달음을 얻는 것이든 간에 세상을 더 잘 이해하려고 노력하는 것은 어려운 일이다. 하지만 우리는 평생 그런 일을 수도 없이 겪어야 한다. 이런 상황을 '메타노이아'Metanoia 라는 멋진 단어로 표현하기도 한다. 그리스어에서 유래한 메타노이아는 기독교에서 '회개'라는 뜻으로 자주 사용되며 '생각이나 가치관의 변화'라는 뜻이다.

우리는 하나의 모습으로 고정되어 있지 않다. 끊임없이 자신의 내면과 대화하고 자신을 탐구하면서 진정한 자아를 찾아간다. 그 과정에서 수도 없이 부서지고 깨진다. 그리고 그러한 고통 속에서 한 발 한 발 앞으로 나아간다. 변화 전의 모습이 어땠는지, 변화 후의 모습이 어떨지는 중요하지 않다. 엄청난 심리적·감정적 변화를 겪는 사람은 누구나 비슷한 상황과 공통적인 고통에 시달린다는 사실을 알고 이에 대처하는 게 중요하다.

마지막으로 심리적·감정적 변화를 겪는 사람이 알아야 할 7가지를 전한다.

01 **당신의 세계관에 혁명을 일으킨 것이 연애라면 그 연인과의 관계는 목적에 부합했을 가능성이 높다.** 사랑이 사람을 변화시킨다고 생각하며 우리는 사랑에 매달리지만 모든 사랑이 우리를 변화시키는 것은 아니다. '진실한 사랑'에는 사람을 변화시킬 힘이 있지만 우리는 종종 변함없는 '영원한 사랑'을 진실한 사랑이라고 착각한다. 하지만 진실한 사랑과 영원한 사랑은 엄연히 다르다.

02 **자신의 신념이 제한적이고 낡은 것이라고 화낼 필요는 없다. 변화는 과거의 것을 해체하는 것이 아니라 앞으로의 것을 생성하는 것이다.** 자신이 상상했던 것보다 인생에 더 많은 것이 있다는 사실을 깨닫지 못한 채 오랫동안 시간을 낭비했다는 실망감을 계속 되새길 필요는 없다. 결국 그 사실을 알아냈다는 게 중요하다.

03 **개인적 고난과 더 깊은 이해력을 얻고자 하는 욕구는 그 기반이 같다. 자기 인생을 책임질 사람은 오직 자기밖에 없다는 것을 깨닫는 것이 그 기반이다.** 잠시 머물다 떠나게 될 이 세상에서 편안함을 추구하다 보면 삶의 진정한 의미를 찾을 수 없다. 그 어떤 것에도 의존하지 말고 편안함에 안주하지 마라. 직업과 돈, 관계와 업적도 당신의 인생을 대신 책임져줄 수는 없다. 당신 인생을 책임질 사람은 당신 자신뿐이니 우선 마음의 평화를 찾아라. 그러면 나머지도 자

연스럽게 누릴 수 있다.

04 **자신을 사랑하는 것은 감정이 아니라 행동이다.** 로맨틱한 사랑을 생각하면 끈적거리면서도 달콤한 기분을 유발하는 호르몬 분출이 떠오른다. 자신이 행복한 만큼 다른 사람을 행복하게 만들려면 헌신이 필요한데 우리는 거의 그런 생각을 하지 않는다. 자신을 사랑하는 방법도 마찬가지다. 우리는 스스로를 높이 평가하면 자신을 사랑하는 감정이 생긴다고 생각하고 그것이 자신을 사랑하는 방법이라고 여긴다. 하지만 자신을 사랑하는 것은 남에게 휘둘리지 않고 자립하는 것, 용기 있게 전진하는 것, 사람이든 일이든 아니다 싶을 땐 단호하게 끊을 용기를 갖는 것, 덧없고 신뢰할 수 없는 이 세상에서 기쁨을 찾아내는 것 등이다.

05 **당신은 모든 문제의 해답을 가질 수도 없고 해답을 갖고 있어야 할 필요도 없다.** 당신이 얼마나 확신하느냐가 아니라 얼마나 자발적으로 노력하느냐가 중요하다. 우리가 왔다가 결국 되돌아가는 그 신비로운 심연에 관해서는 아무도 알지 못한다. 그럼에도 수많은 사람의 삶과 우리가 사는 사회 그리고 우리가 몸담은 문화가 바로 이미지의 세계에 대한 가르침에서 탄생한다. 그리고 그 모든 것이 우리를 지배한다.

지금은 모든 것이 추측에 불과하고, 어떤 추측은 우리를 더 행복하고 친절하고 평화로운 세상으로 이끌지만 그렇지 않은 경우도 있다. 누가 무엇을 얼마나 확실하게 알고 있는지는 중요하지 않다. 우리가 마주한 이 현실에서 최선의 열매를 얻기 위해 기꺼이 스스로 모든 것을 감수하는 것이 중요하다.

06 세상의 모든 것을 다 믿을 필요는 없다. 하지만 어떤 순간에 진실이라고 느끼는 것, 자신과 주변 사람들을 존중하고 친절하게 말하고 행동하게 만드는 객관적인 이야기에는 귀 기울여야 한다. 그리고 어떤 것을 믿으라고 지시 또는 강요를 받았지만 당신의 몸과 마음, 영혼에 아무런 감동도 주지 않는다면 이는 당신 내면의 안내 시스템이 이렇게 말하는 것이다. '그거 옳지 않으니까 믿지 마!'

07 **지금 겪는 고통이 미래의 당신을 만들 것이다.** 불편함은 변화를 위한 일종의 압박 수단이다. 고통은 고통을 당하기 전에는 생각해본 적도 없고 시도해보지도 않았던 방식이나 행동으로 당신을 안내하는 길잡이 역할을 한다. 이런 압박에 대해서는 우리가 아직 잘 모르기 때문에 곁에서 보면 엄청 무시무시하게 보인다. 하지만 수많은 고난과 고통을 자양분 삼아 당신은 상상하지도 못했던 사람으로 멋지게 성장할 수 있다.

삶에서 마주치는 '나쁜' 것들은 당신이 상상하는 것보다 훨씬 더 좋은 곳으로 당신을 안내하는 방향타 역할을 한다. 당신은 결국 자신이 예전에 원했던 그 모습대로 되지 않았다는 사실에 감사하게 된다. 일단 고통을 넘어 그 건너편에 당도하면 그동안 당신을 힘들게 했던 모든 것이 고맙게 느껴질 것이다. 이전과는 완전히 다른 사람으로 성숙해 있을 테니 말이다!